38
MILLIONS DE PERSONNES PROTÉGÉES PAR LES MUTUELLES
2 500
SERVICES DE SOINS ET D'ACCOMPAGNEMENT MUTUALISTES
1er
ACTEUR DE PRÉVENTION SANTÉ APRÈS LES ORGANISMES PUBLICS
Les mutuelles sont indispensables à notre santé.
www.mutualite.fr
MUTUALITÉ FRANÇAISE

La Mutualité Française, la santé en toute confiance

La Mutualité Française est le premier mouvement social du pays dans les domaines de la santé et de la protection sociale. Elle représente 38 millions de personnes en France et regroupe la quasi totalité des mutuelles santé, dont celle à laquelle vous appartenez.

Ce qui caractérise les mutuelles santé, c'est d'une part qu'elles sont à but non lucratif et, d'autre part, qu'elles garantissent à chaque adhérent une couverture santé sans distinction d'âge, d'état de santé ou de situation financière, ni discrimination d'aucune sorte.

Parce que sa vocation est également de vous permettre d'accéder à des soins de qualité au meilleur coût, la Mutualité Française propose 2 500 services de soins et d'accompagnement : centres dentaires, d'optique et d'audition, consultations médicales, hospitalisation... et aussi services pour la famille, les enfants, les personnes âgées et les personnes handicapées.

Sur le terrain de la prévention, la Mutualité Française intervient de plus en plus sur des sujets tels que les addictions, la prévention des accidents domestiques, les conduites à risque, la sexualité, la nutrition, les vaccinations, le dépistage des cancers... avec pour ambition générale de réduire les inégalités de santé.

A l'avenir, la santé représentera un coût croissant pour l'assurance maladie comme pour les mutuelles

Ce guide a été réalisé avec le concours des :

Docteur Jean Lavaud,
Ancien Directeur du SAMU pédiatrique de Paris, hôpital Necker

Docteur Pascal Cassan
Médecin conseiller national, Croix-Rouge Française

Professeur Marc Gentilini,
Ancien Président de l'Académie de Médecine

Professeur Pierre Carli
Directeur du SAMU de Paris, hôpital Necker

Professeur Michel Dehan
Chef du service de réanimation néonatale, hôpital Antoine Béclère

Professeur Michel Basquin
Professeur de psychiatrie de l'enfant et de l'adolescent, CHU Pitié-Salpêtrière

Docteur Sophie Guibert
Pédiatre urgentiste

Docteur Catherine Bonnet
Pédopsychiatre et psychanalyste

Annick Cartron
Maître de conférences en psychologie du développement, Paris V

Docteur Alain Chiapello
Psychiatre, Croix-Rouge Française

Valérie Coulaud
Psychologue, Croix-Rouge Française

Marie-Clémence Robbiola-Ourrad
Psychologue, Croix-Rouge Française

Docteur Nicole Guédeney
Pédopsychiatre, Institut Mutualiste Montsouris, Université Paris V

Marceline Gabel
Chargée de cours à l'Université Paris X, Nanterre

Professeur Jean Dumas
Professeur de psychologie clinique, Université de Purdue (Indiana, Etats-Unis)

Roseline De Carmoy
Psychologue, psychanalyste, hôpital Armand Trousseau

Marlène Dreyfus
Psychologue clinicienne, hôpital Armand Trousseau

Docteur Linda Morisseau
Pédopsychiatre, psychanalyste,
chef de service à l'Institut de Puériculture et Périnatalogie de Paris

Cendrine Barruyer
Journaliste médicale

Cécile Dollé
Journaliste

Céline Ménard
Psychologue, rédactrice

et les familles. En invitant chacun à devenir acteur de sa santé, la Mutualité Française favorise l'autonomie, la responsabilité et la solidarité.

Notre réseau agit au quotidien sur le terrain, en partenariat avec des acteurs locaux de santé. Proche de vous, votre mutuelle vous accompagne, tout au long de la vie, en vous proposant des actions de prévention sous forme d'information, de services personnalisés et d'offres adaptées à vos besoins.

Les accidents domestiques constituent un sujet de préoccupation majeure pour la Mutualité Française. De nombreux accidents pourraient être évités ou limités dans leurs conséquences par des actions de prévention et une éducation aux gestes d'urgence.

C'est pourquoi nous avons choisi de soutenir la campagne « Enfance et Premiers Secours » pour sensibiliser les familles, le plus largement possible, aux risques des accidents domestiques. La nouvelle édition de ce guide vous sera d'un grand soutien.

Etienne Caniard
Président de la Mutualité Française

PRÉFACE

Huit millions d'accidents domestiques en France chaque année, dont 15 000 décès ! Des chiffres effroyables. Les principales victimes ? Les enfants, ignorants des dangers qui les menacent, que tout intéresse et pour qui tout est un jeu. Ils veulent faire comme les grands. Leur curiosité est insatiable et ce n'est que peu à peu, au fil d'expériences, heureuses ou malheureuses, qu'ils prennent conscience du monde environnant, pouvant briser ou altérer leur vie.

100 000 intoxications médicamenteuses par an, tous âges confondus. Est-ce une fatalité ? 3 000 enfants qui se brûlent, dont 1 000 grièvement, ne peut-on rien y faire ? Bien sûr, le risque zéro n'existe pas : il y a toujours l'accident imparable, inévitable, que toutes les mesures de prudence ne pourront éliminer. Mais combien de drames seraient épargnés par quelques précautions, par un peu de vigilance ?

Prévenir : c'est l'objet de ce guide. Il vous aidera à découvrir les recoins de votre maison ou de votre jardin qui peuvent devenir le lieu d'un accident. Mille objets de la vie courante, entre les petites mains peu expertes d'un enfant, sont sources de blessures plus ou moins graves. Ce guide vous permettra de les reconnaître.

Eviter chutes, noyades, étouffements, brûlures, intoxications... Réagir à ces urgences au mieux, panser les plaies, soigner les morsures, réanimer un enfant... Autant de thèmes que vous retrouverez au fil de ces pages. Les recommandations les plus récentes des experts en pédiatrie ont été rassemblées ici dans une démarche originale.

Lisez ce guide, soulignez-en les passages qui vous concernent, adaptez votre environnement en fonction des conseils donnés : les risques que court votre enfant seront diminués d'autant. Exercez-vous aux quelques manœuvres de réanimation et aux soins décrits dans ce livre.

Cette nouvelle édition de ce guide s'est voulue simple et pragmatique. Il ne propose que des gestes d'urgence faciles à exécuter et sans risque. **Des gestes qui sauvent, à la portée de tous.** Des gestes à découvrir dès maintenant pour les réaliser efficacement et sans panique le moment venu.

En qualité d'ancien président de la Croix-Rouge Française, je ne saurais trop engager chaque maman à suivre une formation de premiers secours. Cela peut servir à vos enfants, dans votre entourage ou lors d'un accident dont vous seriez le témoin. La vie ne tient souvent qu'à un fil… ou à un geste. Celui opportun du sauveteur. Tout ce qui épargne des morts, soulage la douleur, évite un handicap, nous concerne. C'est pourquoi je m'associe passionnément, aujourd'hui, à la Campagne "Enfance et Premiers Secours" **pour préserver la vie !**

Professeur Marc Gentilini
Ancien Président de l'Académie de Médecine

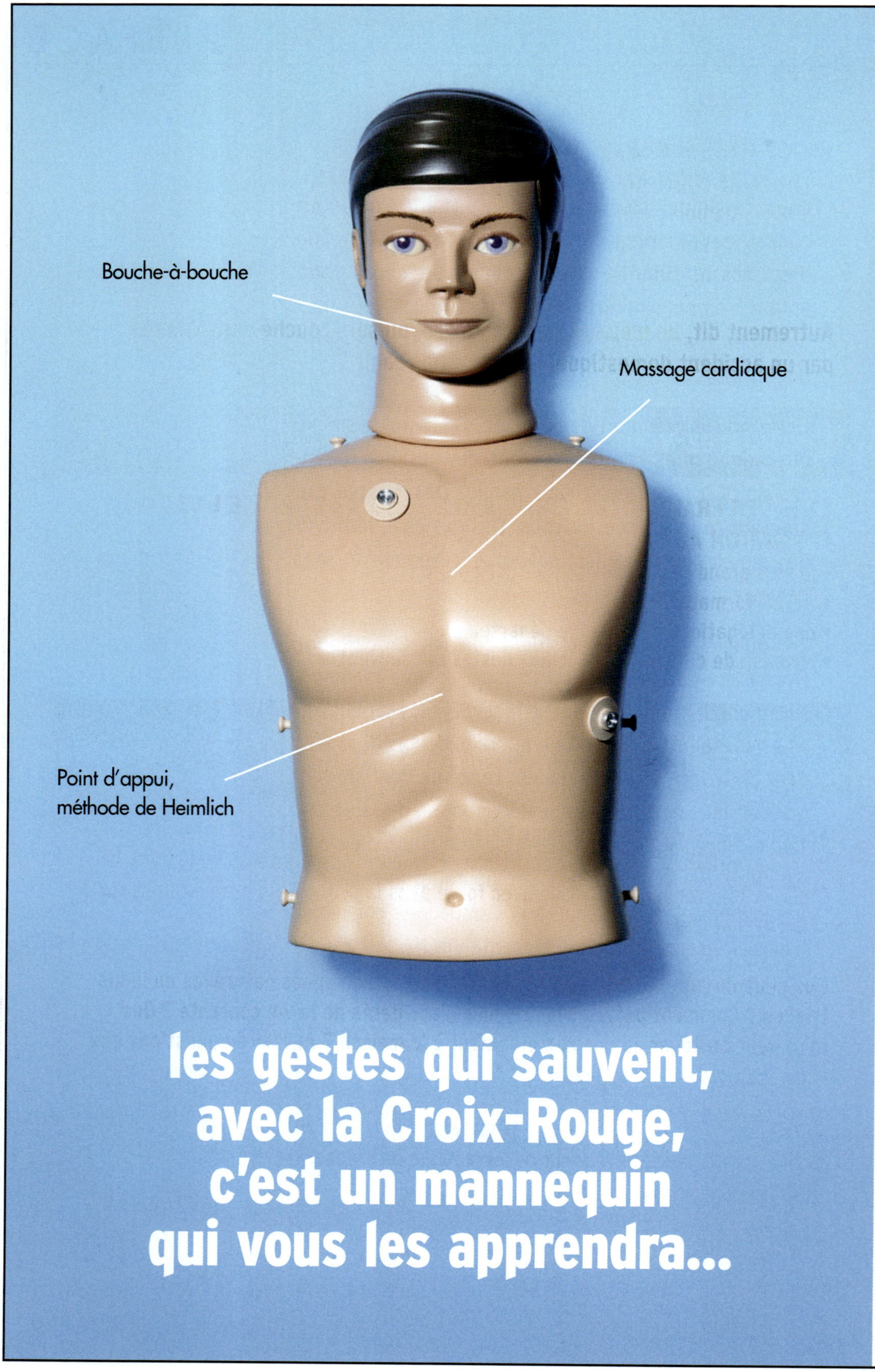
Bouche-à-bouche
Massage cardiaque
Point d'appui,
méthode de Heimlich
les gestes qui sauvent,
avec la Croix-Rouge,
c'est un mannequin
qui vous les apprendra...

Le saviez-vous ?

19 000 PERSONNES DÉCÈDENT CHAQUE ANNÉE À LA SUITE D'UN ACCIDENT DE LA VIE COURANTE

11 millions de personnes sont touchées chaque année
4,5 millions nécessitent un recours aux urgences
266 enfants de moins de 15 ans décèdent suite à un accident de la vie courante

Autrement dit, un ménage sur deux a été, ou sera touché dans l'année, par un accident domestique. Saurez-vous réagir ?

« Préparez-vous à être prêts »

71 % DES FRANÇAIS ESTIMENT AVOIR BESOIN DE SUIVRE UNE FORMATION AUX PREMIERS SECOURS. ET VOUS ?

- le plus grand réseau national de formateurs
- 4 000 formateurs bénévoles
- une délégation dans chaque département
- 1 million de citoyens formés aux gestes qui sauvent

La Croix-Rouge française, acteur incontournable de la prévention et des premiers secours

Apprendre à tous, adultes comme enfants, les gestes qui sauvent constitue une de nos priorités. Mais cela ne suffit pas. Pour éviter drames et souffrances, la Croix-Rouge française s'engage avec force dans la prévention à travers des formations innovantes.

Que peut-on faire face au risque croissant de catastrophes naturelles ou industrielles ? Comment prévenir les risques d'accidents de la vie courante ? Que faire pour protéger au mieux mon enfant à la maison ? Autant de questions que vous vous posez et auxquelles nos formations vous aideront à répondre.

Vous êtes concerné(e) ! Etes-vous intéressé(e) ?

En savoir plus : www.croix-rouge.fr

INTRODUCTION

« Gardez votre calme », tel pourrait être le leitmotiv de cet ouvrage. En cas d'urgence, moins vous paniquerez, plus vos gestes seront assurés et efficaces, plus vos réponses aux secours lorsque vous les appellerez ou quand ils seront à votre domicile seront précises et donc, plus votre intervention sera adaptée.

Dans la majeure partie des cas présentés ci-après, il va vous falloir, dans un délai très court, faire un bilan de l'état de santé de l'enfant, contacter les secours et, dans le même temps, pratiquer des gestes d'urgence. Parfois, lorsque l'accident est gravissime, ces gestes devront être réalisés dans les minutes qui suivent. Sans doute à ce moment-là, les pompiers ou le SAMU continueront-ils de rester en ligne avec vous jusqu'à l'arrivée des secours pour vous indiquer précisément comment réagir et aussi pour vous rassurer.

Une précision utile : quand vous avez la chance d'être deux lors de l'accident, il est fondamental que l'un s'occupe de l'enfant sur un plan médical, tandis que l'autre appelle les secours, leur décrit l'accident et reste en contact avec eux pour transmettre leurs consignes. Si vous êtes seul, demandez de l'aide autour de vous, dans la rue, le voisinage...

Vous découvrirez au détour de cette nouvelle édition de ce livre que, pour la plupart des accidents ou des urgences médicales, nous vous conseillons d'appeler indifféremment les pompiers-18 ou le SAMU-15. Les uns comme les autres pratiquent sensiblement les mêmes gestes de réanimation.

En revanche, dans certaines situations, la présence d'un ou plusieurs médecins immédiatement sur le lieu de l'urgence est nécessaire. C'est pourquoi, de temps à autre, nous vous avons indiqué comme seul contact le SAMU-15.

Quoi qu'il en soit, tous ces sauveteurs (SAMU, pompiers, Croix-Rouge, protection civile…) travaillent de concert et sauront vous aiguiller vers les spécialistes compétents. Nous espérons que vous suivrez scrupuleusement toutes les consignes que nous vous indiquons dans la partie Prévention et que, du coup, cet ouvrage ne vous sera jamais utile pour pratiquer des gestes de réanimation.

Toutes les interventions décrites dans ce manuel sont destinées à des personnes dépourvues de savoir médical particulier, contrairement aux guides de secourisme habituellement proposés au public. Deux ou trois techniques de base doivent absolument être connues. D'abord la réanimation cardio-pulmonaire (massage cardiaque externe) et le bouche-à-bouche (ventilation artificielle).

Ensuite, en cas de trouble de la conscience, vous devrez mettre l'enfant en position latérale de sécurité pour qu'il ne coure aucun risque d'étouffement en attendant les secours. Cette position est simple et elle évite bien des complications.

Enfin, dans quelques rares situations, notre conseil sera le suivant : ne faites rien, ne tentez rien, appelez les secours en urgence. Parfois, mieux vaut ne pas intervenir, car une manœuvre mal utilisée ou réalisée sur un organe ou un membre gravement lésé peut avoir des conséquences dramatiques.

Professeur Pierre Carli
Directeur du SAMU de Paris, hôpital Necker

© JL Luyssens

L'enfant est un équilibriste, toujours sur le fil du rasoir. Prêt à explorer le monde de ses yeux neufs, il n'en perçoit pas, hélas, tous les dangers.

Heureusement, ses parents l'accompagnent sur les chemins de l'apprentissage, mais ils ne sont pas infaillibles et l'enfant échappe parfois à leur vigilance.

Beaucoup trop d'accidents de la vie courante (20 000 décès par an) endeuillent des familles, notamment par la perte d'un enfant.

Bien des drames pourraient être évités par la mise en œuvre de quelques sages précautions et réactions appropriées face à un événement qui surprend et panique tout à la fois.

« Prévenir et Réagir », tel est l'objet de la nouvelle édition de ce guide. A sa lecture, vous découvrirez avec un œil neuf les recoins de votre maison, de votre jardin, de votre caravane, de votre garage... qui fourmillent de risques susceptibles d'entraîner des accidents. Ce guide vous permettra de reconnaître ces risques, de les comprendre, et par là même, de les anticiper.

En lisant ce guide et les conseils sur les gestes qui sauvent, à la portée de tous, vous donnez à votre enfant encore plus de chances d'aller vers demain.

Professeur Jean-Jacques Eledjam
Président de la Croix-Rouge Française

SOMMAIRE

SOMMAIRE

SOMMAIRE

4. En cas de choc psychologique 294

5. Comment traiter les petits bobos du quotidien 372

Visitez également le site de la Campagne "Je protège mon enfant"

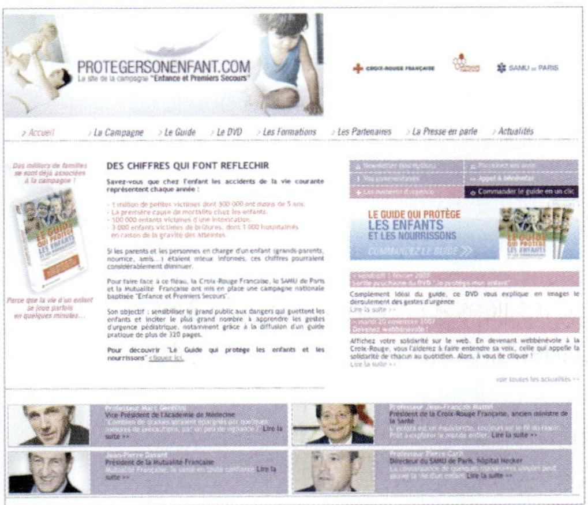

www.protegersonenfant.com

Remerciements

Ce guide n'aurait pu voir le jour sans la collaboration de plusieurs éminents spécialistes qui nous ont apporté, qui leurs conseils, qui leur soutien et ont accepté de parrainer notre démarche. Nous tenons ici à les remercier chaleureusement de la confiance qu'ils nous ont accordée.

Notre gratitude va notamment au Professeur Marc Gentilini, ancien Président de L'Académie de Médecine et au Professeur Pierre Carli, directeur du SAMU de Paris, qui ont réservé à notre projet un accueil très favorable.

Nous sommes aussi très redevables au Professeur Michel Dehan, chef du service de réanimation néonatale de l'hôpital Antoine Béclère, dont les avis éclairés nous ont permis de rendre plus accessible au public ce document.

Mais nous aimerions marquer ici notre extrême reconnaissance au Docteur Jean Lavaud, responsable auprès du Professeur Carli du SAMU pédiatrique de Paris, hôpital Necker. Il n'a ménagé ni son temps ni son énergie pour nous guider, nous conseiller, nous relire, nous corriger. Les documents qu'il nous a remis ont été une des bases principales de ce livre. Qu'il soit ici remercié de tout ce qu'il a fait pour nous.

Un grand merci au Docteur Pascal Cassan, médecin conseiller national à la Croix-Rouge Française, qui a pris le temps de relire l'ensemble de cet ouvrage et a joué un rôle important dans la réalisation de cette nouvelle édition, dont il a mis à jour l'ensemble des données médicales.

Ce livre doit également beaucoup au Docteur Sophie Guibert, pédiatre, néonatologue, qui a su ordonnancer l'ensemble des informations disponibles, les présenter dans un langage simple et clair, et mettre à profit non seulement ses connaissances médicales, mais aussi son expérience de mère de famille nombreuse pour donner aux parents une foule de petits conseils extrêmement utiles.

Enfin, cette nouvelle édition apporte des informations complémentaires et essentielles sur les urgences psychologiques de l'enfant. A ce titre, nous tenons à remercier toutes les personnes qui ont contribué à la rédaction de cette partie.

Notre gratitude va notamment au Docteur Catherine Bonnet, pédopsychiatre et psychanalyste, pour l'aide qu'elle nous a apportée lors de la première édition.

Nos remerciements vont aussi au Professeur Michel Basquin, professeur de psychiatrie de l'enfant et de l'adolescent, qui nous a gratifié de ses connaissances lors des deux précédentes versions et qui s'est, cette fois-ci, consacré au chapitre sur les difficultés familiales.

Nous témoignons toute notre reconnaissance à Madame Annick Cartron, Maître de conférence en psychologie du développement à l'université Paris V, pour son implication à et ses précieux conseils, ainsi qu'au Docteur Alain Chiapello, à Madame Valérie Coulaud et à Madame Marie-Clémence Robbiola-Ourrad, respectivement psychiatre et psychologues à la Croix-Rouge Française. Leur disponibilité et leurs nombreux conseils nous ont été précieux.

Merci également à Madame Marceline Gabel, chargée de cours à l'Université Paris X, qui nous a permis de recueillir de précieuses informations sur la maltraitance de l'enfant, à Madame Marlène Dreyfus, psychologue clinicienne à l'hôpital Armand Trousseau, qui, par son expérience et sa perspicacité, a su nous donner des indications primordiales sur le ressenti lié à une hospitalisation, et à Madame Roselyne De Carmoy, psychologue clinicienne et psychanalyste à l'hôpital Armand Trousseau, pour son discernement et ses éclaircissements sur les accidents domestiques et de la voie publique.

L'enthousiasme et les connaissances du Docteur Linda Morisseau, pédopsychiatre et psychanalyste, chef du service de guidance infantile de l'Institut de Puériculture de Paris, ont été essentiels à la rédaction du chapitre consacré aux difficultés liées à la grossesse.

Nous tenons aussi à souligner la participation du Docteur Nicole Guedeney, pédopsychiatre à l'Institut Mutualiste Montsouris, qui nous a apporté, avec ferveur, des éléments essentiels à la compréhension des premiers liens d'attachement et des séparations.

Pour terminer, nous adressons tous nos remerciements au Professeur Jean Dumas, professeur de psychologie clinique à Perdue dans l'Indiana (Etats-Unis), pour sa disponibilité malgré la distance qui nous sépare et pour la clarté de son discours quant aux difficultés de comportement de l'enfant.

Sommaire

Comment protéger votre enfant

partie 1

Comment protéger votre enfant

Comment le déplacer sans danger

Flâner en ville avec son enfant dans la poussette, l'accompagner à l'école ou tout simplement faire des courses en sa compagnie : quel que soit le trajet, la vigilance s'impose.

Comprendre

Chaque matin, avant 9 heures, 2 enfants sont renversés par une voiture. C'est dire à quel point le moindre trajet doit être entouré de toutes les précautions. Des détails infimes permettent de sauver des vies. Lesquels ? Par exemple, équiper son enfant de vêtements réfléchissant la lumière s'il doit rentrer de nuit. Ou encore penser à le faire descendre de la voiture du côté du trottoir et non du côté de la chaussée...

Prévenir les risques

Les mesures générales :

- Ne lâchez jamais la main de votre enfant. Si vous en avez plusieurs, demandez-leur de tenir le côté de la poussette du petit dernier...

- Sur un trottoir, marchez toujours du côté de la route, en tenant votre enfant à l'écart, du côté des habitations.
- S'il doit se déplacer, avec ou sans vous, en pleine nuit, pensez à l'équiper de brassards réfléchissant la lumière ou à coudre sur ses vêtements des bandes de tissu réfléchissant.
- Interdisez-lui de jouer sur le trottoir, dans la rue, sur les parkings...
- Apprenez à votre enfant à ne pas courir après un ballon ou tout autre objet lorsqu'il est près d'une route.
- Dès son plus jeune âge, enseignez-lui les règles d'un bon comportement en ville : apprendre à traverser la route, respecter les

© Marie Araujo

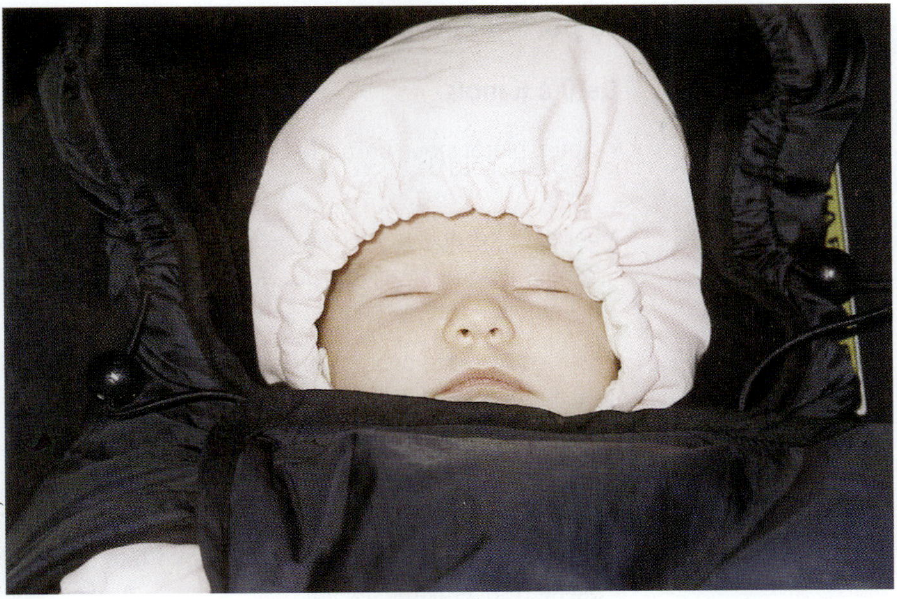

© Marie Araujo

feux, ne jamais traverser quand on n'a pas de visibilité (quand un camion ou un bus passe !), etc.

- Quand vous descendez de voiture, faites toujours sortir votre enfant du côté du trottoir.

Les mesures spécifiques :

La poussette

- Choisissez si possible une poussette disposant de roues assez hautes afin que l'enfant ne soit pas assis au niveau des pots d'échappement des voitures.
- Optez pour un modèle stable, si possible pourvu d'un panier sous le hamac où l'on installe l'enfant. Cela permet d'éviter les sacs à provisions et autres, que l'on accroche à la poussette au risque de la déstabiliser.
- Actionnez le frein de la poussette quand vous êtes à l'arrêt. Avant d'installer votre enfant, vérifiez les dispositifs de blocage et de fermeture de la poussette.
- Attachez toujours votre enfant dans sa poussette, même s'il est grand.

Le porte-bébé

De 0 à 6 mois

- Optez plutôt pour un porte-bébé ventral (ou «kangourou»).
- Veillez à ce que le modèle bénéficie de la norme NFS 64006. Il doit par ailleurs posséder des contreforts pour maintenir la tête de bébé et son petit dos.
- Essayez le porte-bébé avant de l'acheter. Vérifiez qu'il est facile à mettre et à enlever, et adapté à votre morphologie.
- Réglez bien les sangles de manière que l'enfant soit porté très près de votre corps. Procédez à ces réglages **AVANT** d'installer votre bébé ! Tournez sa petite tête afin qu'il puisse respirer correctement.
- Evitez le porte-bébé si votre enfant est trop petit (prématuré, nourrisson de quelques jours...).

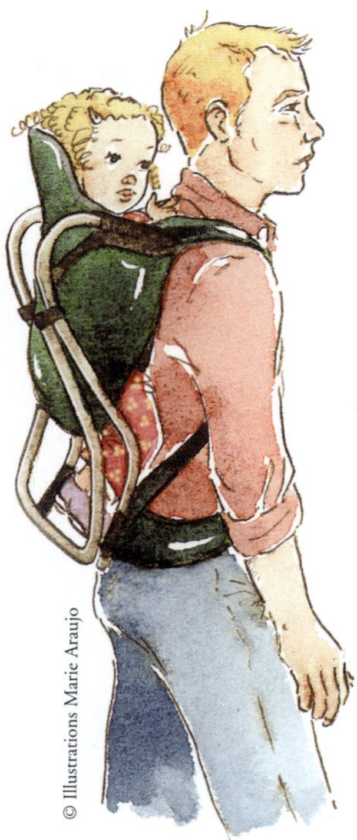

Au-delà de 6 mois

Vous pouvez choisir un ventral ou un dorsal (qui se porte sur le dos). Il existe également des modèles évolutifs qui « grandissent » avec votre enfant et peuvent se porter de différentes manières.

ATTENTION !

- N'utilisez jamais de porte-bébé lorsque vous pratiquez une activité sportive.

- Ne vous penchez pas en avant, surtout avec un porte-bébé dorsal : votre enfant pourrait tomber !

- Serrez suffisamment les sangles afin que l'enfant ne glisse pas par l'un des orifices du kangourou (ouvertures latérales dans lesquelles il passe ses petites jambes).

- Fixez bien le harnais de contention lorsque vous mettez votre enfant dans un porte-bébé dorsal.

Ce qu'il faut retenir...

- ✓ Tenez systématiquement la main de vos enfants lorsque vous vous promenez au bord d'une route.
- ✓ Ne laissez jamais vos enfants jouer sur le trottoir, dans la rue ou sur les parkings.
- ✓ Dès leur plus jeune âge, apprenez-leur les règles d'un comportement civique en ville.
- ✓ Choisissez un matériel (porte-bébé, poussette...) aux normes et ne l'utilisez pas en dehors des fonctions pour lesquelles ce matériel est homologué.

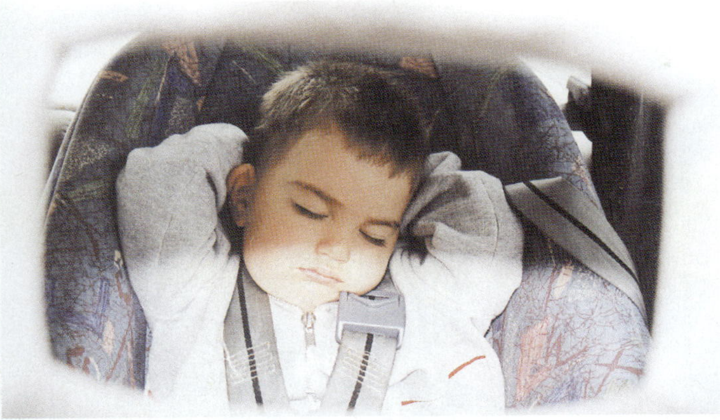
© Muriel Gomes

Comment le protéger en voiture

Les accidents de la route sont la première cause de décès d'enfants de moins de dix ans. A pieds, à vélo, en voiture, des mesures de sécurité s'imposent.

Comprendre

En trente ans, grâce aux différentes réglementations adoptées en matière de sécurité, le nombre d'enfants tués sur les routes a diminué de 73 %. Mais la France demeure en dernière position parmi les pays développés pour la gravité des accidents entre 0 et 5 ans. Et chaque année, 1 000 enfants de 0 à 14 ans sont tués ou grièvement blessés dans un accident de la route.

Ces décès, ces blessures sont encore trop souvent liés à la négligence des parents : seul un enfant sur deux est attaché en voiture, et parmi ces derniers, moins d'un sur deux l'est convenablement ! Or, lors d'un choc, être attaché divise par trois le risque d'être tué. Choisir un siège auto adapté à l'âge et à la taille de l'enfant, savoir le fixer convenablement, rester vigilant en toutes circonstances, même pour le trajet le plus court, un ensemble de comportements qui doivent devenir des réflexes pour tous les parents.

© Sylvain Barrat

Prévenir les risques

Les mesures générales :

- Donnez l'exemple : dès que vous êtes en voiture, mettez votre ceinture de sécurité.
- Evitez les jours de grands départs... surtout en plein été pendant les grandes chaleurs.
- Ne laissez jamais un enfant seul dans une voiture, qu'il soit attaché dans son siège ou non. Outre qu'il risque un coup de chaleur si la voiture est en plein soleil (reportez-vous à la page 87), il peut glisser de son fauteuil ou provoquer un accident grave. Dans son bulletin, l'Office canadien des transports révélait trois accidents où des enfants laissés sans surveillance dans des sièges auto se sont étranglés avec les courroies d'attache.
- Ne jouez pas au bricoleur et ne modifiez **JAMAIS** le siège auto de votre enfant pour en faire un « lit », un transat ou pour toute autre utilisation !
- Attachez-vous, même si vous êtes enceinte, en veillant bien à ce

que la sangle basse de la ceinture passe sous l'abdomen et ne risque pas de provoquer de lésion en cas d'accident.

- Ne tenez jamais votre tout-petit dans les bras quand vous êtes en voiture. En cas de freinage brutal, il serait projeté contre le pare-brise.
- Ne transportez jamais votre enfant dans un couffin (ou une nacelle de landau) posé sur la banquette arrière.
- Verrouillez les portières et les vitres électriques à l'arrière de la voiture.
- A chaque arrêt, vérifiez que votre enfant ne s'est pas détaché.
- Ne posez jamais d'objets lourds sur la plage arrière de votre véhicule. En cas freinage brusque, ils pourraient tomber sur votre enfant et le blesser.
- Lors d'un long trajet en voiture, prévoyez des jouets mous et légers pour éviter toute blessure lors d'un choc brutal ou d'un freinage intempestif.
- Les enfants de moins de 12 ans doivent être assis à l'arrière du véhicule (sauf pour les sièges bébé, dos à la route, et à condition que le véhicule ne dispose pas d'un airbag passager à l'avant).

Attention airbag !

Ne jamais installer un siège auto sur le siège avant de votre voiture si celle-ci dispose d'un airbag. En cas de collision, l'airbag pourrait se gonfler brutalement, projeter l'enfant contre le dossier du fauteuil et provoquer un étouffement. Par mesure de sécurité, évitez de mettre l'enfant sur le siège passager, même si vous avez la possibilité de débrayer l'airbag... On ne sait jamais !

Les sièges auto :

Ce qu'il faut savoir avant d'acheter un siège auto...

- Utilisez impérativement un siège adapté au poids de votre enfant. Si votre enfant est de petite taille ou de poids léger, ne changez pas de modèle de siège, même s'il a atteint l'âge requis ! Inversement, le siège doit être changé pour un modèle supérieur si la tête de votre enfant dépasse le dossier (quand le milieu de son oreille est au niveau du haut du siège).
- Idéalement, achetez le siège **en présence de votre enfant**, afin de voir si les sangles se fixent facilement, si l'enfant est confortablement installé dans son siège, si sa tête est bien maintenue en cas de choc... Prenez un fauteuil bien enveloppant, afin que l'enfant soit protégé en cas de choc latéral.
- Privilégiez les fauteuils disposant d'un **harnais 5 points** (2 attaches au niveau des épaules, une entre les jambes et 2 au niveau du bassin). Choisissez un modèle réglable (plusieurs positions possibles pour les sangles des épaules).
- Vérifiez que le siège est aux **normes** françaises ou européennes (norme ECE R44/03). **ATTENTION :** la mention « Conforme aux normes européennes » ne signifie rien si elle n'est pas accompagnée de l'estampille ECE R44/03.
- Si le mode d'emploi manque de clarté ou si la **fixation** vous semble compliquée, évitez d'acheter ce modèle.

Toutes les erreurs à éviter !

Quand une voiture est équipée d'un airbag, le siège auto ne doit jamais être placé sur le siège avant. En cas d'accident, l'airbag projetterait violemment l'enfant contre le dossier du fauteuil et risquerait de provoquer un étouffement.

- Si l'on vous prête un siège d'occasion, soyez vigilant. **Ne récupérez un siège ancien** que si vous êtes certain qu'il n'a jamais été utilisé dans un véhicule ayant subi une collision. Si le fauteuil a été soumis à un choc lors d'un accident, le système d'attache et les sangles peuvent être altérés et ne plus offrir une sécurité maximale.
- Prenez un siège **adapté à la taille de votre voiture**. Un siège trop volumineux peut poser des problèmes de fixation sur certaines banquettes trop étroites.
- Vérifiez que les ceintures de sécurité de votre voiture sont suffisamment longues pour le modèle que vous achetez. Si vous avez un doute, assurez-vous que vous pourrez ramener le siège à son vendeur si vous ne parvenez pas à l'installer dans votre véhicule.
- Assurez-vous également que le système de fermeture du harnais répond à une double exigence : facilité de fermeture des boucles pour les parents et impossibilité pour l'enfant d'enlever lui-même la ceinture. Vous devez pouvoir retirer votre enfant en urgence !
- Choisissez un harnais réglable.

Age par âge, comment choisir ?

De 0 à 9 mois (catégorie 0 et 0+, jusqu'à 9 kilos), deux choix de sièges sont possibles :

- Le siège coque, dos à la route (0-9 mois). Son avantage : l'enfant est semi couché, bien protégé. On peut utiliser la coque pour la promenade (certaines se fixent sur les montants de la poussette) ou comme transat à la maison. L'inconvénient : comme on l'enlève fréquemment de la voiture, il faut être très vigilant et bien fixer le siège coque à chaque fois qu'on le réinstalle dans le véhicule.
- Le siège convertible. Dos à la route dans un premier temps, il peut être mis face à la route quand l'enfant grandit. Son avantage : il évite l'achat de plusieurs fauteuils successifs. Il permet de maintenir l'enfant dos à la route jusqu'à un âge plus élevé, or cette position est la plus sûre. Inconvénient : il est sans doute moins confortable pour le tout-petit.

De 0 à 9 mois : faut-il transporter bébé couché ou assis ?

Deux possibilités s'offrent à vous : le lit nacelle et le siège dos à la route. En cas d'accident, le siège est plus performant pour protéger votre enfant, absorber les chocs (les forces sont réparties sur le dossier et les bords latéraux du siège). Certaines études montrent que cette position permet de réduire de 89 % les forces exercées au niveau du cou lors d'un accident. Mais pour le tout petit nourrisson, le lit nacelle est le plus confortable en cas de long trajet.

IMPORTANT !

Si vous transportez un enfant en position allongée, utilisez impérativement un lit nacelle et jamais un couffin ou un landau de poussette. Fixez méticuleusement le lit avec les sangles de la voiture et ne démarrez **JAMAIS** sans avoir fermé le filet de protection de la nacelle et le harnais anti-éjection.

De 9 mois à 4 ans (catégories 1 et 1-2, de 9 à 15 kilos), la plupart des modèles sont face à la route. On distingue :

- Le siège-baquet, le plus fréquent. Le siège est maintenu par la ceinture de sécurité. L'enfant, lui, est retenu par un harnais solidaire du siège.
- Le siège réceptacle ou «à table bouclier». Sans harnais, il s agit d'un siège que l'on pose sur la banquette arrière et qui est pourvu d'une tablette. L'enfant et le siège sont maintenus par la ceinture de sécurité de la voiture. Pratique, ce type de siège auto est malheureusement peu connu en France. La tablette permet à l'enfant de jouer et de dessiner. C'est aussi elle qui amortit l'essentiel des chocs en cas d'accident.

© Illustrations Marie Araujo

À savoir :

vous n'avez pas de siège auto ? Peut-être même n'avez-vous pas de véhicule... Mais un ami ou un proche vient vous chercher en voiture à la maternité. Pas de problème, la plupart des cliniques et hôpitaux, en partenariat avec des compagnies d'assurance, proposent le prêt gratuit de sièges bébés. Renseignez-vous !

De 4 ans à 10 ans (catégorie 2-3, 15 kilos et plus...). Deux dispositifs sont proposés :

- Le rehausseur est le plus fréquent. Il permet à l'enfant d'être bien maintenu par la ceinture 3 points. Passez bien la partie inférieure de la ceinture sous les bras du rehausseur, afin que l'enfant soit retenu au niveau du bassin. L'idéal : le rehausseur avec dosseret escamotable. Il est plus confortable pour l'enfant et réduit les risques de blessures graves.

ATTENTION !

– N'utilisez en aucun cas des coussins de la maison en guise de rehausseur.

– N'utilisez jamais le rehausseur avec une ceinture 2 points (ceinture centrale).

– Sans rehausseur, l'enfant risque des blessures graves au niveau de l'abdomen, une rupture de l'artère qui conduit le sang à la tête, des fractures de la colonne vertébrale.

- La tablette, peu connue en France, a l'avantage de pouvoir être utilisée avec une ceinture 2 points (ceinture centrale). C'est une sorte de petite table sur laquelle l'enfant peut jouer et dessiner, et qui est munie d'une encoche où va se glisser la ceinture. En cas d'accident, la tablette amortit donc la violence du choc.

Installer son siège auto

- Suivez scrupuleusement le mode d'emploi. Selon une récente enquête de la Commission de sécurité des consommateurs, 8 parents sur dix positionnent mal le siège auto !
- Si la notice n'est pas claire, contactez le constructeur, le vendeur du siège ou votre garagiste afin

Universel n'est pas gaulois !

Certains sièges sont pourvus d'une mention « universel ». Contrairement à ce que l'on pourrait croire, cette mention ne veut pas dire que le siège est forcément compatible avec votre voiture... Faites donc toutes les vérifications d'usage... même si votre siège est certifié « universel ».

d'obtenir de l'aide pour fixer le siège. Ce dernier doit être fermement maintenu, comme «soudé » à la banquette. Il ne doit pas pouvoir bouger latéralement ni d'avant en arrière (sauf pour les sièges coque de catégorie 0, qui sont plus mobiles).

- Vérifiez **A CHAQUE FOIS** que vous montez en voiture, que le système est bien solidaire du véhicule.

IMPORTANT !

La prochaine génération de sièges auto sera sans doute équipée d'un système révolutionnaire de fixation appelé «système ISOFIX », qui «soude » littéralement le siège à la voiture (au moyen de crochets et non plus via la ceinture de sécurité).

A noter également : depuis le 1er octobre 2004, tous les véhicules neufs sont équipés de ceintures 3 points, même sur la place du milieu, et de rétracteurs pour tous les sièges.

A NOTER

Contacts

- *INRETS*
Institut national de la recherche sur les transports et leur sécurité.
Tél. : 04 72 14 23 00.
- *DSCR*
Direction de la sécurité et de la circulation routière.
Tél. : 01 40 81 21 22.
- *Prévention routière.*
www.prevention routiere.asso.fr

Ce qu'il faut retenir...

✓ Attachez toujours la ceinture de votre enfant, même pour un trajet court.

✓ Vérifiez les fixations du siège auto à chaque fois que vous prenez la voiture.

✓ Ne laissez jamais un enfant seul dans une voiture.

✓ Verrouillez les portes et les fenêtres arrières de votre véhicule.

Attention au syndrome du bébé secoué

Le nourrisson est extrêmement fragile. Un geste d'humeur ou un jeu un peu trop tonique peuvent ainsi avoir des conséquences très graves. En France, plusieurs dizaines de bébés meurent chaque année du « syndrome du bébé secoué », et de nombreux autres conservent des séquelles à vie. La vigilance est indispensable.

Comprendre

A la naissance, la tête d'un bébé pèse presque autant que l'ensemble du reste de son corps. Et son petit cou, fragile, est bien incapable de la maintenir droite. Ce n'est que vers l'âge de 12 semaines que la musculature de son cou va lui permettre de commander plus facilement les mouvements de sa tête. Mais il faudra attendre que l'enfant atteigne 8 à 12 mois (période des premiers pas) pour que sa tête bénéficie enfin d'une assise solide.

Pendant toute cette période, et surtout jusqu'à l'âge de six mois, la moindre secousse se traduit donc par une oscillation de la tête. Et

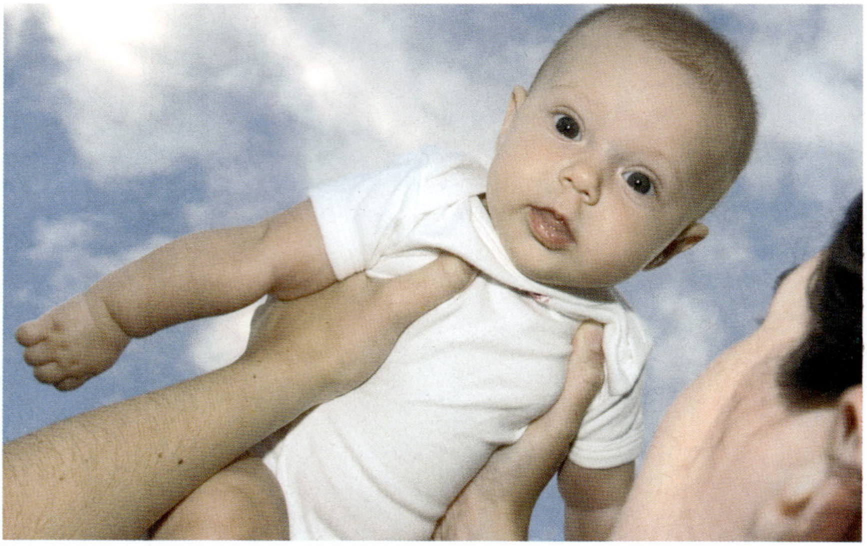

quand la secousse est trop violente, le risque est grand que la tête bascule à toute allure et que l'enfant soit victime de ce que les médecins appellent le « syndrome du bébé secoué » ou SBS.

Que signifient ces trois lettres ? Elles rassemblent une série de symptômes gravissimes, qui indiquent la présence de lésions au niveau du cerveau. Pourquoi ? D'abord parce qu'il y a toujours un peu de liquide entre le cerveau et le crâne de l'enfant (c'est normal, le cerveau grossit en permanence pendant cette période et le crâne est prévu pour lui laisser la place de croître). Résultat, lors d'oscillations importantes de la tête, le cerveau bouge dans la boîte crânienne et « se cogne » contre les os. Cela provoque des altérations du cerveau, un œdème (gonflement) de l'organe et éventuellement, la rupture de certaines veines ou artères.

Les conséquences de tout cela sont très graves : si les blessures infligées au cerveau sont importantes, l'enfant présente rapidement des signes alarmants (convulsions, perte de conscience, arrêt respiratoire...). Dans 8 à 10 % des cas, il décède.

D'autres lésions neurologiques majeures sont observées : cécité, retard du développement psychomoteur, paralysies, état végétatif, épilepsie. Au mieux, l'enfant souffre « seulement » de problèmes de mouvement et de coordination, de retard intellectuel, de troubles du comportement...

Quant aux enfants blessés moins gravement, ils peuvent aussi conserver des séquelles.

Reconnaître le danger

Il est essentiel de repérer les personnes qui risquent de maltraiter l'enfant et les situations dangereuses.

Les personnes dont le caractère est instable, qui sont irritables, stressées, inexpérimentées avec les enfants, doivent être considérées comme des personnes à risque.

Incapables de sécuriser et de rassurer l'enfant, elles seront rapidement dépassées par une crise de pleurs et ne parviendront pas à maîtriser la situation. C'est notamment le cas des pères très jeunes et des beaux-pères, qui comptent pour 60 % des agresseurs.

Certaines situations sont par ailleurs propices à une perte de contrôle des émotions. Cela peut vous arriver ! N'hésitez pas à demander de l'aide. Si vous observez ce comportement chez quelqu'un d'autre : proposez-lui de l'aide sans le culpabiliser. Aussi est-il nécessaire de connaître ces situations et d'apprendre à bien réagir (lire *Le thermomètre de la colère*, page 48).

Des chiffres qui font réfléchir

- *En France, plusieurs dizaines d'enfants meurent chaque année après avoir été, semble-t-il, secoués par leur entourage.*
- *Au moins 24 enfants sur 100 000 seraient victimes du « syndrome du bébé secoué ». Un chiffre que les autorités estiment très largement sous-estimé !*
- *En quatre ans, 230 nourrissons ont été reçus aux urgences de l'hôpital Necker à Paris, victimes de ce syndrome.*
- *Dans les jours ou semaines qui suivent cette maltraitance, 8 à 10 % des bébés amenés en urgence à l'hôpital meurent. Un enfant sur 4 souffre d'hémiplégie, de retard mental majeur, d'épilepsie rebelle... Près de la moitié souffrirait de séquelles moins importantes (déficit intellectuel léger, épilepsie contrôlée). Seul un enfant sur 5 deviendra un enfant normal. Sans compter les enfants qui meurent avant d'avoir été transférés dans un service d'urgences.*
- *6 victimes sur dix sont des petits garçons et la majorité des accidents a lieu avant l'âge de 5 mois.*

Quand s'inquiéter ?

Apathie, hémorragie rétinienne, irritabilité inhabituelle de l'enfant, vomissements, convulsions, perte de conscience... sont autant de signes qui peuvent indiquer que votre bébé a été secoué en votre absence. Si le bébé est « peu » secoué, les symptômes qu'il va présenter ressemblent à ceux d'une infection virale, mais sans fièvre. Plus la lésion neurologique est grave, plus les risques sont importants.

Tout changement de comportement, d'aspect de l'enfant, toute attitude inhabituelle peuvent être liés à une maltraitance. Si votre enfant refuse de manger, de dormir, de jouer, alors que tout allait bien auparavant, questionnez la personne qui le garde.

En cas de lésions graves, le doute n'est plus permis. Il faut réagir vite : même en cas d'intervention rapide, un enfant dont le cerveau a été grièvement lésé par des atteintes violentes n'a qu'une chance sur cinq de s'en sortir.

Prévenir les risques

- Ne secouez un bébé sous aucun prétexte. Il ne faut surtout pas vouloir ranimer un enfant évanoui ou en arrêt cardio-respiratoire par des secousses brutales. Si votre enfant perd conscience, pour quelque raison que ce soit, pratiquez les gestes d'urgence (reportez-vous à la page 286).
- Gare aux jeux trop musclés. Lancer un nourrisson en l'air, le faire tournoyer, jouer à « l'avion »... sont dangereux. Ces jeux entraînent en effet une augmentation brutale de la pression à l'intérieur du crâne de l'enfant et peuvent provoquer des lésions cérébrales. Les jeux toniques, c'est pour plus tard !
- Ne confiez votre enfant qu'à des personnes en qui vous avez entière confiance. Optez si possible pour des personnes d'un certain âge, sereines, et non pour des jeunes inexpérimentées... Sachez que les nourrices comptent pour 10 à 20 % des « agresseurs » d'enfants secoués et que la grande majorité des adultes responsables de ces maltraitances ont moins de 25 ans !
- Maîtrisez vos émotions et essayez de garder votre calme. Si vous sentez que vous perdez le contrôle de vous-même face aux pleurs incoercibles de votre enfant, appelez à l'aide avant d'avoir un geste malheureux (lire *Le thermomètre de la colère*, page 48).
- Tentez de calmer votre enfant par des moyens simples : caresses, bain tiède, petits massages, chansons douces, bercement... sont parfois souverains pour apaiser un nourrisson.

Ce qu'il faut retenir...

✓ Ne secouez JAMAIS un nourrisson.

✓ Ne le confiez qu'à une personne en qui vous avez toute confiance.

✓ Si vous sentez que vous perdez votre calme, demandez de l'aide à votre entourage : amis, parents, etc.

✓ Si le comportement de l'enfant vous semble inhabituel (refus de manger, de jouer, de dormir...), questionnez la personne qui le garde. Au moindre doute, amenez-le chez le médecin.

Le thermomètre de la colère©

(Adaptation française pour le Guide)

Si les jeux peuvent être responsables de traumatismes chez l'enfant, la très grande majorité des cas de syndrome du bébé secoué est liée à des maltraitances de la part des parents, des grands-parents ou des personnes auxquelles l'enfant a été confié (gardienne, baby-sitter, nourrice).

Parfois, ces maltraitances sont volontaires et répétées. Mais le plus souvent, elles sont la conséquence d'une perte de maîtrise de soi. Face à un bébé qui pleure sans discontinuer, la personne en charge de l'enfant est épuisée, à bout de nerfs, ne dort plus... Elle risque de perdre son calme. Excédée par les cris d'un bébé inconsolable, elle en arrive, de rage et d'impuissance, à le secouer violemment pour le faire taire. Et c'est l'accident.

Pour amener les parents (et notamment les pères et beaux-pères, souvent en cause) à une prise de conscience de ces risques, l'hôpital Sainte-Justine, au Canada, a mis au point un « thermomètre de la colère » (voir schéma).

L'objectif : aider les parents à prendre conscience du moment où ils perdent le contrôle de leurs émotions et risquent d'avoir un comportement violent vis-à-vis de leur bébé.

Voici quelques conseils :

- *Si votre enfant pleure de manière incoercible, vérifiez qu'il ne tente pas de vous faire part d'un désagrément réel (faim, couche souillée, froid, fièvre...).*
- *S'il continue de pleurer malgré vos soins, tentez de garder votre calme.*
- *Si vous craignez de ne pas y parvenir, ne restez pas seul avec l'enfant. Isolez-vous, quittez la pièce*

un instant et appelez à l'aide un proche, un ami, un voisin. Téléphonez, exprimez vos angoisses... Plus un nourrisson vous sentira angoissé et plus il pleurera.

- *Si la situation perdure et que le bébé a tendance à pleurer de manière répétée, jour après jour, nuit après nuit, prévoyez un « plan de secours ». Cherchez une personne fiable à qui vous pourrez confier votre bébé le temps de vous reposer un peu, de reprendre votre calme.*
- *Amenez votre enfant en consultation médicale. S'il pleure en continu, c'est peut-être parce qu'il est malade ou qu'il souffre. Soigner un reflux gastro-œsophagien ou des coliques, gérer une « angoisse de séparation » peut suffire à arrêter les crises de pleurs de votre bébé. Notez qu'il est normal qu'un nourrisson pleure deux à trois heures par jour. Au-delà, en revanche, cela signifie qu'il y a un problème. Soit un problème médical qu'il faudra soigner au plus vite, soit des difficultés au niveau de la relation parent-enfant. Une aide psychologique peut alors être utile.*

COLÈRE AGRESSIVITÉ	*- Je vais te faire taire moi ! - Ca suffit, il faut qu'il arrête ! - Tu vas te calmer à la fin !*
PERSÉCUTION	*- C'est insupportable ! - Pourquoi me fait-il ça à moi ? - Mais il le fait exprès ou quoi !*
ENVAHISSEMENT	*- Je ne pensais pas qu'il pleurerait autant, si longtemps... - Rien ne marche comme je veux. - Va-t-il enfin me laisser en paix !*
DÉSESPOIR IMPUISSANCE	*- J'ai pourtant fait tout ce que je pouvais... - Jamais personne pour m'aider ! - Je suis toute seule pour gérer ça !*
EXASPÉRATION INTOLÉRANCE IMPATIENCE	*- Il le fait exprès ou quoi ? - Il devrait arrêter, il a tout eu... Là, il exagère !*
INCOMPRÉHENSION FRUSTRATION QUESTIONNEMENT	*- Il me dérange, je voudrais être tranquille - Il devrait dormir... - Pourquoi pleure-t-il comme ça ?*
L'ÉLÉMENT DÉCLENCHEUR	*Il pleure encore... Bébé pleure.*

© Marie Araujo

Comment lui éviter de se blesser

Une minute d'inattention suffit parfois pour qu'un enfant se blesse avec un objet tranchant ou contondant laissé par mégarde à sa portée. Il n'est jamais inutile de voir le monde avec des yeux à la hauteur des enfants pour mieux se rendre compte des dangers auxquels ils sont soumis.

Comprendre

Parmi les objets que nous utilisons, nombreux sont ceux auxquels nous ne prêtons pas attention, tant ils sont pour nous anodins. Pourtant, ils peuvent se révéler dangereux s'ils tombent entre les petites mains de nos enfants.

Prévenir les risques

Dans la cuisine

- Les couteaux, fourchettes, tiges pour brochettes, verres... ne doivent jamais être accessibles.
- Equipez les tiroirs et les placards de la cuisine de fermetures sécuri-

sées. De telles fermetures peuvent aussi être utiles dans d'autres pièces (armoire à pharmacie, buffet du salon, placard des toilettes...).

Dans le reste de la maison

- Attention aux doigts coincés dans la porte, écrasés ou sectionnés : installez des « bloque-portes » ou calez les portes en position ouverte (en les immobilisant avec un meuble, par exemple).
- Ne laissez jamais de ciseaux, quels qu'ils soient, à portée de main. A l'âge des découpages (vers 3 ans et demi), offrez à votre enfant de beaux ciseaux en plastique. Ils ne coupent que le papier !

A l'extérieur

- Rangez toujours soigneusement vos outils de jardin. Mettez-les sous clé. Offrez à votre enfant sa brouette et ses outils en plastique !
- Ne tondez pas le gazon en sa présence en raison des risques de projections. Il peut aussi profiter d'un moment d'inattention pour mettre en route la tondeuse et se blesser. **Ne confiez jamais la tondeuse à un enfant, même s'il est plus grand et supposé raisonnable.** S'il veut vous aider, faites-lui plutôt ramasser l'herbe.
- Si vous possédez des outils agricoles, ne le laissez jamais s'approcher et, *a fortiori*, grimper sur un tracteur ou un motoculteur ! Les conséquences peuvent être catastrophiques (chute, écrasement ou section de membre).

Les autres dangers

La campagne

- Si vous êtes à la campagne, interdisez l'accès aux granges. Les risques et les chausse-trappes y sont nombreux. Sans parler de leurs toits inclinés qui incitent les enfants à grimper dessus...

Les voitures et les garages

- Ne manœuvrez pas votre véhicule et ne reculez pas si des enfants sont à proximité. S'ils se baissent ou s'ils sont tout petits, vous ne les verrez pas !
- Avant de bouger la voiture, vérifiez que vous avez tous les enfants dans votre champ de vision ou qu'ils sont à l'intérieur de la maison ou de l'automobile.
- Faites attention quand vous refermez les portes du véhicule : les enfants sont prompts à glisser leurs petits doigts dans les jointures.

© Marie Araujo

- Assurez-vous que l'enfant est bien installé et attaché avant de mettre en marche la voiture.
- Ne le laissez pas fermer lui-même les portes ou le coffre.
- Ne laissez jamais de clés à portée de ses mains... surtout celles de la voiture.
- N'actionnez la fermeture automatique du garage que si tout le monde est sorti.

Ce qu'il faut retenir...

✓ Ne laissez jamais d'objets dangereux, tranchants ou contondants (ciseaux, couteaux, verres, outils de jardin, etc.), à portée des enfants. Rangez-les si possible dans des tiroirs fermant à clé, ou dans une armoire dotée d'un système de sécurité.

✓ Ne tondez pas votre gazon en présence d'un enfant. Et surtout, ne lui confiez en aucun cas la tondeuse, même s'il est plus âgé !

✓ Ne manœuvrez pas votre voiture à proximité d'enfants : s'ils sont petits, vous risquez de ne pas les voir dans votre rétroviseur. Et avant de déplacer votre véhicule, vérifiez bien que tous les enfants se trouvent soit à l'intérieur de l'automobile, soit à l'intérieur de la maison.

✓ Si vous possédez un garage doté d'une fermeture automatique, vérifiez bien que tout le monde en est sorti avant d'actionner le mécanisme.

Comment éviter qu'il se brûle

Trop nombreuses, souvent graves, les brûlures sont l'exemple même des accidents que l'on peut éviter. Prenez les précautions indispensables !

Comprendre

Quelque 3 000 enfants de moins de 15 ans se brûlent chaque année à leur domicile. Un millier d'entre eux doivent être hospitalisés en raison de la gravité des atteintes. Le plus fréquemment, la victime est un petit garçon de 3 ans qui se brûle à son domicile. Mais les autres tranches d'âges sont elles aussi touchées.

Les brûlures peuvent être mortelles ou laisser d'importantes séquelles. C'est pourquoi à l'arrivée de bébé, l'organisation de la maison doit prendre en compte de nouvelles mesures de sécurité. Chaque pièce devra être revue en fonction du comportement potentiel du petit enfant. Si ces habitudes sont instaurées dès la naissance de bébé, il ne percevra pas cela comme une punition. Chez l'enfant plus grand, il faut insister pour qu'il reste en dehors de la cuisine quand les feux fonctionnent, et lui expliquer les dangers que cette pièce recèle.

Prétendre réduire à néant ces accidents est illusoire, mais le nombre de brûlures peut être considérablement diminué.

Reconnaître le danger

Il est essentiel de connaître les endroits à risque et les causes de brûlures.

Dans la maison, deux pièces sont particulièrement dangereuses pour l'enfant : la cuisine et la salle de bains. Mais le jardin n'est pas pour autant exempt de risques (méfiez-vous du barbecue !).

Parmi les causes les plus fréquentes de brûlures, on notera d'abord celles provoquées par les liquides chauds (huile, eau, chocolat, potage), puis celles entraînées par les solides chauds (porte de four, plaque de cuisson, fer à repasser, etc.).

Prévenir les risques

Les mesures générales

Si sécuriser son domicile est fondamental, il ne faut pas oublier qu'un bébé n'est pas un ermite. Aussi, redoublez de vigilance quand vous l'emmenez en visite chez vos parents ou chez des amis. Conseil d'autant plus fondamental que les réunions de famille constituent des moments où les adultes discutent ensemble, généralement sans se soucier des enfants qui jouent alentour. Un impératif : restez sur vos gardes !

- Si vous faites garder votre enfant à domicile (nounou, parents), expliquez les mesures à prendre et exigez qu'elles soient respectées.
- Limitez (ou interdisez) l'accès à certaines pièces, comme la cuisine et la salle de bains.
- Faites en sorte que l'enfant soit en permanence en compagnie d'un adulte ou, s'il est seul dans une pièce, qu'il évolue dans un espace qui lui est réservé et qui est sécurisé.

- Ne laissez jamais un enfant de moins de 10 ans seul à la maison.
- Habillez votre enfant de sous-vêtements en fibres naturelles (coton, lin, laine). En cas de brûlure, ces tissus absorbent une grande partie de la chaleur et diminuent la gravité de l'atteinte cutanée.

Les brûlures solaires

Le soleil peut brûler très sévèrement votre enfant. En outre, l'exposition solaire pendant l'enfance réduit le « capital solaire ». Lorsque celui-ci est épuisé, la peau ne peut plus se protéger contre les agressions du soleil et les cellules endommagées ne peuvent plus être réparées. En dépassant cette limite, on risque de développer des cancers de la peau. Prenez donc les bonnes précautions. Elles doivent devenir une habitude pour vous et pour votre enfant. Ne vous contentez pas de le protéger seulement de temps à autre : cela ne présente aucun intérêt.

- Evitez les expositions solaires aux heures de fort rayonnement (entre 11 heures et 16 heures).
- Favorisez les jeux à l'ombre.
- Ne déshabillez pas votre enfant. Le port de vêtements, d'un chapeau (ou d'une casquette) et de lunettes aux normes, est indispensable. Attention : les verres teintés, qui ne filtrent pas les UV, sont dangereux !
- Couvrez les zones exposées d'écran solaire (indice 30 minimum) une demi-heure avant l'exposition. Renouvelez l'application toutes les deux heures (voire plus souvent en cas de baignade ou de transpiration).
- Donnez régulièrement à boire à votre enfant.
- **Rappelez-vous que les bébés de moins de 6 mois ne doivent pas être exposés au soleil direct :**
  - Installez-les toujours à l'ombre.
  - Habillez-les d'un vêtement léger protégeant tout le corps et couvrez-leur la tête d'un chapeau. Si de petites parties sont quand même exposées (visage, avant-bras et mains), vous pouvez appliquer un écran solaire adapté aux enfants.

© Marie Araujo

Les mesures spécifiques

L'installation électrique

- Faites vérifier votre installation électrique, en particulier si vous logez dans une résidence assez ancienne. Le cas échéant, mettez-la aux normes.
- Installez des « cache-prises » à clé sur toutes les prises de courant non conformes.
- Si vous utilisez une rallonge, veillez à débrancher systématiquement les deux extrémités après avoir utilisé votre appareil électrique. Trop de parents continuent de laisser traîner au sol des rallonges connectées au secteur. Or, quoi de plus tentant pour un enfant que de jouer avec ces fils posés par terre ? Outre le risque d'électrocution, celui de strangulation n'est pas à exclure ! Un conseil : rangez immédiatement vos rallonges après usage.

La cuisine

Jusqu'à l'âge de 6 ans, la cuisine constitue le lieu de tous les dangers. L'enfant n'a pas à s'y trouver lors de la préparation des repas.

En outre, indépendamment du risque de brûlure, on y trouve quantité d'objets dangereux.

- Essayez de cuisiner quand votre enfant dort, ou lorsqu'il est à la crèche ou à l'école.
- Placez une barrière à la porte de la cuisine et installez confortablement votre enfant de l'autre côté. Vous pourrez ainsi l'avoir près de vous et le surveiller, sans qu'il se sente seul.
- Mettez la cuisinière hors d'accès. Installez pour cela un rebord de protection et une grille de four. Vous les trouverez dans les magasins spécialisés en accessoires de puériculture ou dans ceux qui vendent des installations de sécurité (Graine d'éveil : 0 892 350 888 pour obtenir un catalogue).
- N'utilisez que les plaques du fond, jamais celles de devant. Il est exceptionnel que l'on ait besoin, en même temps, de tous les feux d'une cuisinière. Autant éviter les risques !
- Veillez à ce que les queues des casseroles ne dépassent jamais de la cuisinière : tournez-les vers le mur.

© Marie Araujo

- Ne laissez jamais d'allumettes ou de briquet à portée de mains, quel que soit l'âge de vos enfants.
- Coupez systématiquement l'arrivée du gaz après avoir fini de cuisiner. La tentation est grande de tourner les boutons « comme maman ». Notez qu'il existe dans le commerce des détecteurs de monoxyde de carbone ou de gaz.
- Lors des repas de bébé :

  – Attention à la chaleur des boissons et des aliments. Goûtez tout ce qui est chauffé. Et méfiez-vous : le micro-ondes ne chauffe pas de manière homogène. Mélangez les aliments avant de les goûter.

  – Ne passez jamais avec un récipient contenant un liquide chaud (théière, casserole, etc.) au-dessus ou à proximité d'un enfant.

Ces mesures seront d'autant plus efficaces qu'elles seront **SYSTÉMATIQUES** et deviendront, pour vous et pour votre enfant, une **HABITUDE.**

La salle de bains

• Bloquez son accès par un verrou ou un loquet situé en hauteur. Cela évitera que l'enfant n'y entre à votre insu. Dans une salle de bains, la brûlure (comme la noyade) est un accident si vite arrivé !

• Equipez, si possible, votre chaudière ou votre ballon d'eau chaude d'un thermostat limitant la température. Il existe aussi des installations que l'on peut fixer sur le robinet et qui empêchent l'eau de couler à plus de 45 °C.

• Jusqu'à 4 ans, contrôlez la température du bain de votre enfant à l'aide d'un thermomètre de bain. Ne vous fiez ni à votre main, ni à votre coude.

Le jardin

• Ne laissez jamais votre enfant s'approcher du barbecue.
• Eteignez le foyer juste après utilisation.
• Rangez immédiatement les ustensiles dont vous vous êtes servis.

Ce qu'il faut retenir...

✓ Limitez l'accès à la cuisine et à la salle de bains. Elles constituent les deux pièces les plus dangereuses pour les petits.

✓ Essayez de cuisiner lorsque l'enfant est à la crèche ou dort.

✓ Utilisez toujours les plaques du fond, jamais celles de devant, facilement accessibles. Veillez également à ce que les queues de casseroles ne dépassent pas de la cuisinière !

✓ Goûtez tous les aliments chauffés (en veillant à bien les mélanger au préalable pour répartir la chaleur) avant de les donner à votre bébé.

✓ Ne passez jamais à proximité d'un enfant avec un récipient contenant un liquide brûlant (théière, casserole, etc.).

✓ Si votre enfant a moins de 4 ans, vérifiez systématiquement la température de son bain à l'aide d'un thermomètre adapté.

✓ Ne laissez en aucun cas un enfant s'approcher d'un barbecue. N'oubliez pas d'éteindre le foyer juste après l'utilisation et de ranger immédiatement les ustensiles dont vous vous êtes servis.

Prévenir les risques d'un choc allergique

Aliments, médicaments, piqûres d'hyménoptères (abeilles, guêpes, frelons) peuvent déclencher un choc anaphylactique chez les enfants allergiques. Bien que la prévention soit souvent difficile, certaines précautions permettent de réduire les risques.

Comprendre

Le choc anaphylactique est une réaction allergique grave, parfois mortelle. Sa prévention est d'autant plus limitée que l'accident survient souvent de façon inopinée, sans signe avant-coureur.

Certes, un bon nombre de produits sont connus comme étant très allergisants. Leur éviction permet de limiter les risques. Toutefois, prévoir qui y sera allergique est impossible. Par ailleurs, les allergies sont parfois extrêmement surprenantes et portent sur des aliments *a priori* anodins…

Chez l'enfant, les allergies sont de plus en plus nombreuses. Cela tient aux modifications du calendrier de diversification alimentaire du nourrisson. Pendant des années, on a prôné l'introduction à l'âge

A NOTER

Œuf et réaction allergique aux vaccins

Certains vaccins sont préparés sur de l'œuf. Il s'agit de ceux qui sont destinés à prévenir les oreillons, la rougeole, la grippe, la fièvre jaune. Ils peuvent déclencher une réaction chez les enfants allergiques à l'œuf. Si le vaccin est indispensable, il devra être réalisé en milieu médical (consultation spécialisée en immuno-allergologie).

le plus précoce possible de nouveaux aliments, au motif de former le goût de l'enfant. Aujourd'hui, les pédiatres préfèrent, au contraire, retarder la diversification alimentaire. Ils se sont rendu compte que plus l'alimentation lactée (régime uniquement à base de lait premier âge, deuxième âge, etc.) était conservée longtemps, moins les allergies risquaient de se manifester.

L'introduction sur le marché d'aliments exotiques, en grande quantité, en toute saison et à des prix raisonnables, est un facteur de risque supplémentaire.

Prévenir les risques

Les aliments sont parmi les principaux coupables. Mais les médicaments ou les piqûres d'insecte peuvent aussi avoir des conséquences graves.

L'allergie à l'œuf

L'œuf, riche en protéines, est très allergisant. Le blanc d'œuf est le principal responsable. Donner du jaune – bien cuit – à un nourrisson ne pose donc pas de problème. Il est, en revanche, sage de retarder l'introduction du blanc d'œuf après l'âge de 18 mois. Chez le petit enfant à tendance allergique (eczéma, asthme), mieux vaut attendre plus encore.

L'allergie aux protéines du lait de vache

Elle se révèle très tôt dans la vie. Il n'est pas rare que l'un des parents ou quelqu'un dans la fratrie en souffre également.

Comment se manifeste-t-elle ?

Le nouveau-né ou le nourrisson, nourri au sein maternel, se portait jusque-là très bien. Lors du sevrage, tout change : il présente des vomissements, des épisodes diarrhéiques, se couvre de rougeurs ou d'eczéma, souffre de malaises, ne gagne plus de poids. Autant de signes d'une allergie aux protéines du lait de vache.

Comment y faire face ?

Le lait, tous ses dérivés et les produits qui en contiennent sont exclus

de l'alimentation pendant un an. La tentative de réintroduction du lait, vers 12 ou 18 mois, doit toujours être réalisée en milieu hospitalier.

L'allergie à la cacahuète

Cette allergie est souvent grave. C'est ici l'occasion de rappeler, une fois encore, que la cacahuète et tous ses dérivés sont à éviter chez le jeune enfant. Responsable de « fausses-routes », dépourvu des qualités nutritives indispensables à la croissance, cet aliment est à proscrire.

Toutefois, sachez que votre enfant peut développer une allergie à la cacahuète à votre insu. De nombreuses préparations culinaires, gâteaux secs industriels, barres chocolatées et autres friandises en contiennent. Il en est de même pour la cuisine asiatique.

Comment y faire face ?

La diversité des produits ne permet pas un contrôle suffisant. Aussi, si la

© Marie Araujo

composition n'est pas précisée, évitez les produits indiqués précdemment, surtout si votre enfant a un terrain allergique connu (asthme, eczéma).

Tâchez aussi de ne pas introduire trop tôt les autres fruits secs (noix, noix de cajou, noisettes) ainsi que les fruits exotiques (litchis, kiwis).

Le choc anaphylactique médicamenteux

Il est très rare. Ses deux principaux responsables : les produits iodés utilisés en radiologie et certains antibiotiques comme la pénicilline.

Notez que les allergies réelles aux antibiotiques existent, mais qu'elles sont peu fréquentes. Trop d'enfants sont considérés à tort comme allergiques aux antibiotiques, alors qu'ils sont simplement victimes d'une éruption cutanée liée à leur maladie virale. Cela limite beaucoup les traitements qu'ils peuvent recevoir en cas d'infection.

Les piqûres d'hyménoptères (guêpes, abeilles, frelons)

La prévention n'est pas toujours aisée, mais la désensibilisation, faite par un allergologue, est efficace et mérite d'être tentée.

Lors des déjeuners à l'extérieur (jardin, pique-nique), évitez de laisser votre enfant boire directement à la bouteille ou à la canette. Donnez-lui une paille. Pensez également à regarder dans son verre. Des accidents graves sont survenus à la suite de l'ingurgitation accidentelle d'un hyménoptère tombé dans une canette.

Les piqûres de la gorge ne déclenchent pas toujours un choc anaphylactique, mais l'inflammation et le gonflement sont tels qu'ils entraînent une asphyxie.
Le traitement est le même que pour le choc anaphylactique (adrénaline et corticoïdes injectables).

Le cas des enfants dont l'allergie est connue

Si votre enfant a déjà souffert d'un malaise à la suite d'une réaction allergique, vous disposez, en principe, d'une ordonnance qui spécifie le traitement à suivre en cas de choc anaphylactique. Vous pouvez l'autonomiser en lui laissant l'opportunité de préparer avec vous les médicaments dont il a besoin.

Nids de guêpes et essaims d'abeilles

Les piqûres multiples sont très graves.

- *Ne touchez pas aux nids de guêpes ou de frelons dans votre jardin.*
- *Contactez les pompiers. Ils ont le matériel adéquat pour les détruire. Ce service est souvent payant, ce qui est normal.*
- *Si un essaim d'abeilles sauvages s'installe dans votre jardin, contactez un apiculteur proche de chez vous.*
- *Lors de ces interventions, ne laissez pas les enfants accéder au jardin.*

Rappelons que pour votre enfant, vous devez toujours avoir à portée de main le médicament indispensable : l'adrénaline.

Pensez à prévoir...

Sur conseils de votre médecin :

- Une seringue d'adrénaline prête à l'emploi dans son sac.
- Une seringue d'adrénaline prête à l'emploi dans la trousse de secours de la voiture.
- Une seringue d'adrénaline prête à l'emploi dans la trousse de voyage.

Informez l'entourage

- Prévenez l'école, le centre de vacances ou le centre aéré, de même que les proches et les amis, de l'allergie de votre enfant. L'école et les autres lieux doivent posséder une trousse contenant une seringue d'adrénaline prête à l'emploi et connaître la manière de l'utiliser (projet d'accueil individualisé, circulaire de novembre 1999).

Si votre enfant part en voyage (avion, train, bateau) :

- N'oubliez pas de mettre la seringue d'adrénaline dans le sac qu'il garde auprès de lui. Attention à la trousse de toilette inutilisable, coincée dans la valise placée dans la soute ou perdue...

- Mettez dans son bagage une carte mentionnant son allergie et son traitement (adrénaline). Inscrivez lisiblement la dose à injecter.

S'il participe à des sorties ou à des pique-niques, va séjourner dans la famille ou dans un centre de vacances, assurez-vous que le traitement est disponible :

- Signalez l'allergie.
- Expliquez le traitement à suivre et précisez que le médicament et les instructions d'utilisation doivent l'accompagner **ABSOLUMENT** partout.

Dans tous les cas de figure, vérifiez régulièrement la date de péremption des seringues d'adrénaline.

Ce qu'il faut retenir...

- ✓ Rappelez-vous que les aliments sont les principaux responsables des chocs allergiques. Aussi, ne diversifiez pas trop vite l'alimentation de votre bébé.
- ✓ Ne donnez pas de blanc d'œuf à votre enfant avant l'âge de 18 mois, voire plus.
- ✓ Evitez les produits qui contiennent de l'arachide chez le petit enfant, ainsi que les fruits secs (noix, noisettes, etc.) et les aliments exotiques (kiwis, litchis...).
- ✓ Méfiez-vous des piqûres de guêpes et autres abeilles. Lors des déjeuners à l'extérieur, regardez bien dans le verre de l'enfant et, si possible, faites-le boire avec une paille.
- ✓ Si votre enfant a déjà souffert d'un malaise à la suite d'une réaction allergique, vous disposez en principe d'une ordonnance qui spécifie le traitement à suivre en cas de choc allergique. Dans ce cas, veillez toujours à avoir à portée de main une seringue d'adrénaline (sur prescription médicale).
- ✓ Avertissez l'école, le centre de vacances ou le centre aéré de l'allergie de votre enfant et du traitement à suivre. Précisez que le médicament et les instructions d'utilisation doivent le suivre absolument partout.
- ✓ Vérifiez régulièrement la date de péremption des seringues d'adrénaline.

Comment lui éviter une chute grave

Avec l'âge, les risques de chute grave se multiplient. Les prévoir constitue la meilleure façon d'adapter la protection.

Comprendre

Une mauvaise chute durant l'enfance peut laisser des séquelles à vie. Or, même si les risques augmentent avec l'âge (l'enfant court dans les escaliers, se penche à la fenêtre, fait la course à vélo avec ses copains...), les plus petits ne sont pas épargnés pour autant. On peut en effet tomber bien avant de marcher ! Les chutes de la table à langer ou de la poussette n'ont rien d'exceptionnel. Et les situations à risque sont nombreuses. A charge pour les parents de penser à tout, afin d'éviter le pire.

© Sandrine Barrat

Prévenir les risques

De 0 à 2 ans

Les chutes de la table à langer

Chez le nourrisson, avant l'âge de 18 mois, la chute de la table à langer est l'accident le plus fréquent. Ces chutes peuvent avoir des conséquences graves et se soldent parfois par des fractures d'un membre ou du crâne. Les nourrissons sont très toniques. Ils gigotent énormément sur la table à langer, se retournent en un éclair et c'est la chute.

La prévention est simple. Elle ne nécessite pas de moyens coûteux, mais seulement des réflexes de bon sens.

Que faire ?

- Installez votre table à langer dans un angle, dans le sens de la longueur, bébé face à vous. Cela facilite le change et ne laisse libre qu'un seul côté dangereux.
- Protégez le sol du côté où bébé peut tomber. Posez des coussins ou des tapis pour amortir la chute éventuelle. Cela évitera aussi les accidents, si une autre personne que vous change bébé.
- Lors du change, respectez une règle d'or : tout doit être

prêt ! Posez votre bébé, attaché dans son relax ou son transat, sur le sol près de vous, pendant que vous préparez les éléments indispensables au change ou au bain.

- Ne vous éloignez jamais de bébé et tenez-le toujours d'une main pendant le change.
- Si vous quittez la pièce, même pour une fraction de seconde, emmenez votre bébé avec vous !

Les chutes de poussette, de chaise haute, de canapé...

Elles sont toujours liées à un défaut de surveillance très bref. Les nourrissons ont parfois des mouvements brusques. Ils peuvent alors tomber de la poussette, du canapé ou de la chaise haute.

Que faire ?

- Attachez toujours bébé dans la poussette et la chaise haute. Choisissez un matériel conforme aux normes de sécurité (réglementation de 1991).
- Surveillez en permanence l'enfant.
- Si votre enfant est précoce sur le plan des acquisitions motrices, faites-lui porter un harnais de contention thoracique.
- Ne posez jamais le siège ou le relax en hauteur, sur une table ou un meuble.
- N'installez jamais votre enfant sur le canapé, même calé avec des coussins.
- En voyage, prévoyez une barrière de sécurité si le bébé dort dans un grand lit.

A partir de 18 mois

Les chutes des fenêtres et balcons

L'enfant se penche trop en avant, bascule et tombe dans le vide. C'est le drame. Pendant les jeux avec d'autres enfants, il peut aussi être poussé ou encore se prendre pour "Batman" et vouloir voler (lire ci-contre).

Que faire ?

- Si vous avez des fenêtres accessibles aux enfants, équipez-les de systèmes de blocage permettant juste l'aération ou faites poser un grillage de sécurité.

A NOTER

Dessins animés dangereux

Attention aux dessins animés tels que "Batman"*, particulièrement appréciés des enfants. Les petits garçons s'identifient volontiers à ces personnages volants. Méfiez-vous des réactions de mimétisme !*

- *Prenez les devants et expliquez à votre fils qu'il ne s'agit que d'un dessin animé.*
- *Tentez de lui faire comprendre que ces personnages ne sont pas réels et que, « dans notre monde », les hommes ne volent pas.*
- *Surtout, rappelez-lui que le déguisement qu'il possède n'est qu'un jeu.*
- *Essayez de limiter l'usage de la télévision.*

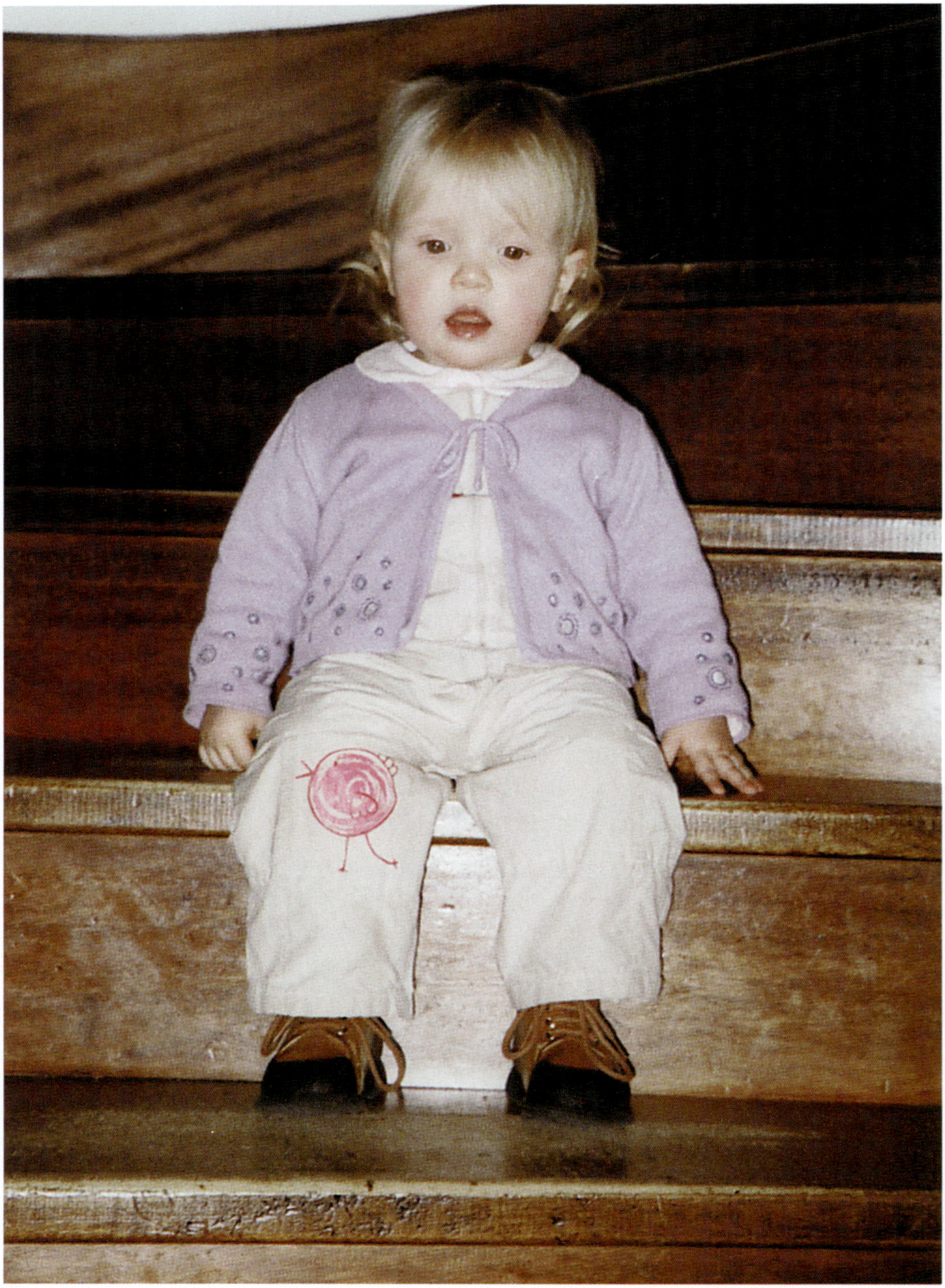

Les chutes dans l'escalier

C'est l'enfant qui échappe à la surveillance de ses parents tandis qu'ils ferment la porte de leur appartement, se précipite dans la cage d'escalier et dévale la moitié d'un étage. Mais le plus souvent, ces chutes surviennent au domicile des parents ou de leurs amis, dans les montées d'escalier qui conduisent à l'étage supérieur ou au au douanier. L'enfant gravit seul quelques marches et tombe à la renverse. Ou encore, il est au premier et entreprend de descendre tout seul.

Que faire ?

- Protégez l'accès de l'escalier jusqu'à l'âge de 3 ans par une barrière, en haut et en bas.
- Recouvrez les marches de moquette ou de tapis adhésif bien fixé !
- Au bas de l'escalier, protégez le mur et le sol, de manière à amortir une chute éventuelle (moquette épaisse, tapis).
- Si la rampe latérale est équipée de montants donnant sur le vide assez espacés pour permettre le passage de la tête d'un enfant, la chute est possible : fixez sur toute la longueur une moustiquaire solide ou un grillage en plastique.

Les chutes des lits superposés

Ce type de couchage est déconseillé avant l'âge de 6 ans. Les enfants risquent non seulement de tomber durant leur sommeil, mais également pendant les jeux. Etant donné la hauteur de ces lits, le risque de traumatisme est important. Il faut vraiment éviter ces meubles avant que tous vos enfants aient 6 ans révolus. Même si vous avez de grands enfants « raisonnables », vous ne pourrez pas contrôler en permanence que le petit dernier n'y monte jamais.

Que faire ?

- Si la taille de votre appartement vous impose néanmoins cet achat, choisissez les lits les moins hauts possible, pourvus de la barrière de sécurité la plus élevée qui soit.
- Sur le sol, du côté où les enfants risquent de choir, posez un tapis épais, même sur de la moquette.

Jeux dangereux

Beaucoup de jeux très amusants deviennent vite dangereux, mais on ne peut pas tout interdire ni tout surveiller. Tous les enfants, ou presque, adorent sauter sur le canapé ou sur le lit de leurs parents. Attention à la réception contre un angle du mur, de la table de chevet ou de la table de salon.

Que faire ?

- Protégez tous les angles saillants, tous les éléments qui dépassent et les radiateurs avec une épaisseur de mousse assez rigide.
- Il existe de nombreux types de protection. Choisissez les plus adhésives et les plus rembourrées. L'esthétique de votre salon ou de votre chambre à coucher ne mérite pas un traumatisme crânien grave !

Les chutes des plus grands

De nombreux sports sont à l'origine, chez l'enfant, d'accidents graves voire mortels. Les traumatismes crâniens avec séquelles sont de plus en plus fréquents chez les enfants qui pratiquent des activités telles que le vélo, le ski, l'équitation ou le roller. Pourtant, certains équipements confèrent une protection efficace.

Qu'il s'agisse du vélo, du roller, de l'équitation ou du ski, un seul impératif : le port du casque.

Le roller

Les rollers sont souvent vendus avec des protections adaptées. Utilisez-les !

Le ski

Les accidents graves sur les pistes de ski proviennent surtout de collisions avec d'autres skieurs, des arbres ou des poteaux mal protégés. Ils sont parfois responsables de traumatismes crâniens gravissimes.

Ces accidents ne peuvent pas toujours être évités mais, moyennant quelques précautions, leurs conséquences peuvent être plus bénignes. Il est préférable de casser un casque que de souffrir d'un traumatisme crânien !

© Muriel Gomes

D'ailleurs, casque et lunettes protègent aussi des petits chocs, lorsque les enfants manipulent leurs skis (chute des skis sur d'autres enfants, pointe des spatules envoyées dans les yeux...).

Le vélo

Le casque de vélo doit être imposé aussi bien aux jeunes enfants, susceptibles de tomber fréquemment, qu'aux plus grands (en particulier pour le VTT).

En achetant à votre enfant son premier vélo, offrez-lui le casque qui va avec : l'habitude sera prise d'emblée.

L'équitation

Les chutes de poney ou de cheval sont brutales et les traumatismes crâniens fréquents. Le port d'une bombe est indispensable.

Ce qu'il faut retenir...

- ✓ Si votre enfant à moins de deux ans, installez la table à langer dans un angle, afin de ne laisser libre qu'un seul côté dangereux. Du côté où le bébé peut tomber, protégez le sol avec des coussins ou un tapis pour amortir une chute éventuelle.
- ✓ Préparez tous les éléments indispensables au change avant de poser le bébé sur la table à langer. Dans tous les cas, ne vous éloignez jamais de l'enfant et tenez-le toujours d'une main pendant le change.
- ✓ Attachez toujours votre enfant dans sa poussette ou sa chaise haute. Surveillez-le en permanence.
- ✓ Ne posez jamais le siège ou le relax en hauteur (table ou canapé).
- ✓ Si votre enfant est installé sur quelque chose dont il ne peut descendre par ses propres moyens, ne le laissez pas seul, même pour aller répondre au téléphone ou quelque raison que ce soit.
- ✓ Si vous avez des fenêtres accessibles à un enfant, protégez-les par un système de sécurité (grillage ou dispositif de blocage).
- ✓ Si votre enfant a moins de 3 ans, protégez l'accès à l'escalier par une barrière de sécurité en haut et en bas. Si la rampe latérale est équipée de montants suffisamment espacés pour permettre le passage de la tête d'un enfant, installez un grillage en plastique ou une moustiquaire solide.
- ✓ Disposez de la moquette épaisse ou un tapis en bas de l'escalier pour amortir une chute éventuelle.
- ✓ Evitez les lits superposés avant l'âge de 6 ans.
- ✓ Placez sur tous les angles saillants ou les éléments qui dépassent une protection adaptée (épaisse couche de mousse).
- ✓ Si votre enfant pratique un sport à risque de chute (ski, roller, vélo...), équipez-le d'un casque de protection.

© Muriel Gomes

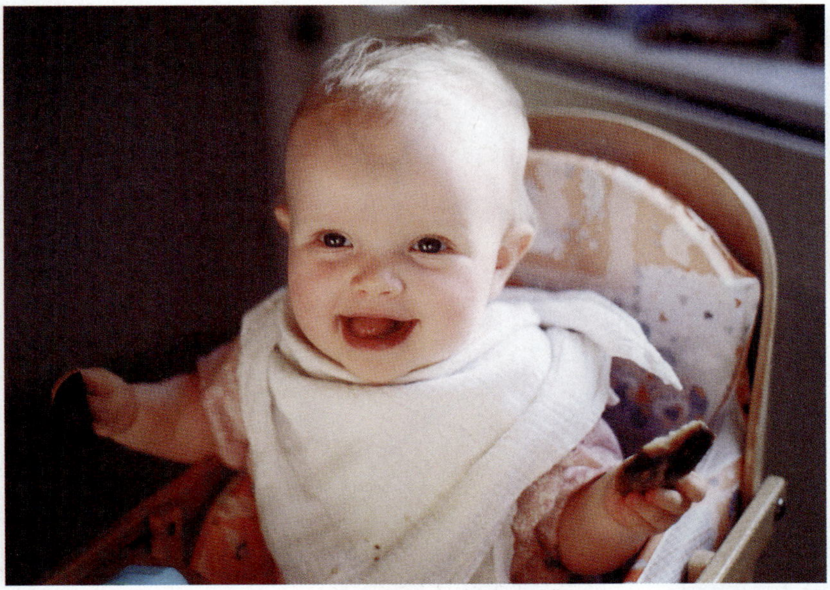

Attention aux corps étrangers obstructifs

On le sait, les enfants portent tout à la bouche. En résultent parfois des accidents graves lorsqu'un objet malencontreusement avalé se révèle toxique ou lorsqu'il se coince dans les voies respiratoires. La prévention passe essentiellement par l'éviction des objets dangereux de l'environnement de l'enfant.

Comprendre

De nombreux objets usuels, apparemment anodins, représentent pour l'enfant en bas âge un danger potentiel. Il est donc nécessaire de modifier vos habitudes, de changer votre regard d'adulte, afin d'apprendre à deviner quels risques se cachent derrière chaque petit objet du quotidien.

Si vous avez plusieurs enfants, ne soyez pas trop confiant. Ce n'est pas parce qu'il n'est rien arrivé à l'aîné que les enfants suivants sont

© Marie Araujo

protégés. Bien au contraire ! Le risque est encore plus grand car, malgré toute leur bonne volonté, les aînés ne cessent de laisser traîner dans leur sillage des petits jouets, des petits objets dont ils ne comprennent pas le danger pour le petit frère ou la petite sœur. Sans parler de ceux qui, avec une gentillesse désarmante, donnent à bébé leur bonbon préféré !

La prime enfance est une période particulièrement risquée. L'introduction de corps étrangers dans les voies naturelles est un acte fréquent, lié à la curiosité naturelle de l'enfant. La période à risque débute lorsque le tout-petit commence à attraper des objets. Elle se poursuit lorsque l'enfant devient autonome (vers 8 ou 10 mois quand il rampe, puis plus tard quand il marche). Elle se prolonge de façon variable jusqu'à l'âge de 3 ou 4 ans, voire plus.

En général, les objets sont avalés par la bouche. Mais on en retrouve dans tous les orifices naturels (nez, oreilles, vagin).

La plupart du temps, l'ingestion accidentelle est sans gravité et passe parfaitement inaperçue. Mais dans certains cas, l'objet est dangereux, en raison de sa composition, de sa forme ou de sa localisation. Il faudra alors, le plus souvent, se rendre chez un spécialiste disposant du matériel adéquat pour retirer le corps obstructif.

Reconnaître le danger

Certains objets sont particulièrement dangereux pour les tout-petits. Les connaître permet de les mettre hors de portée des enfants.

Méfiez-vous notamment de :

- Tous les objets qui ont des extrémités pointues ou acérées (clous, vis, aiguilles, etc.).
- Tous les objets arrondis de la taille d'une pièce d'un euro (2 cm de diamètre). Ils peuvent passer dans l'œsophage et s'y coincer.
- Les piles, et notamment les piles boutons, qui contiennent des produits extrêmement toxiques.

En dehors de ces objets, on retrouve une multitude de corps étrangers, divers quant à leur forme et leur matière (aliments, petits éléments de jouets et même insectes piégés dans l'oreille…).

Prévenir les risques

- Délimitez, si possible, l'espace attribué aux enfants (portes fermées, barrières).
- Expliquez et répétez autant de fois que nécessaire à l'enfant qu'il ne faut pas mettre à la bouche tout ce qu'il ramasse au sol. Débutez cette prévention avant même qu'il sache parler...
- Passez l'aspirateur et le balai très régulièrement, afin d'éliminer promptement tous les objets dangereux. Une agrafe, une punaise ou un clou tombé à terre, cela arrive très facilement et l'on ne s'en rend pas toujours compte !
- Rangez ou demandez aux aînés de ranger tous les jouets de petite taille. Dans la mesure du possible, faites en sorte que les grands jouent dans une autre pièce que celle du ou des petits. Une pièce que vous pourrez inspecter une fois qu'ils auront fini de jouer et qu'ils auront « rangé » leurs affaires.
- Respectez les recommandations inscrites sur les jouets. De nombreux jeux portent la mention « Ne convient pas à un enfant de moins de 36 mois ». N'enfreignez pas cette règle !
- N'achetez que des jouets portant la norme NF ou CE.

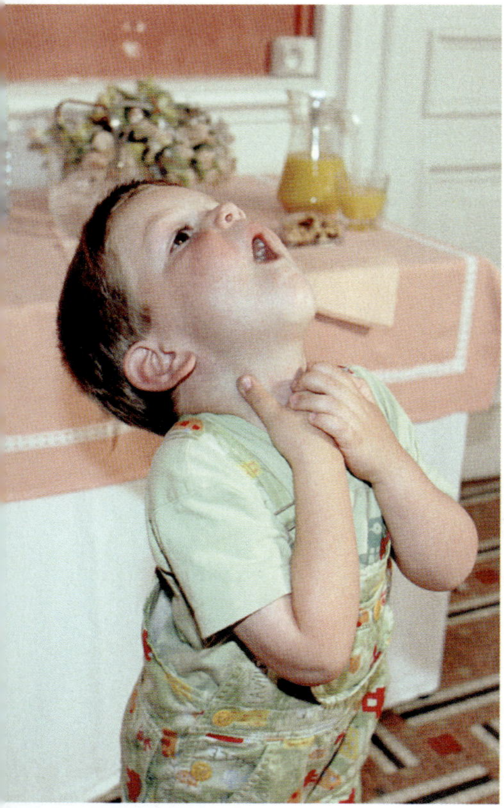

© Croix-Rouge française

- Ne laissez pas traîner de piles boutons, même en hauteur sur un meuble (ça glisse, ça roule, et la pile peut vite se trouver à terre, à portée de menottes de bébé).
- Attention, vous êtes imités ! Les enfants reproduisent la plupart des comportements et des attitudes des adultes. Si vous bricolez, évitez de mettre une poignée de clous dans votre bouche. De même, lorsque vous vous coiffez, perdez l'habitude de tenir vos épingles entre les dents, même si c'est pratique.

Les piles boutons : danger !

Elles sont omniprésentes (appareils photos, montres, calculettes, réveils…). Leur utilisation étant de plus en plus répandue, les accidents liés à leur ingestion sont de plus en plus fréquents.

D'où vient le danger ?

De leur taille :

Elle varie entre 7 et 20 mm (2 cm) de diamètre. Les plus grosses peuvent se coincer dans l'œsophage et entraîner des signes liés à l'obstruction (difficultés ou impossibilité à avaler, douleurs, vomissements). Reportez-vous au chapitre sur les ***étouffements***, page 199.

De leur contenu :

Toutes les piles, quelle que soit leur taille, peuvent provoquer des symptômes en rapport avec la toxicité de leur contenu (brûlures pouvant aller jusqu'à la perforation de l'œsophage).

Les plus courantes sont les piles alcalines au manganèse. Les piles zinc-air, les piles au mercure, les piles à l'oxyde d'argent et les piles au lithium sont plus rares.

Les piles au lithium, souvent plus grosses et plus puissantes que les autres, font partie des plus dangereuses. Il en va de même des piles au mercure. Ces dernières s'ouvrent facilement dans le tube digestif, libérant du mercure, un métal hautement toxique pour l'organisme. Les piles neuves sont plus à craindre, car le « mercure mercurique » qu'elles contiennent est très toxique. Lors de l'utilisation de la pile, le mercure subit une réaction chimique qui le transforme en mercure métallique, peu dangereux.

A l'inverse, les piles zinc-air sont considérées comme les moins dangereuses. Elles ne peuvent pas fonctionner sans air et sont, de ce fait, moins nocives.

De leur charge électrique :

Quel que soit leur type, les piles neuves sont plus dangereuses que les piles usagées : le courant entraîne des brûlures de la paroi interne du tube digestif.

Que faire ?

- Pour les piles neuves, veillez à ce que l'emballage, très résistant, ne soit pas ouvert.
- Lorsque vous changez les piles d'un appareil :

– Utilisez toutes les piles immédiatement. Sinon, refermez très consciencieusement l'emballage et mettez-le en sûreté.
– Récupérez et recomptez les piles usagées.
– Ramenez-les immédiatement au commerçant.

Ce qu'il faut retenir...

✓ Expliquez à l'enfant dès son plus jeune âge qu'il ne doit pas mettre à la bouche tous les objets qu'il ramasse.

✓ Passez l'aspirateur et le balai régulièrement, et demandez aux aînés de ranger (ou rangez-les vous-même) tous les jouets de petite taille qui traînent.

✓ Respectez les mises en garde inscrites sur les jouets et n'achetez que ceux qui portent la mention NF ou CE.

✓ Ne laissez pas traîner de piles boutons (utilisées dans les montres, certains appareils photo, etc.). Elles sont particulièrement dangereuses, tant en raison de leur petite taille que de la toxicité de leur contenu. Utilisez-les tout de suite ou rangez-les dans un endroit inaccessible aux enfants. Rapportez-les au commerçant après usage.

Comment lui éviter un coup de chaleur

Très fragile, le bébé se déshydrate rapidement en cas de forte chaleur. Attention ! Les conséquences peuvent être dramatiques.

Comprendre

Le coup de chaleur (encore appelé « hyperthermie ») correspond à une élévation importante de la température corporelle, qui peut alors atteindre ou dépasser 40 °C. Il est dû à une défaillance du système de thermorégulation de l'organisme, chargé de maintenir la température du corps aux alentours de 37 °C.

Très vulnérables, les jeunes enfants, et en premier lieu les nourrissons, sont particulièrement exposés à ce trouble qui peut être mortel. Il faut donc être vigilant.

Le coup de chaleur se produit généralement par temps humide et chaud (plus de 30 °C), ou encore lors d'une exposition solaire prolongée.

Cependant, un effort physique important et soutenu peut également entraîner un coup de chaleur (on parle alors « d'hyperthermie maligne d'effort »), notamment lorsqu'un enfant joue avec ses copains et oublie, dans le feu de l'action, de s'hydrater.

Reconnaître le danger

Toutes les situations susceptibles d'entraîner une augmentation de la température de l'enfant constituent un facteur de risque : vague de chaleur estivale, embouteillage dans une voiture non climatisée, séjour trop long sur la plage (même sous un parasol), enfant trop chaudement vêtu, etc.

Prévenir les risques

La prévention du coup de chaleur fait appel au bon sens le plus élémentaire :

- Ne laissez en aucune circonstance un bébé dans une voiture en plein été, même si celle-ci est garée à l'ombre et que les vitres sont en partie baissées. Cela peut vous paraître évident, mais sachez que l'on déplore encore chaque année de graves accidents liés à l'inconscience de certains parents.

- Evitez les trajets en voiture avec votre enfant lors des heures les plus chaudes de la journée. Si possible, circulez dans un véhicule climatisé. Et méfiez-vous des embouteillages en plein soleil !
- Lorsqu'il fait chaud, prévoyez une bouteille ou un biberon d'eau fraîche. Faites boire régulièrement et en quantité votre enfant, même s'il ne vous réclame rien.
- N'emmenez pas votre enfant sur la plage lorsque le soleil est au plus haut. Le laisser sous un parasol n'est pas une mesure suffisante pour prévenir un coup de chaleur. Souvenez-vous en !
- Proscrivez les séjours prolongés au soleil (file d'attente à l'extérieur, déjeuner au soleil, etc.).
- Ne laissez jamais votre enfant jouer dans des locaux surchauffés ou mal aérés.
- Habillez-le avec des vêtements légers. Préférez les habits de couleur claire (le blanc est idéal) qui réfléchissent la chaleur alors que les couleurs sombres l'absorbent.
- Veillez à ce qu'il boive régulièrement s'il joue avec des copains ou pratique une activité sportive intense.

Ce qu'il faut retenir...

- ✔ Ne laissez en aucun cas un bébé dans une voiture en été, même pour une minute.
- ✔ Evitez les trajets automobiles aux heures les plus chaudes de la journée.
- ✔ Prévoyez un biberon ou une bouteille d'eau et faites boire régulièrement et suffisamment votre enfant.
- ✔ Ne l'emmenez pas sur la plage lorsque le soleil est le plus chaud (période de 11 h à 16 h).
- ✔ Proscrivez les longues expositions au soleil avec votre enfant (plage, file d'attente, etc.).
- ✔ Veillez à ce qu'il boive régulièrement lorsqu'il joue avec ses copains.
- ✔ Habillez-le légèrement. Choisissez des vêtements clairs, voire de couleur blanche.

Comment prévenir une crise d'asthme

Si la plupart des crises d'asthme se résolvent spontanément ou à l'aide de médicaments adaptés, certaines d'entre elles peuvent évoluer vers un asthme sévère. Fort heureusement, des mesures adaptées permettent de réduire le nombre de crises et d'en limiter l'intensité.

Comprendre

L'asthme est une maladie à double facette. D'un côté, les crises, parfois impressionnantes, qui nécessitent une prise en charge urgente. De l'autre, la maladie de « terrain », souvent silencieuse, qui évolue inexorablement si le patient ne prend pas un traitement de fond.

Sensation d'étouffement, expiration sifflante, toux irritante sont autant de signes de la crise d'asthme. Ils signifient que les petites bronches (bronchioles) du patient se sont brutalement contractées, empêchant une respiration normale. La paroi des bronchioles gonfle et devient œdémateuse, puis elle secrète un mucus abondant que le patient tente, en toussant, d'expectorer.

Si, en majeure partie, les crises se résolvent aisément, soit de manière spontanée, soit grâce à la prise de médicaments broncho-dilatateurs (qui augmentent le diamètre des bronchioles), certaines évoluent vers un asthme grave. Il s'agit d'une urgence qu'il faut savoir reconnaître et prévenir.

L'asthme est une maladie inflammatoire. On connaît encore mal son origine, mais on sait que ses trois principales causes sont l'hérédité (il existe des familles d'asthmatiques), les allergies (surtout chez l'enfant) et les infections à répétition (notamment chez le nourrisson). La crise peut être déclenchée par une émotion, un contexte relationnel et psychologique.

Le « débitmètre de pointe »

Le débitmètre de pointe est un petit tube d'une quinzaine de centimètres de long, gradué et muni d'un embout buccal. Avant la mesure, le curseur est remis à zéro. Debout, votre enfant doit gonfler ses poumons au maximum, puis souffler aussi fort que possible. La mesure doit être répétée trois fois de suite. Le débitmètre de pointe coûte environ 30 euros. A l'avenir, la miniaturisation d'un autre système, le VEMS (volume expiratoire maximal par seconde) permettra de faciliter le suivi du volume respiratoire des asthmatiques et de mieux dépister les crises débutantes.

A chaque âge son asthme

L'asthme du nourrisson :

Il est le plus souvent consécutif aux infections à répétition de l'enfant, en particulier aux bronchiolites qui surviennent par épidémies chaque hiver. S'il est difficile de "prévenir" ces viroses, il est essentiel de les prendre en charge dès qu'elles apparaissent. La "kiné respiratoire" permet notamment de désencombrer les bronches de l'enfant et de le guérir plus vite.

Soyez particulièrement vigilant si votre enfant est fréquemment victime de bronchites dites "asthmatiformes" (qui « sifflent »), s'il tousse au moindre rhume ou s'il est réveillé pendant la nuit par des quintes de toux. Sachez aussi que les bébés qui souffrent d'eczéma ont plus de risques que les autres de développer un asthme.

A NOTER : si vous appartenez à une famille à risque, l'allaitement maternel du nourrisson est à privilégier, car il diminue le risque de développement des allergies.

L'asthme de l'enfant :

Outre les infections ORL, les allergies, en particulier alimentaires, représentent la première cause d'asthme chez l'enfant. La prévention de l'asthme passe donc par la prévention des allergies, et notamment l'éviction des aliments à risque.

Il faut par ailleurs savoir que les crises de l'enfant sont souvent plus rapides et plus intenses que celles de l'adulte. Si vous avez un

doute, demandez à votre médecin de procéder à une mesure de souffle (spirométrie). Cette évaluation est simple à réaliser. Elle se fait à l'aide d'un « débitmètre de pointe », un petit ustensile dans lequel souffle l'enfant et qui permet de connaître sa capacité expiratoire maximale (lire encadré).

Une valeur située entre 50 et 80% de la capacité normale pour son âge et sa stature suggère un asthme. Un diagnostic qu'il faudra cependant confirmer par d'autres examens. La spirométrie peut être pratiquée dès l'âge de 4 ou 5 ans.

Prévenir les risques

Les mesures générales

Sans surprotéger votre enfant ni l'obliger à mener une vie de reclus, quelques mesures simples vous aideront à réduire la fréquence et l'intensité de ses crises d'asthme.

- Limitez ses contacts avec les allergènes (pollens, animaux, acariens...). On sait en effet que 80 % des asthmes de l'enfant sont d'origine allergique.
- Organisez la maison et notamment la chambre de l'enfant afin qu'elle soit la plus « saine possible » (lire *La chambre de l'enfant asthmatique,* page 96).
- Evitez autant que faire se peut les atmosphères polluées (pics d'ozone estivaux, murs fraîchement repeints, gaz d'échappement...). Attention aussi aux parfums : certaines odeurs fortes peuvent provoquer un spasme bronchique.
- Ne fumez pas en présence de votre enfant et évitez les feux de cheminée, souvent irritants pour les jeunes asthmatiques.
- Gare aux vacances dans les vieilles maisons familiales, humides. Privilégiez les séjours en altitude (au-delà de 1 500 mètres, il n'y a plus d'acariens !) ou en bord de mer.
- Une émotion brutale, un stress, une contrariété peuvent provoquer une crise. Sachez rassurer votre enfant, l'aider à gérer ses émotions... Veillez toutefois à ne pas le surprotéger. Une psychothérapie (pour l'enfant ou pour toute la famille) peut aider à réduire la fréquence et l'intensité des crises.
- Vaccinez votre enfant, notamment contre la grippe. On a longtemps craint que les vaccinations ne soient un facteur de risque supplémentaire pour l'enfant allergique. Les études montrent au contraire que la prévention de la grippe et des syndromes grippaux protège l'enfant asthmatique (sauf s'il est allergique à l'œuf).

Les mesures spécifiques

- Soignez au plus vite le moindre rhume. Une infection ORL qui traîne ou une virose peuvent être responsables, au bout de quelques jours, d'une crise.
- **ATTENTION !** Certains médicaments (aspirine, anti-inflammatoires non-stéroïdiens, collyres oculaires...) provoquent chez les sujets qui y sont sensibles des crises d'asthme ! Prenez conseil auprès de votre médecin.
- Evitez rigoureusement les aliments auxquels votre enfant est allergique. Les allergies alimentaires peuvent être à l'origine de violentes crises d'asthme.

La chambre de l'enfant asthmatique

© Marie Araujo

- Pas de moquette, de tissus muraux ou de rideaux.
- Lavez régulièrement les peluches. Si elles ne peuvent être lavées... passez-les de temps à autre au congélateur (le froid tue les acariens) !
- Evitez les oreillers, traversins et couettes en plume. Choisissez de préférence des literies traitées anti-acariens.
- Aérez quotidiennement la chambre. Aérez la literie, les draps et couvertures aussi souvent que possible.
- Pas de petit rongeur, de chat ou d'oiseau dans la chambre. Evitez, si possible, les animaux dans l'ensemble du logement.
- Protégez le matelas avec une alèse plastifiée. Optez plutôt pour un sommier à lattes.
- Passez très régulièrement l'aspirateur dans la chambre, y compris sous le lit (dans l'idéal, tous les jours).
- Ne fumez pas dans la pièce où se trouve votre enfant.
- Ne mettez pas de plantes dans sa chambre (la terre mouillée est propice aux moisissures).

- Fuyez les situations à risque, notamment les activités sportives par temps froid et sec (lire l'encadré *L'enfant asthmatique et le sport*, page 100).
- Vérifiez que votre enfant a toujours sur lui une trousse d'urgence, dans laquelle se trouvera un débitmètre de pointe (pour dépister à temps une crise débutante), ainsi que ses médicaments d'urgence (broncho-dilatateurs, corticoïdes…).
- Même si c'est fastidieux, assurez-vous qu'il suit bien son traitement « de fond » (antihistaminiques, broncho-dilatateurs inhalés d'action prolongée).

Le cas échéant, certaines mesures d'accompagnement peuvent améliorer la gestion de l'asthme : kiné respiratoire, suivi psychologique, désensibilisation à certains allergènes majeurs, etc. Demandez conseil à votre médecin.

A NOTER

Association Asthme,
3, rue Hamelin,
75016 Paris.
Tél. : 01 47 55 03 56.

Ce qu'il faut retenir

- ✓ Si votre enfant tousse fréquemment ou est régulièrement victime de bronchites dites « asthmatiformes », pensez à lui faire passer une visite de contrôle pour dépister un asthme éventuel.
- ✓ Un enfant qui fait des crises d'asthme **EST** un enfant asthmatique. Ne fuyez pas devant ce diagnostic, toujours difficile à accepter pour une mère.
- ✓ Organisez son mode de vie et votre maison de manière à prévenir au mieux les crises.
- ✓ Détectez avec lui les situations à risques, les symptômes annonciateurs de la crise afin de mieux les gérer.
- ✓ Equipez-le d'une trousse d'urgence contenant les médicaments dont il peut avoir besoin en cas de crise.
- ✓ Expliquez à votre enfant et à votre entourage quels sont les médicaments à utiliser et à quel moment.
- ✓ Ne laissez jamais votre enfant arrêter son traitement de fond au motif qu'il n'a plus de crises.

L'enfant asthmatique et l'école

Gérer un asthme dans un contexte scolaire n'est pas simple. Dans certains cas, la maladie risque d'être négligée au motif que ce serait une maladie « psychosomatique ». On a ainsi pu voir des directeurs d'école obligeant les enfants à sortir quel que soit le temps, alors que l'on sait très bien que les changements de pression atmosphérique, l'air froid et sec, favorisent la survenue des crises d'asthme.

A l'inverse, savoir qu'un enfant est asthmatique conduit à des mesures préventives exagérées. Quarante pour cent des enfants asthmatiques sont ainsi exemptés de sport, alors que des activités sportives bien conduites leur seraient bénéfiques (reportez-vous à la section suivante).

Autre souci : les absences répétées engendrées par les crises d'asthme. Cette maladie est la première cause d'absentéisme scolaire.

Mais le plus délicat pour les parents est d'être certains qu'en cas d'urgence, l'école (si l'enfant est petit) ou l'enfant lui-même pourront réagir vite et empêcher la crise de dégénérer.

C'est l'objet des « Plans d'accueil individualisés » (PAI) qui prévoient un protocole précis au cas où une crise se manifesterait (voir le chapitre sur la prévention du **choc allergique**, page 91).

La trousse d'urgence à l'école :

Elle doit contenir :

- Des broncho-dilatateurs et des corticoïdes en aérosols.
- Une chambre d'inhalation pour enfant ou « baby haler» (voir photos page 189), si l'établissement reçoit des tout-petits. Il s'agit d'une sorte de tube d'une trentaine de centimètres, pourvu d'un masque à appliquer contre le visage de l'enfant.
- Des corticoïdes injectables (pour une utilisation en intraveineuse).
- Sur conseil de votre médecin, du chlorhydrate d'adrénaline, si l'asthme de l'enfant est d'origine allergique (reportez-vous au chapitre sur le **choc allergique**, page 163).
- Un débitmètre de pointe.

L'enfant asthmatique et le sport

Pas question de priver votre enfant de sport. Les médailles récoltées par des sportifs asthmatiques et les exploits réalisés par des aventuriers atteints de la même maladie montrent que l'on peut fort bien mener de front asthme et passion pour le sport.

Mieux, certains sports aident à gérer le stress (facteur de risque de la crise d'asthme) et la respiration. Encore faut-il choisir un sport convenable, et le pratiquer dans les règles de l'art.

Votre enfant devra donc :

- Eviter les efforts violents ou prolongés par temps froid ou par jour de brouillard. Les changements de pression atmosphérique, l'air froid et sec augmentent la réactivité des bronches. D'autant que lors d'une activité sportive, cet air froid et sec est inhalé directement par la bouche (donc l'air arrive froid aux poumons, contrairement à celui qui est filtré par le nez).

- Ne pas pratiquer son sport favori les jours où il est enrhumé.
- Limiter ses efforts lorsque l'air est chargé de pollens (consultez sur Internet les bulletins du Réseau national de surveillance aérobiologique : www.rnsa.asso.fr) ou par jour de forte pollution.
- S'échauffer avant l'exercice. La marche, les activités de faible intensité, les étirements sont particulièrement recommandés.
- Mesurer son souffle avec un débitmètre de pointe avant toute activité physique.
- Adapter ses performances en fonction de son état respiratoire du jour.
- Inhaler un broncho-dilatateur ou des cromones (corticoïdes à inhaler) 10 à 15 minutes avant l'effort.
- Arrêter l'exercice en douceur. Votre enfant devra diminuer progressivement (et non brutalement) l'intensité de son activité.

> **ATTENTION !** La plongée sous-marine avec bouteille est rigoureusement **INTERDITE** aux asthmatiques ! Il est en effet impossible de prendre un broncho-dilatateur inhalé lorsqu'on est en plongée. Par ailleurs, l'air comprimé des bouteilles augmente le risque de survenue d'une crise.
>
> L'équitation est très déconseillée pour les enfants dotés d'un terrain allergique. De manière générale, les sports d'endurance ou activités aérobiques, qui entraînent une respiration profonde et rapide (ski de fond, course à pied, foot, cyclisme...), ou les activités physiques intenses sont plus asthmogènes que les sports de détente.

Inversement, la natation, qui se pratique dans une atmosphère chaude et humide, est particulièrement recommandée.

Comment l'empêcher de s'étouffer

L'étouffement entraîne une asphyxie, c'est-à-dire un arrêt de l'oxygénation de l'organisme. L'enfant peut en garder de graves séquelles, voire y laisser la vie. La vigilance et le respect de mesures de prévention simples sont donc essentiels.

Comprendre

Selon l'âge de l'enfant, la cause des étouffements est différente. Les nourrissons peuvent s'asphyxier en s'étranglant ou à la suite d'une « fausse-route » alimentaire (aliment avalé de travers, qui passe dans les voies respiratoires).

Les mêmes causes sont retrouvées chez l'enfant plus grand, mais les objets incriminés sont différents. Et surtout, de nouveaux risques doivent être pris en compte (respiration en atmosphère confinée, pendaison).

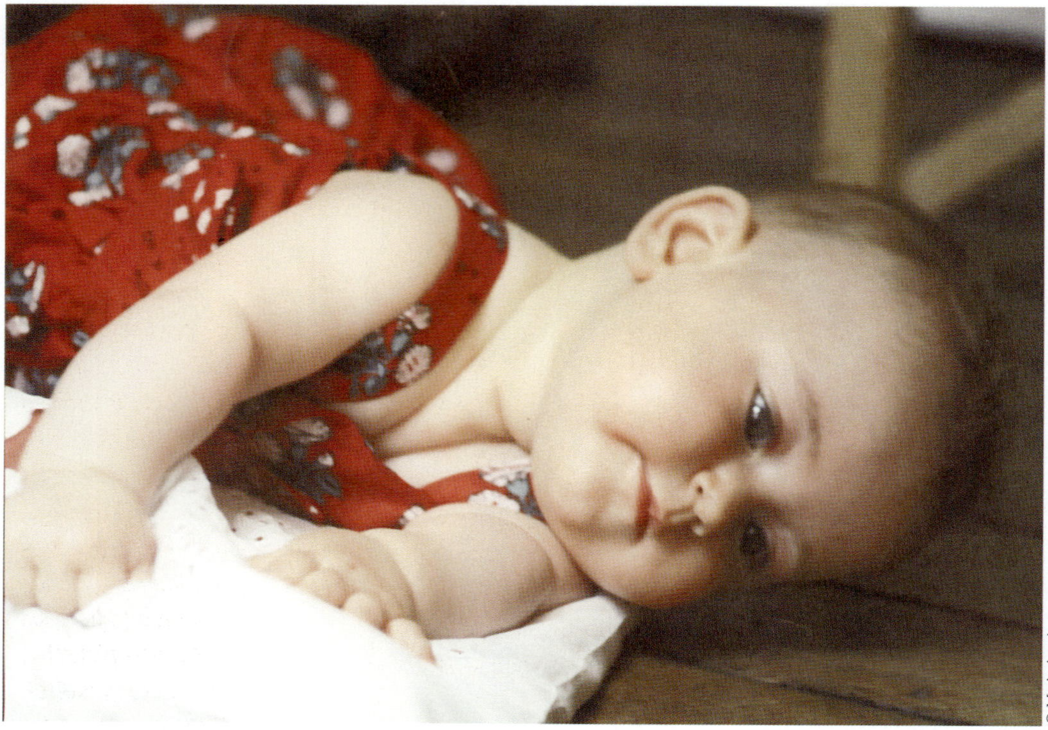

© Marie Araujo

Prévenir les risques

Les asphyxies par strangulation

L'asphyxie provoquée par la compression du cou de l'enfant n'est pas un accident exceptionnel. Chaque année, en France, environ 35 enfants de 1 à 4 ans meurent en s'étranglant avec une lanière, une ceinture ou encore avec la chaînette de leur tétine.

Que faire ?

- Choisissez une tétine sans chaînette.
- Si vous persistez à utiliser une tétine munie d'une chaînette, optez pour une chaîne très courte qui ne puisse pas faire le tour du cou de l'enfant. Fixez le clip le plus bas possible, sur le devant du vêtement, jamais sur l'épaule.
- Ne laissez pas traîner de cordes, cordons de rideau, laisses de chien, ficelles, ceintures...

La fausse-route asphyxique

C'est un accident très rare. Les nourrissons peuvent s'étouffer en régurgitant des aliments. Chez les plus grands, les fausses-routes sont dues à des objets ou des aliments volumineux.

L'obstruction des voies respiratoires est presque complète, mettant rapidement la vie de l'enfant en péril.

Que faire ?

La prévention impose de connaître quelque peu le rythme des acquisitions psychomotrices de l'enfant. Ainsi, dès l'âge de 4 mois, bébé porte tout à sa bouche. La période dangereuse commence. Dès qu'il se déplace à quatre pattes (vers 8 ou 10 mois), les risques sont décuplés.

Rangez et mettez hors de portée tous les objets dangereux, assez petits pour être avalés, mais suffisamment gros pour se coincer dans la gorge. Il est impossible d'établir une liste de tous les objets à risque. A vous d'agir avec bon sens.

A titre indicatif, voici quelques conseils...

Pour éviter les risques alimentaires :

- Méfiez-vous des noyaux de fruits (pruneaux, abricots...).
- Coupez soigneusement les aliments de votre enfant. Attention notamment aux gros morceaux de viande ou de banane....
- Ne lui donnez jamais de bonbons durs et de dragées. A partir de 4 ans, il pourra consommer des bonbons tendres de taille moyenne.

Pour éviter les accidents par ingestion d'objets de la vie courante :

- Ne laissez jamais traîner capuchons de stylo, grosses piles, boutons, perles, billes, petits morceaux de jouets, petits personnages en plastique, ballons de baudruche, élastiques, etc.

A NOTER

Les dangers des fruits secs

Certains aliments, comme la cacahuète, continuent d'être la cause de fausses-routes chez l'enfant, malgré les mises en garde diffusées dans les médias. La cacahuète détient toujours la palme de ces accidents, avec les autres fruits secs apéritifs (pistache, amande, noisette). Dans la plupart des cas, un moment d'inattention des parents suffit pour que l'enfant attrape une poignée de cacahuètes, la mette dans sa bouche tout en continuant de jouer et de courir... et c'est l'accident ! La cacahuète passe de travers, continue sa route jusqu'à un poumon, avec le risque de complications (infections) que l'on connaît.

La fausse-route non asphyxiante

Lorsqu'un enfant avale de travers un petit corps étranger ou un fragment d'objet et tousse violemment pendant quelques

minutes, sans succès, devient rouge violacé, puis se calme, cela signifie que l'objet s'est trompé de voie, empruntant la trachée-artère, au lieu de continuer son chemin dans l'œsophage. Il a ensuite poursuivi sa route, dépassé les voies respiratoires hautes et fini par se coincer dans une bronche. On parle alors de fausse-route non asphyxiante car l'enfant, après une gêne passagère, retrouve son souffle.

Même si tous les signes de gêne ont disparu, les conséquences peuvent être redoutables. L'objet n'est alors découvert qu'à l'occasion de complications respiratoires, en particulier d'infections pulmonaires à répétition. L'extraction est indispensable et nécessite une bronchoscopie (introduction d'un tube rigide) sous anesthésie générale. Ce geste n'est pas anodin.

L'intervention permet d'enlever le corps étranger, à l'aide d'une pince introduite dans le tube rigide. Parfois, le recours à la chirurgie est inévitable, en raison de l'état du tissu pulmonaire. Il peut ensuite subsister des séquelles au niveau du poumon.

Que faire ?

- Aspirez et rangez soigneusement les endroits où vous laissez jouer bébé.
- Ne laissez jamais traîner de clous, vis, punaises, épingles, petits boutons, perles et autres petits objets.
- Respectez scrupuleusement les limites d'âge mentionnées sur les jeux.
- Mettez les petits éléments des jouets hors de portée du petit dernier ou des petits visiteurs.
- Bannissez les fruits secs pour l'apéritif (cacahuètes, noix, noisettes, pistaches), trop souvent responsables de fausses-routes. Ils sont dangereux jusqu'à environ 5 ans. Ensuite, l'enfant est plus attentif aux explications et a appris à bien mâcher. Si vous ne pouvez pas vous en passer, n'en consommez jamais en présence d'enfants. Rangez-les soigneusement et assurez-vous qu'aucun n'est tombé par terre.

Chez l'enfant plus grand

Les objets en cause dans les fausses-routes sont différents pour les garçons et pour les filles. Cela est évidemment lié aux jeux de chacun. Les accidents causés par des perles, barrettes, boutons et legos surviennent plus volontiers chez les filles. Les clous, vis et fléchettes concernent plutôt les garçons. Expliquez régulièrement à vos enfants le danger de mettre des objets à la bouche.

Les autres causes

Certains enfants meurent étouffés en s'enfermant, par jeu, dans un placard, un frigo, un coffre de voiture… Attention aux parties de « cache-cache » ! D'autres jouent, sans surveillance, dans des endroits dangereux et se retrouvent ensevelis par du sable ou des graviers. Ces accidents concernent plutôt les enfants plus âgés.

Que faire ?

- Expliquez aux enfants que certains jeux sont dangereux. Incitez-les à vous décrire leurs activités.
- Surveillez-les, même s'il s'agit d'enfants « raisonnables ». Leur notion du danger reste très vague !

Ce qu'il faut retenir…

✔ Ne laissez jamais traîner de cordes, lanières, ceintures, laisses de chien… Et choisissez pour votre bébé une tétine sans chaînette. Sinon, optez pour une tétine munie d'une chaîne très courte, qui ne pourra pas faire le tour du cou de l'enfant.

✔ Mettez hors de portée tous les objets assez petits pour être avalés (capuchons de stylo, billes, élastiques, etc.).

✔ Coupez soigneusement les aliments de votre enfant. Ne lui donnez jamais de bonbons durs ou de dragées. Et méfiez-vous des noyaux de fruits !

✔ Bannissez les fruits secs pour l'apéritif si votre enfant a moins de 5 ans. Les cacahuètes représentent un danger réel pour les petits et sont chaque année l'objet de « fausses-routes » alimentaires (l'aliment est avalé de « travers » et continue sa route jusqu'à un poumon). Ne l'oubliez pas !

✔ Attention aux parties de « cache-cache » dans le placard, le frigo ou le coffre de la voiture. Expliquez à votre enfant que certains jeux sont dangereux.

✔ Expliquez à votre enfant les risques du jeu du foulard.

Comment éviter les intoxications

Médicaments, produits ménagers, mais aussi peintures, solvants ou plantes peuvent entraîner de graves intoxications chez l'enfant. Des mesures simples permettent toutefois de limiter considérablement les risques d'accidents.

Comprendre

La curiosité naturelle des enfants les pousse à goûter tout ce qui leur semble appétissant. De la plus grave à la plus bénigne, 100 000 intoxications d'enfants ont lieu chaque année en France. Toutes ne peuvent être évitées, mais celles qui sont liées à l'ingestion de produits ménagers ou de médicaments le devraient.

Ces intoxications surviennent, le plus souvent, parce que les parents ne sont pas assez vigilants ou parce qu'ils sont surpris par la rapidité de l'accident. Ils sous-estiment les capacités de déplacement et de passage à l'acte de leur enfant et se croient en sécurité. Erreur !

Reconnaître le danger

Les médicaments, au même titre que les produits ménagers, doivent faire l'objet d'une vigilance toute particulière. Les laisser à portée de mains des enfants peut entraîner un drame.

D'autres produits, parfois moins connus, peuvent également être responsables de graves intoxications. C'est le cas de certains produits volatils (solvants, peintures) dont les émanations sont particulièrement toxiques pour l'enfant, des produits de jardinage (raticide, herbicide, etc.), de différentes plantes, et même des bouteilles apéritives ou des eaux de toilette qui contiennent de l'alcool. Prudence !

© Maxime Pascal

Prévenir les risques

Les médicaments

La plupart des intoxications médicamenteuses sont le fruit de l'incurie des adultes qui laissent traîner leurs propres médicaments à portée des enfants. Combien de somnifères ou de tranquillisants négligemment posés sur la table de nuit ! Les conséquences peuvent être d'autant plus graves que les dosages de ces médicaments sont adaptés à l'adulte.
L'autre cas de figure est l'erreur d'administration par les parents eux-mêmes, qui se trompent sur la quantité à donner à l'enfant, ou même intervertissent deux médicaments.

Que faire ?

- Veillez à l'armoire à pharmacie : elle doit être en hauteur, fermée avec une clé inaccessible. Lorsque vous avez besoin d'un médicament, prenez uniquement la dose indispensable et fermez le meuble.
- Expliquez bien à l'enfant la différence entre médicaments et friandises, surtout pour les sirops.
- Méfiez-vous des erreurs d'administration : prenez votre temps pour donner son traitement à votre enfant. Rien ne presse ! Lisez attentivement la prescription (dose et nombre de prises par jour). Et vérifiez le nom et la posologie du médicament sur la boîte ou sur la notice.

- Si le traitement est compliqué et comporte de nombreux médicaments, notez ce que l'enfant a déjà reçu sur une feuille ou sur un tableau.
- Ne donnez jamais à un enfant de médicaments destinés à l'adulte :
- Certaines substances sont formellement contre-indiquées chez l'enfant.
- Les comprimés à avaler et à sucer sont dangereux pour les jeunes enfants. Le risque de « fausse-route » est important en dessous de 6 ans.
- Ne coupez jamais les comprimés en deux, même si l'enfant présente les mêmes symptômes que vous.

Les produits ménagers

Une erreur fondamentale est à éviter :

- Ne transvasez jamais les produits du récipient d'origine, équipé d'un bouchon de sécurité, vers un autre récipient. Combien de mères continuent de mettre des produits ménagers dans des bouteilles vides, d'eau minérale ou de soda, et de les ranger, à portée de leurs enfants, sous l'évier !

Que faire ?

D'autres règles doivent être suivies impérativement :

- Achetez des produits dilués. S'ils sont absorbés par erreur, leur toxicité sera limitée. D'autant que les quantités bues sont souvent faibles chez l'enfant. Evitez donc les berlingots, pastilles et paillettes.
- Si vous achetez un produit concentré, diluez-le immédiatement dans un récipient adapté à cet usage et équipé d'un système de fermeture de sécurité.
- Mettez les produits hors de portée des enfants (jamais sous l'évier ou dans un placard bas, sauf si celui-ci ferme à clé).
- Choisissez de préférence un placard assez haut, pour que l'enfant ne puisse pas l'atteindre en montant sur une chaise (dès l'âge de 2 ou 3 ans).
- N'achetez que des produits équipés de bouchons de sécurité (c'est presque toujours le cas). Refermez-les après chaque utilisation et rangez-les.

© Marie Araujo

Les toxiques volatils

Les peintures, les solvants, mais aussi certains détachants qui s'évaporent vite au contact de l'air, sont toxiques. On les repère souvent à leur odeur caractéristique et prononcée. Si la nocivité de la plupart des liquides utilisés quand vous bricolez dans votre maison est connue, celle des produits ménagers l'est moins.

Ainsi, un nourrisson est mort parce qu'il dormait dans une chambre dont on venait de nettoyer les rideaux avec du trichloréthylène.

Que faire ?

- Si vous devez utiliser des produits toxiques (peintures, solvants), faites-le en l'absence de votre enfant.
- Si vous repeignez sa chambre, attendez quarante-huit heures avant de l'y installer. Pendant tout ce laps de temps, laissez la fenêtre ouverte et la porte fermée.
- Rangez tous les produits dérivés du pétrole dans des endroits inaccessibles et fermés.

Les produits de jardinage

Qu'il s'agisse de raticides, pesticides ou herbicides, les produits de jardinage sont tous extrêmement toxiques. Si leur usage est indispensable, évitez la présence des enfants dans la zone traitée.

Que faire ?

- Utilisez, si possible, l'intégralité du produit en une seule fois, afin d'éviter d'en conserver.
- Si vous n'avez pas pu tout utiliser, rangez bien ce qui reste dans un endroit inaccessible et hermétique.

L'alcool

L'ingestion d'alcool est responsable d'intoxications graves. Elle peut provoquer des hypothermies (baisse importante de la température corporelle), des comas éthyliques. Une telle intoxication est pourtant aisément évitable.

Que faire ?

- Ne laissez pas traîner de verres à moitié vides.
- Rangez soigneusement vos bouteilles entamées.
- Mettez hors de portée des enfants les cosmétiques du type eau de Cologne et autres eaux de toilette, souvent fortement alcoolisés. Les petits curieux risqueraient d'y goûter...

Les plantes

Pratiquement tous les arbustes et les fleurs qui produisent des baies sont toxiques (voir croquis page de droite) :

- Baies rouges de l'if, du houx, du fragon dit « petit houx », du chèvrefeuille, de l'arum, du muguet ou du fusain...
- Baies blanches du gui.
- Baies noires de la belladone, du laurier-cerise, du troène et de la vigne-vierge...

Les fleurs de jardins sont parfois aussi belles que dangereuses

– Le laurier-rose, l'aconit et la digitale...

Les fleurs des champs peuvent être de vrais poisons :

– La ciguë, le colchique (se différencie des crocus grâce à ses six étamines et à ses larges feuilles) et le stramoine (ses fruits très toxiques ressemblent beaucoup aux bogues des marrons d'Inde)...

De nombreuses plantes d'appartement sont également toxiques (renseignez-vous avant de les acheter) :

– Le Poinsettia, appelé aussi « étoile de Noël ».

– La *Dieffenbachia picta* (son suc est très allergisant).

– L'Anthurium.

– Le Bégonia

– Le Philodendron

– Le Saint Paulia

– Le Muguet

– Le Laurier-Rose

Et aussi... Prenez garde aux plantes urticantes comme les orties (réaction allergique possible) et aux plantes à épines tels que les rosiers ou l'acacia (attention au tétanos).

Que faire ?

- Expliquez le plus tôt possible à votre enfant :

  – qu'il est dangereux de mettre à la bouche, de manger ou même de cueillir des baies, des fleurs et des plantes qui ne sont pas reconnues inoffensives.

  – qu'il faut se laver les mains systématiquement après avoir touché des plantes.

- En attendant que votre enfant puisse comprendre le danger, renseignez-vous avant d'acheter des plantes d'intérieur ou de fleurir votre jardin.

Les plantes à reconnaître

L'if

Le houx

Le fragon dit «petit houx»

Le chèvrefeuille

L'arum

Le muguet

Le fusain

Le gui

La belladone

Le laurier-cerise

Le troène

La vigne-vierge

La stramoine

Le laurier-rose

L'aconit

La digitale

Le colchique

La ciguë

Les champignons

Le plus simple c'est encore de se procurer une liste en pharmacie ou dans un livre spécialisé…

– Méfiez-vous des amanites, champignons à lames, pourvus d'un anneau et d'une volve… Si l'amanite tue-mouches et l'amanite panthère sont seulement vénéneuses, en revanche l'amanite phalloïde et l'amanite printanière sont mortelles, tout comme le cortinaire (au chapeau roux) ou la lépiote.

Les amanites

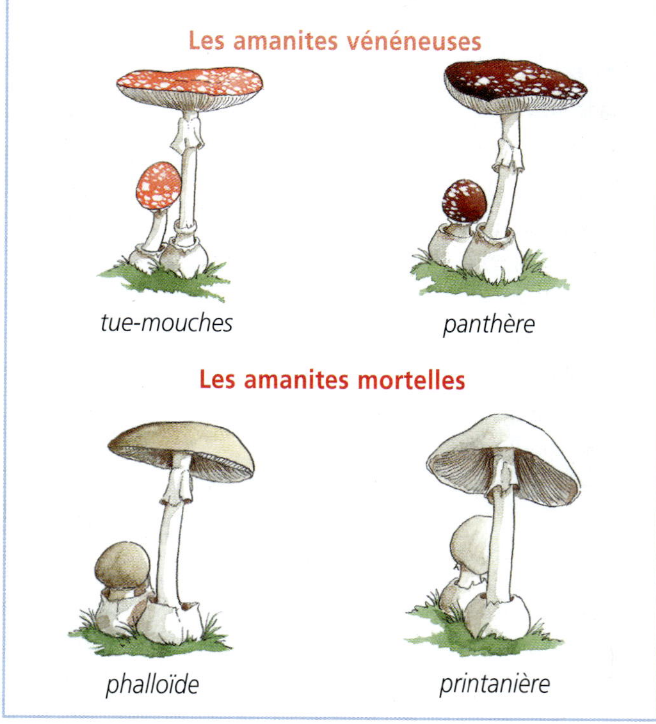

Pour en savoir plus

- Le site de l'ONS : www.ons.fr/foret/flore/champignons.
- L'Atlas des champignons : www.atlas-d-champignons.com

Que faire ?

- Expliquez le plus tôt possible à votre enfant :
  – Qu'il ne doit jamais cueillir ou toucher un champignon s'il n'est pas accompagné d'un connaisseur.
  – En cas de doute sur l'identité d'un champignon, n'hésitez pas à consulter un pharmacien…

© Marie Araujo

Ce qu'il faut retenir...

- Rangez tous les médicaments dans une armoire à pharmacie fermée à clé et placée en hauteur.
- Méfiez-vous des erreurs d'administration : prenez le temps de vérifier la dose et le nombre de prises par jour sur l'ordonnance du pédiatre, ainsi que le nom et la posologie sur la boîte ou la notice du médicament.
- Ne donnez pas à un enfant de médicaments destinés à l'adulte.
- Ne transvasez jamais les produits ménagers du récipient d'origine, très souvent équipé d'une sécurité, vers un autre récipient (par exemple, une bouteille !).
- Mettez les produits ménagers hors de portée des enfants. Surtout, ne les rangez pas sous l'évier !
- Méfiez-vous des toxiques volatils (peinture, solvant, etc.). Ne les utilisez pas en présence d'un enfant. Si vous repeignez la chambre de votre bébé, attendez au moins quarante-huit heures avant de l'y installer, en veillant dans ce laps de temps à conserver la porte fermée et la pièce aérée.
- Ne laissez pas traîner de verres d'alcool à moitié vides et rangez soigneusement vos bouteilles.
- Expliquez le plus tôt possible à votre enfant qu'il est dangereux de manger ou de mâcher des plantes ou des champignons. S'il est trop petit pour comprendre, renseignez-vous avant d'acheter des plantes d'intérieur ou de fleurir votre jardin.

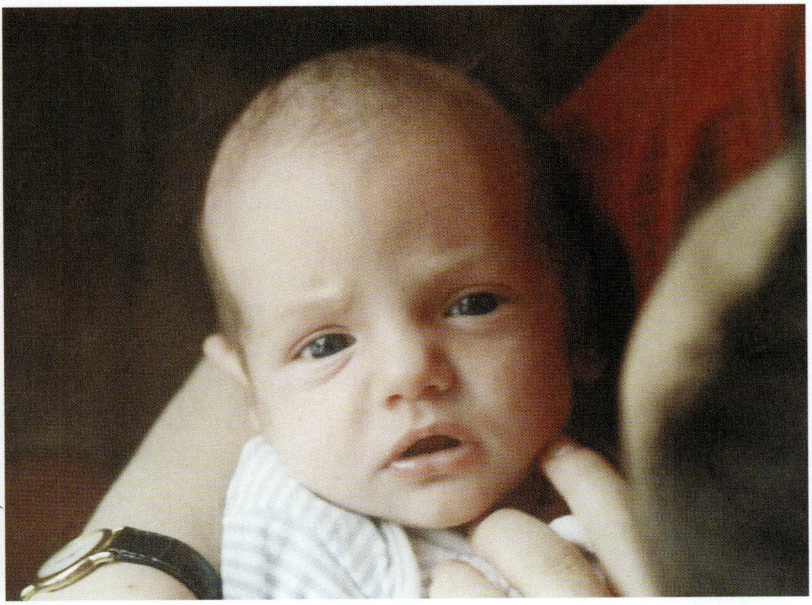

© Marie Araujo

Comment prévenir un accident si redouté

La mort subite du nourrisson est un accident tragique et imprévisible. C'est sans doute le plus redouté des mères de famille qui savent à quel point il est difficile à prévenir. Difficile, mais pas impossible...

Comprendre

La mort subite du nourrisson ne concerne quasiment que les enfants de moins de 1 an. Au-delà de cet âge, elle est rarissime. La quasi-totalité des décès surviennent avant 5 mois (90 % des cas), avec un pic entre 0 et 3 mois (50 % des cas).

Accident dramatique, qui se produit plus souvent lors de la période hivernale, la mort subite du nourrisson touche un peu plus de garçons que de filles (60 % des victimes sont de sexe masculin).

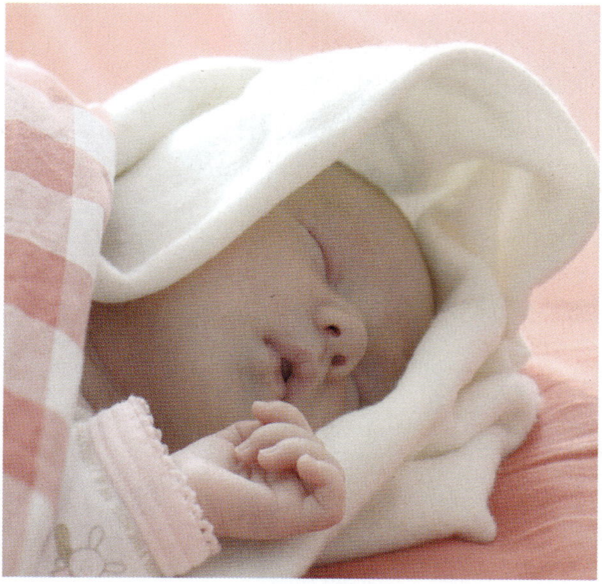

En général, aucun signe ne permet aux parents de se prémunir. Le nourrisson est retrouvé inerte dans son berceau, landau, siège-auto ou transat.

Certains, plus chanceux que d'autres, souffrent parfois d'un malaise grave en présence des parents et échappent ainsi à la mort (reportez-vous au chapitre sur le **malaise grave du nourrisson,** page 283). Ils feront alors l'objet de bilans médicaux approfondis, afin de rechercher la cause du malaise, de la traiter et d'éviter les récidives.

Reconnaître le danger

Deux fois sur trois, la cause de la mort peut être déterminée. Dans la majorité des cas, il s'agit d'une infection. On retrouve aussi des malformations cardiaques, pulmonaires, cérébrales ou digestives, passées inaperçues. Le reflux gastro-œsophagien représente 10 % des causes connues de morts subites. Parfois, d'autres pathologies en sont responsables, comme certaines maladies héréditaires rarissimes. Leur mise en évidence permet d'effectuer, pour les grossesses suivantes, un dépistage *in utero* ou après la naissance.

Là est tout l'enjeu : une fois le drame passé, il faut avant tout protéger les enfants à venir. Aussi est-il indispensable de comprendre ce qui a provoqué la tragédie.

La naissance d'un enfant dans une famille qui a perdu un nourrisson est forcément un grand bonheur, mais aussi une terrible source d'angoisse pour les parents (il est à noter qu'une aide psychologique peut les aider à mieux gérer le décès du bébé et mieux préparer l'arrivée du nouvel enfant). Ce nouvel enfant fera l'objet d'un bilan médical systématique. Le but étant de déterminer s'il est porteur d'un risque connu de mort subite et, le cas échéant, de l'en protéger.

Il est très important que votre médecin soit informé des cas familiaux de mort subite.

Prévenir

Si bien des cas de morts subites sont inopinés, imprévisibles et brutaux, un certain nombre de vies pourraient être épargnées par des mesures de précaution simples.

Pour preuve, la campagne d'information nationale, débutée en 1994, a permis de faire connaître aux jeunes mamans certaines causes de mort subite du nourrisson. Notamment, les erreurs en matière de couchage.

Depuis que les associations et maternités se sont unies pour promouvoir le couchage des bébés sur le dos, le nombre de cas de mort subite a nettement diminué. Il est passé de 1 200 cas en 1992, à 358 en 1997.

Des mesures simples vous permettront de limiter le risque de mort subite du nourrisson :

- l'adaptation de son couchage ;
- la prévention des infections ;
- la surveillance de sa digestion.

Que faire si vous découvrez bébé sans vie ?

Même si l'espoir est faible :

- *Téléphonez immédiatement au Samu-15.*
- *Débutez les manœuvres de réanimation cardio-respiratoire (reportez-vous au chapitre sur l'***arrêt cardiaque***, page 143).*

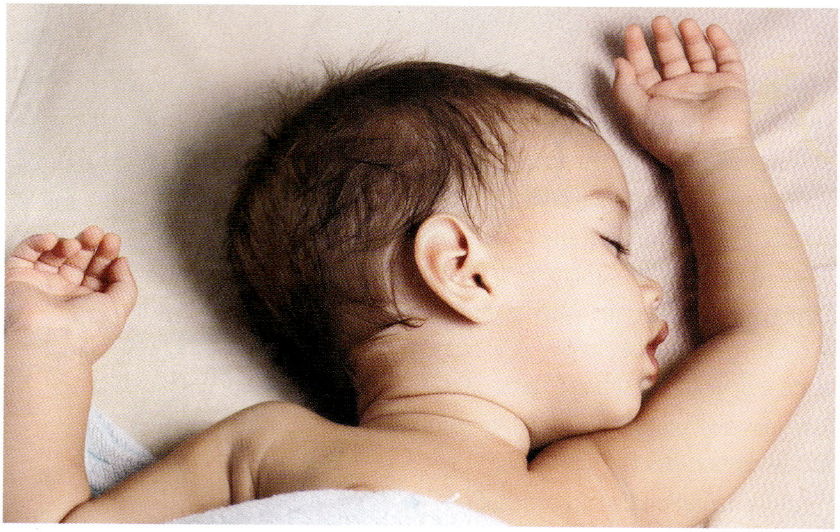

Dans la chambre

- Couchez toujours votre bébé sur le dos (sauf en cas de contre-indications médicales).
- Choisissez un lit qui respecte les normes Afnor et n'utilisez que le matelas adapté au lit.
- Si vous avez besoin d'un lit pliant d'appoint, préférez ceux de type clic-clac. Leur fond rigide est formé de deux planches de contreplaqué. Le poids de l'enfant bloquant le sommier, le lit ne pourra pas se replier.
- N'utilisez ni drap, ni couverture, ni couette, ni oreiller. Préférez les gigoteuses ou turbulettes adaptées à la taille et à l'âge du bébé. Habillez votre enfant avec des pyjamas de type Babygros® lors de la saison froide et avec des justaucorps en été.
- Maintenez la température de la chambre entre 19 °C et 20 °C, avec un humidificateur si l'air est très sec (par exemple si votre maison est chauffée à l'électricité). Lavez, désinfectez et changez l'eau de l'humidificateur pour éviter le pullulement des microbes. Dans les immeubles à chauffage collectif, faites circuler l'air pour abaisser la température ambiante.

Contre les infections

- Demandez aux visiteurs de ne pas embrasser le bébé.
- Sachez que les modes de garde individuels (assistante maternelle, employée de maison) sont moins épidémiques que les crèches collectives.

- Dans la mesure du possible, allaitez votre enfant : le lait maternel apporte des moyens supplémentaires de lutte contre les infections.

Les repas

- Gardez bébé dans vos bras après la tétée.
- Attendez qu'il ait fait son rot pour le coucher.
- Consultez votre médecin si les rots de votre enfant sont très tardifs, difficiles, ou encore s'il se tortille, semble souffrir ou s'il régurgite fréquemment du lait longtemps après les biberons.

ATTENTION ! Informez toutes les personnes qui pourraient être amenées à s'occuper de votre bébé (baby-sitter, grands-parents, etc.) des mesures à prendre dans le cadre de la prévention de la mort subite du nourrisson. N'hésitez pas, le cas échéant, à vérifier que ces mesures ont été bien assimilées.

Ce qu'il faut retenir...

- ✔ Couchez toujours votre bébé sur le dos (sauf en cas de contre-indications médicales).
- ✔ Choisissez un lit conforme aux normes Afnor et n'utilisez que le matelas adapté au lit.
- ✔ N'utilisez ni drap, ni couverture, ni couette, ni oreiller. Préférez les gigoteuses, en vérifiant bien qu'elles sont adaptées à la taille et à l'âge du bébé.
- ✔ Maintenez la température de la chambre entre 19 °C et 20 °C. Et si l'air est très sec, utilisez un humidificateur.
- ✔ Méfiez-vous des infections ! Demandez aux visiteurs de ne pas embrasser le bébé et, si vous travaillez, choisissez les modes de garde individuels (assistante maternelle, par exemple) plutôt que les crèches collectives.
- ✔ Après la tétée, gardez votre enfant dans les bras et attendez qu'il ait fait son rot pour le coucher.
- ✔ Consultez votre médecin si votre bébé met beaucoup de temps pour faire son rot ou semble souffrir à cette occasion, ou encore s'il régurgite du lait longtemps après les biberons.

Attention aux risques de noyade

Pour les enfants, les bassins, mares et piscines ont un attrait irrésistible. Ils sont source de jeux variés, tout comme le bain quotidien, que les petits réclament à cor et à cri. S'il n'est pas question de les priver de ces plaisirs, la surveillance des jeux d'eau doit être étroite. Car le danger est important.

Comprendre

Chaque année, plusieurs dizaines d'enfants trouvent la mort en se noyant. La majorité de ces accidents concernent des nourrissons et des enfants de moins de 5 ans.

Brutales et inattendues, les noyades surviennent le plus souvent au domicile ou à proximité de celui-ci. Les spécialistes s'accordent par ailleurs à dire que la mode des piscines privées (on en dénombre plus d'un million en France) est à l'origine d'une augmentation des cas.

A NOTER

L'association « Sauve qui Veut »

Cette association vous permettra de tout savoir sur la prévention des noyades (précautions à prendre, réglementation en vigueur...). Elle a été fondée par une maman dont le garçon s'est noyé dans une piscine. Outre les informations qu'elle dispense, « Sauve qui Veut » tente de faire avancer la réglementation et la normalisation des systèmes de sécurité, notamment en matière de barrières et de clôtures des piscines privées.

Association « Sauve qui Veut »
1, villa Sainte-Croix
75017 Paris
Tél. : 01 42 29 47 53
Fax : 01 42 29 41 81

La noyade de l'enfant est un accident brutal et rapide. Il se produit d'abord un spasme transitoire de la voie respiratoire (une à deux minutes) qui empêche l'eau d'atteindre les poumons. Ce spasme est suivi d'un relâchement qui provoque une inondation pulmonaire. L'asphyxie se manifeste par un bleuissement du visage et une perte de connaissance liée au manque d'alimentation en oxygène du cerveau. La prise en charge est urgente (voir page 233).

Reconnaître le danger

Les piscines et les grands plans d'eau (lacs, étangs, etc.) sont particulièrement dangereux. Les autres pièces d'eau, même si leur profondeur paraît minime, ne sont pas pour autant dénuées de risques. Les baignoires sont chaque année le théâtre de drames. Un tout-petit peut se noyer dans 20 cm d'eau, voire dans un seau d'eau !

Le danger de ces pièces d'eau ne peut pas être apprécié par le petit enfant : tout ce qu'il voit lui paraît plaisant, inoffensif... Aussi est-il capital de ne jamais le quitter des yeux.

Quant à la mer, elle est plus effrayante à cause des vagues. En outre, le goût salé pousse l'enfant à garder la tête hors de l'eau et à fermer la bouche. Les noyades de petits enfants sont donc plus rares en mer. Une surveillance scrupuleuse de la part des parents et la prise de précautions n'en restent pas moins nécessaires.

Prévenir les risques

La salle de bains

Le plaisir du bain et des jeux pousse les enfants à faire couler l'eau dans la baignoire. Outre le risque de brûlure par l'eau chaude, l'enfant peut se noyer à l'insu de tous, en glissant dans la baignoire ou en s'assommant.

- Dans la mesure du possible, bloquez l'accès de la salle de bains à l'aide d'un loquet ou d'un verrou installé en hauteur. Ainsi, votre enfant ne pourra accéder à cette pièce qu'en votre présence.
- Ne laissez jamais un enfant seul dans la baignoire ni, *a fortiori,* deux enfants. A plusieurs, ils risquent de jouer, de chahuter. Si l'un

d'eux glisse sous l'eau, l'autre ne comprendra pas forcément ce qui est en train de se passer et n'appellera pas à temps. Cette règle ne doit jamais être transgressée tant que l'enfant n'a pas atteint 4 ou 5 ans.

- Si le téléphone sonne, ne sortez pas de la salle de bains pour répondre. Mettez le répondeur sous tension ou éventuellement utilisez un téléphone sans fil, qui vous permettra de ne pas quitter bébé des yeux.
- Evitez de trop remplir la baignoire. Videz-la immédiatement à la fin du bain.

Quelles bouées utiliser ?

Aucune bouée, aucun brassard n'apporte de sécurité absolue. Les bouées ne remplaceront jamais la vigilance. Certaines sont même dangereuses, au point que leur vente est actuellement interdite en France. Il s'agit des bouées-sièges, qui possèdent un fond en plastique, percé de deux orifices dans lesquels l'enfant glisse ses jambes. Lorsque la bouée se retourne, l'enfant reste coincé par les jambes, la tête sous l'eau. Si vous possédez une bouée de ce type, débarrassez-vous en au plus vite !

Les articles de bain disponibles dans les rayons de puériculture améliorent le confort des enfants. Toutefois, ils n'assurent pas une sécurité totale. La surveillance reste indispensable.

- Installez bébé dans un transat adapté pour le bain. A partir de l'âge de 8 mois, quand il parvient à se tenir assis seul, utilisez un siège qui adhère (pourvu de ventouses). Ne quittez pas pour autant la salle de bains. Si bien soutenu qu'il soit, bébé peut toujours se retourner et tomber dans l'eau.
- Quand l'enfant, plus grand, tient debout, placez systématiquement un tapis antidérapant au fond de la baignoire et restez auprès de lui durant le bain.

L'extérieur de la maison

A l'extérieur, la surveillance est l'élément clé de la prévention.

- Lorsque l'enfant joue dans sa petite piscine gonflable, ne le laissez jamais sans surveillance. Si vous devez vous absenter, même brièvement, emmenez-le avec vous.
- Dans les parcs et jardins pourvus de bassins ou de petits lacs, ne le quittez pas des yeux et ne le laissez pas s'approcher du bord.
- Redoublez de vigilance si vous demeurez dans une résidence disposant d'une piscine privée.

Visites et visiteurs...

Lors des visites chez des parents ou des amis possédant une piscine non protégée, en particulier si vous allez chez des personnes qui n'ont pas d'enfant en bas âge, évitez d'emmener votre progéniture. Sinon, emportez ses bouées et ses brassards, et restez en permanence dans le sillage de votre enfant...

A l'inverse, si vous avez une piscine, n'acceptez pas un trop grand nombre d'enfants chez vous. Les surveiller serait d'autant plus difficile. Demandez aux parents d'apporter les brassards et bouées de leurs enfants, et de les surveiller.

Enfin, dès leur plus jeune âge, familiarisez vos enfants avec l'eau (faites-les barboter sous votre surveillance). Et apprenez-leur à nager dès l'âge de 6 ans.

La piscine

A la piscine, la baignade n'est pas le seul moment dangereux. De nombreux accidents ont lieu en dehors des heures de baignade, ou encore lors de la sortie du bain. Prudence !

- En dehors des heures de baignade, les piscines doivent impérativement être protégées selon les recommandations en vigueur. En effet, le risque concerne non seulement les enfants de la maison, mais aussi les petits visiteurs.
- Pendant la baignade, tous les enfants en bas âge et ne sachant pas nager doivent être équipés de bouées et de brassards, même pour jouer aux abords de la piscine. Une chute accidentelle ou un brusque désir de jouer dans l'eau est imprévisible.

ATTENTION ! Les bouées et les brassards permettent seulement de flotter, mais n'évitent pas la noyade. La surveillance reste de mise. L'enfant peut glisser de la bouée, les brassards peuvent se dégonfler.

- A l'arrêt du bain, dès que les bouées sont ôtées, séchez l'enfant et sortez-le immédiatement de l'enceinte de la piscine. Fermez-en l'accès. Rien n'est plus tentant pour un enfant que de replonger immédiatement dans l'eau.

Quelles protections pour les piscines privées ?

La loi du 3 janvier 2003 stipule l'obligation de doter toute piscine privée d'un dispositif de sécurité. Consultez le site du ministère du logement, www.logement.gouv.fr (rubrique "sécurité des piscines privées").

- Elles doivent être entourées par une barrière de protection sans faille (mur ou grillage) et être dotées d'un accès fermé par une serrure inviolable par les enfants.
- L'accès doit rester bloqué en dehors des heures d'utilisation.
- La piscine peut aussi être couverte d'un volet hermétique solide.

ATTENTION ! Les bâches et les filets sont dangereux, car les enfants peuvent se glisser dessous et périr noyés.

Ce qu'il faut retenir...

- ✔ Interdisez l'accès de la salle de bains à votre enfant en votre absence.
- ✔ Ne laissez jamais un enfant de moins de 4 ou 5 ans seul dans le bain (et encore moins deux enfants !), même si le téléphone sonne. Les articles de bain disponibles dans les rayons de puériculture améliorent le confort du bébé, mais ne dispensent en aucun cas de surveiller l'enfant !
- ✔ Evitez de trop remplir la baignoire et videz-la immédiatement après le bain.
- ✔ Ne laissez pas votre enfant s'approcher des plans d'eau dans les parcs ou les jardins.
- ✔ Surveillez continuellement votre enfant lorsqu'il se baigne à la piscine, même s'il s'agit d'une petite piscine gonflable.
- ✔ S'il ne sait pas nager, équipez-le de brassards et d'une bouée, même pour jouer au bord de la piscine.
- ✔ Une fois la baignade terminée et les bouées enlevées, séchez l'enfant et quittez avec lui l'enceinte de la piscine.
- ✔ Si vous disposez d'une piscine privée, entourez-la d'une barrière de protection dotée d'un accès fermé à clé. Interdisez-en l'accès en dehors des heures de baignade.

Une maison sûre pour vos enfants

Les enfants n'ont pas conscience des risques qu'ils encourent. Des objets anodins, des meubles, des ustensiles de tous les jours, des produits d'usage courant, peuvent être autant de dangers entre les mains innocentes de l'enfant.

*La chambre**

1. **Le lit.** Attention aux coussins et oreillers (lire p. 124). Gare aux barreaux trop espacés (lire p. 75).
2. **Les meubles.** Ne disposez jamais de meubles sous une fenêtre (lire p. 71).
3. **Les jeux.** Bannissez les objets de petites tailles (lire p. 83).
4. **Escalier.** Fermez toujours la barrière de sécurité ! (lire p. 75).
5. **Table à langer.** Ne laissez jamais bébé seul sur son matelas à langer ! (lire p. 72).
6. **Les prises électriques.** Remplacez toutes les vieilles installations par des prises aux normes (lire p. 58 et 195).

* Voir dessin page 136-137

La cuisine

7. **Les poubelles.** Attention, elles sont pleines d'objets dangereux que votre enfant pourrait ingurgiter (lire p. 81 et 103).

8. **La table de cuisson et le four.** Soyez vigilants. Vos casseroles ne doivent jamais être à la portée des enfants et le four toujours fermé (lire p. 55).

9. **Les placards et tiroirs.** Verrouillez-les et optez pour les systèmes d'ouverture sécurisée (lire p. 51).

10. **Les produits d'entretiens.** Installez-les en hauteur, en un lieu difficile d'accès ! Jamais sous l'évier ! (lire p. 111).

La salle de séjour

11. **La cheminée.** Protégez l'âtre afin d'éviter tout risque de brûlure (lire p. 55).

12. **Les bouteilles d'apéritifs.** Disposez-les dans un placard fermé à clé, hors de portée de l'enfant (lire p. 111).

13. **Les bibelots fragiles.** Remisez-les pour un temps. S'ils tombent ils peuvent exploser en mille morceaux. Gare aux éclats pointus ou tranchants ! (lire p. 51 et 81).

14. **L'installation électrique.** Veillez à ce qu'elle soit aux normes ! (lire p. 55 et p. 195).

La salle de bains

15. **Les prises électriques.** N'installez aucune prise à proximité d'une arrivée d'eau. Ne laissez jamais un appareil électrique branché en permanence dans une salle de bain (lire p. 55 et 195).

16. **La baignoire.** Restez toujours près de bébé pendant le bain (lire p. 127). Vérifiez la température du bain avant d'y mettre votre enfant (lire p. 55).

17. **Pharmacie.** Elle doit fermer à clef et être hors de portée de vos enfants (lire p. 138).

Le garage

18. **Les produits toxiques.** Rangez-les dans un placard fermé à clé, inaccessible pour les enfants (lire p. 111).

19. **Les outils dangereux.** Ne les laissez pas traîner n'importe où ! (lire p. 51).

Le jardin

20. **La tondeuse à gazon.** Optez pour un modèle à allumage sécurisé (lire p. 51).

21. **Le barbecue.** Ne laissez jamais les enfants s'en approcher ! (lire p. 55).

22. **La piscine.** Pas de piscine privée sans barrière de sécurité ! (lire p. 127).

23. **Les plantes.** Veillez à ne cultiver aucune plante toxique, fût-elle magnifique (lire p.111).

24. **Le portail.** Maintenez-le toujours fermé à clef. Quand vous rentrez chez vous ou sortez votre voiture, assurez-vous que tous les enfants sont sous la surveillance d'un adulte avant d'ouvrir le portail et de manœuvrer votre véhicule (lire p. 51).

25. **Les animaux errants.** Faites les fuir. Ils risquent de griffer ou mordre vos enfants (lire p. 377 et 379).

Une maison sûr

our vos enfants

L'armoire à pharmacie de sécurité

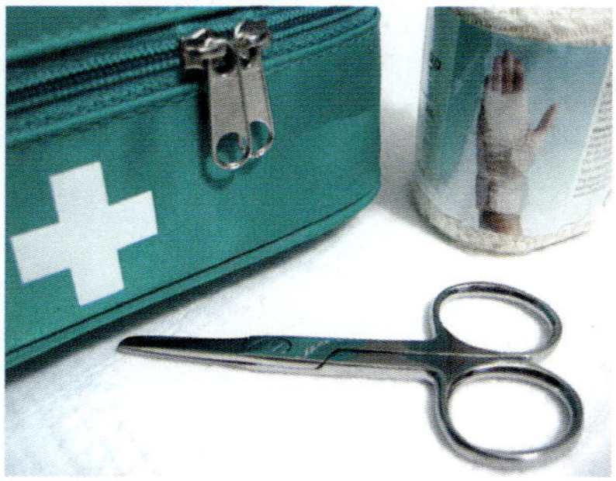

Certains produits sont bien utiles en cas de petits ou de gros bobos : pansements adhésifs, désinfectants, pommades diverses, crèmes anti-inflammatoires, etc. Pour vous éviter d'être pris au dépourvu, nous avons répertorié les « essentiels ».

Toute armoire à pharmacie devrait contenir les produits suivants :

- Des petites et grandes compresses.
- Un rouleau de sparadrap antiallergique.
- Des pansements adhésifs de tailles diverses, si possible décorés pour que l'enfant n'ait pas tendance à les ôter.

- Un rouleau de bande extensible auto-adhésive.
- Des ciseaux à bout rond.
- Une pince à épiler à bouts crochetés.

Choisissez des désinfectants qui ne piquent pas, vendus sous forme de sprays ou de doses unitaires. Ces présentations évitent la contamination du flacon lors des différentes utilisations. En outre, elles ne risquent pas de se renverser et de se répandre lors des transports.

N'ayez qu'un seul type de désinfectant dans votre pharmacie (cela évite les mélanges dangereux). Choisissez dans cette liste ou faites-vous conseiller par votre médecin ou votre pharmacien.

- Chlorexidine en doses unitaires ou Hexomédine®.
- Chlorure de benzalkonium en compte-gouttes ou spray.
- Eosine aqueuse à 2 % en doses unitaires (sachez que les taches d'éosine sur les vêtements partent au lavage à l'eau tiède savonneuse).
- Dakin® en flacon.

A NOTER

Important

- *Ne gardez pas les médicaments trop longtemps après qu'ils aient été entamés.*
- *Jetez les flacons à usage unique dès la fin de la première utilisation.*
- *Vérifiez régulièrement les dates de péremption des médicaments.*

Sont utiles également :

- De l'alcool à 60°. Notez bien que l'alcool vous servira uniquement pour désinfecter les instruments, et non les plaies (pour les plaies, utilisez exclusivement les désinfectants mentionnés plus haut).
- Du sérum physiologique en doses unitaires.
- De la crème à l'arnica pour les bleus et les bosses.
- Une pommade à l'oxyde de zinc pour les inflammations locales (fesses rouges, irritations).
- Un tube de Biafine® pour les brûlures.
- Un tube de vaseline pour glisser le thermomètre dans l'anus de bébé.
- Un thermomètre électronique ou au gallium (si vous possédez encore un thermomètre au mercure, ramenez-le à votre pharmacien).
- Des médicaments antipyrétiques (contre la fièvre, voir page 261) et, surtout, du paracétamol.
- Une crème en cas de piqûre d'insecte (demandez conseil à votre pharmacien).

Sommaire

Comment réagir immédiatement

Comment réagir immédiatement

partie 2

Comment faire face à un arrêt cardiaque

L'essentiel tout de suite...

En cas d'arrêt cardiaque, procédez comme suit :

L'enfant ne parle pas, il ne réagit pas, aucun mouvement régulier de la poitrine ni de l'abdomen n'est visible et aucun bruit ou souffle n'est perçu...

- ✓ Appelez au secours immédiatement si vous êtes seul(e), afin d'obtenir de l'aide.
- ✓ Assurez immédiatement la libération des voies aériennes, en basculant doucement la tête de l'enfant en arrière et en élevant son menton.
- ✓ Ouvrez la bouche de la victime et retirez d'éventuels corps étrangers.
- ✓ Appréciez la respiration, et vérifiez que ni le ventre ni la poitrine de l'enfant ne se soulèvent pendant les dix secondes maximum que dure cette recherche.
- ✓ Attention, ne vous faites pas piéger par une sorte de respiration anormale avec des grands mouvements respiratoires qui sont lents, bruyants et irréguliers... en fait l'enfant agonise (c'est ce qu'on appelle les gasps) : il est en arrêt cardiaque, il faut agir vite !
- ✓ Faites appeler le Samu-15 ou les pompiers-18 et réclamez un défibrillateur automatisé externe.
- ✓ Pratiquez immédiatement cinq insufflations efficaces (chacune doit entraîner un début de soulèvement de la poitrine) en utilisant la technique du bouche-à-bouche ou du bouche-à-bouche-et-nez en fonction de l'âge de l'enfant.
- ✓ Si la respiration ne reprend pas et en l'absence de mouvement de la petite victime, commencez immédiatement les compressions thoraciques, associées à la ventilation artificielle. Ne vous interrompez pas avant l'arrivée des secours.

Techniques du bouche-à-bouche et du bouche-à-bouche-et-nez :

- ✓ Inspirez de l'air, puis placez votre bouche sur celle de l'enfant après avoir pincé son nez. Chez le tout-petit, placez votre bouche de façon à recouvrir son nez et sa bouche en même temps. Puis insufflez progressivement durant une seconde, jusqu'à ce que la poitrine de la victime commence à se soulever (voir schéma page 151).

Technique du massage cardiaque externe. Il diffère selon l'âge de l'enfant (voir schémas pages 148 et 149). Dans tous les cas, installez l'enfant sur un plan dur.

S'il s'agit d'un nourrisson :

✓ Localisez le sternum du nourrisson, repérez le bas du sternum à la jonction des dernières côtes et placez la pulpe de deux doigts d'une main dans l'axe du sternum, un doigt au-dessus de ce repère.

✓ Comprimez régulièrement le sternum avec la pulpe des deux doigts d'environ 1/3 de l'épaisseur du thorax du nourrisson, 100 fois par minute (2 par seconde environ).

✓ Après trente compressions, ramenez la tête du nourrisson en position neutre, élevez le menton et réalisez deux insufflations par le bouche-à-bouche et nez.

✓ Replacez la pulpe des doigts immédiatement à la bonne position et réalisez trente nouvelles compressions.

✓ Continuez d'alterner trente compressions sternales avec deux insufflations jusqu'à l'arrivée des secours.

S'il s'agit d'un enfant de 1 à 8 ans :

✓ Repérez le bas du sternum à la jonction des dernières côtes et placez le « talon » d'une main, un doigt au-dessus de ce repère. Relevez les doigts pour ne pas appuyer sur les côtes. Installez-vous bien au-dessus de l'enfant, à la verticale de sa poitrine et bras tendus.

✓ Réalisez les compressions thoraciques, à une ou deux mains (en fonction de votre force physique), pour « enfoncer » le sternum d'environ 1/3 de l'épaisseur du thorax de l'enfant.

✓ Renouvelez les compressions thoraciques 100 fois par minute (2 par seconde environ) et alternez trente compressions avec deux insufflations par le bouche-à-bouche.

✓ Continuez d'alterner trente compressions avec deux insufflations jusqu'à l'arrivée des secours.

Au-delà de 8 ans :

Ce sont les techniques utilisées chez l'adulte qui s'appliquent.

✓ Les compressions sternales s'effectuent strictement au centre de la poitrine, en plaçant une main sur l'autre et en conservant les bras tendus.

✓ On intercale deux insufflations toutes les trente compressions du sternum, à un rythme de cent compressions par minute.

Comprendre

L'arrêt cardiaque peut survenir à l'occasion de nombreux accidents ou lors d'affections aiguës. Connaître les manœuvres de base de la réanimation est donc d'une importance cruciale. Il s'agit là d'une vraie urgence. Il ne suffit pas d'appeler les secours. Encore faut-il pouvoir intervenir rapidement et efficacement pendant les très longues minutes qui séparent votre appel de leur arrivée.

Au cours d'un arrêt cardiaque, deux fonctions vitales sont momentanément défaillantes : la respiration et les battements cardiaques. Il va falloir, au plus vite, ventiler l'enfant et réamorcer la pompe cardiaque.

La ventilation artificielle permet d'oxygéner le sang qui irrigue les organes vitaux, dont le cerveau.

Le massage cardiaque remplace l'activité du cœur. Il permet de rétablir et de maintenir l'irrigation sanguine des centres vitaux, en attendant soit la reprise spontanée des battements du cœur, soit la reprise médicalement provoquée. Cela évite que des organes essentiels, comme le cerveau, ne souffrent du manque d'oxygène et en conservent des séquelles.

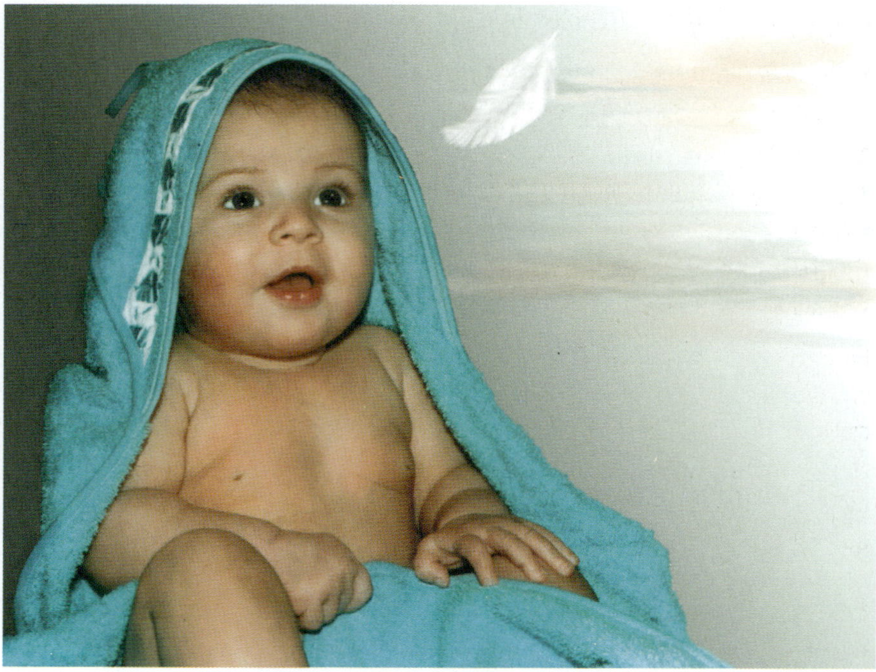

Reconnaître les signes

Pour déterminer si l'enfant est en arrêt cardiaque :

- Observez les mouvements de la poitrine. Découvrez le thorax et regardez s'il se soulève.
- Recherchez un éventuel souffle respiratoire : approchez votre oreille et votre joue de la bouche de l'enfant pour percevoir un souffle.

Dans le cas d'un arrêt cardiaque, la victime ne respire pas, aucun souffle n'est perçu, aucun bruit n'est entendu. Ni le ventre, ni la poitrine de la victime ne se soulèvent pendant les dix secondes que dure cette recherche.

Réagir

L'intervention, étape par étape

Devant un enfant inanimé, inconscient, en arrêt cardiaque, il faut être capable de réagir rapidement et de manière adaptée. Surtout, essayez de ne pas paniquer, même si la situation est terrible pour un parent.

Appelez à l'aide et faites le diagnostic

- Demandez de l'aide à proximité (si possible, tâchez d'être deux ou, mieux, trois, mais pas plus !).
- Appelez ou faites appeler les secours (Samu-15 ou pompiers-18).
- Essayez de vous procurer un défibrillateur automatisé externe.
- Allongez l'enfant sur un plan dur (pas sur un lit, mais sur une table ou bien à même le sol).
- Evaluez rapidement l'état de l'enfant.

En présence d'un arrêt cardiaque, entamez les deux manœuvres en alternance (massage cardiaque externe et ventilation artificielle). Ces gestes sont différents selon l'âge de l'enfant. Ils peuvent être pratiqués par des personnes dépourvues de savoir médical particulier. Reportez-vous aux encadrés et aux schémas qui les illustrent (pages 148, 149 et 151).

Pratiquez la réanimation

- Assurez-vous d'abord que les voies respiratoires de l'enfant sont dégagées et qu'aucun corps étranger ne les obstrue (reportez-vous au chapitre sur les ***étouffements***, page 199).
- Nettoyez, le cas échéant, les sécrétions ou les glaires qui encombrent les voies respiratoires.
- Si la respiration ne reprend pas et en l'absence de mouvement de la petite victime, commencez immédiatement les compressions thoraciques, associées à la ventilation artificielle. Ne vous interrompez pas avant l'arrivée des secours.

La fréquence des compressions sternales doit être de cent par minute quel que soit l'âge de la victime.

A NOTER

- Si vous ne pouvez pas effectuer le bouche-à-bouche (cela vous répugne, les conditions sont impossibles pour vous ou l'enfant a vomi), ou si vous ne savez pas le faire, réalisez des compressions thoraciques seules.

Le massage cardiaque externe (ou MCE)

En présence d'un arrêt cardiaque (reportez-vous à la section ***Reconnaître les signes***, page 146), commencez le massage cardiaque externe.

Celui-ci doit toujours être associé à la ventilation artificielle, au rythme de trente compressions thoraciques pour deux insufflations.

ATTENTION ! La technique est différente selon l'âge (nourrisson, petit enfant ou enfant plus grand...)

S'il s'agit d'un nourrisson

Schéma 3

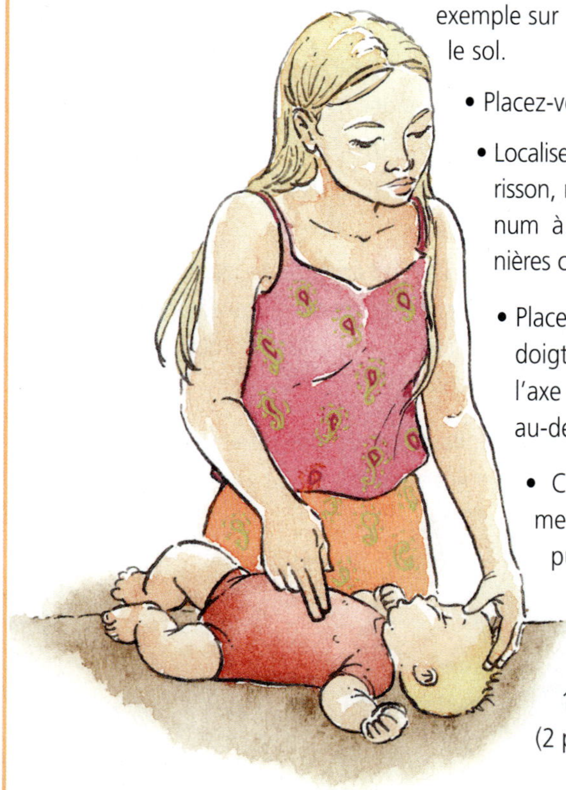

© Illustrations Marie Araujo

- Couchez le nourrisson ou l'enfant à plat sur le dos, sur une surface dure, par exemple sur une table ou à même le sol.
- Placez-vous latéralement.
- Localisez le sternum du nourrisson, repérez le bas du sternum à la jonction des dernières côtes.
- Placez la pulpe de deux doigts d'une main dans l'axe du sternum, un doigt au-dessus de ce repère.
- Comprimez régulièrement le sternum avec la pulpe des deux doigts, d'environ 1/3 de l'épaisseur du thorax du nourrisson, 100 fois par minute (2 par seconde environ).

S'il s'agit d'un enfant de 1 à 8 ans

Schéma 4

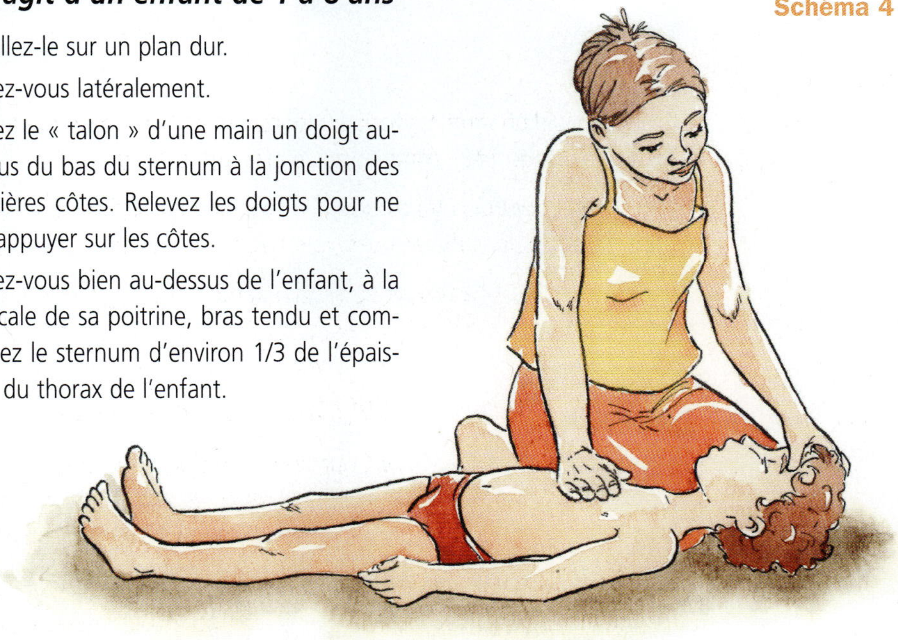

- Installez-le sur un plan dur.
- Placez-vous latéralement.
- Placez le « talon » d'une main un doigt au-dessus du bas du sternum à la jonction des dernières côtes. Relevez les doigts pour ne pas appuyer sur les côtes.
- Placez-vous bien au-dessus de l'enfant, à la verticale de sa poitrine, bras tendu et comprimez le sternum d'environ 1/3 de l'épaisseur du thorax de l'enfant.

S'il s'agit d'un enfant plus grand

Schéma 5

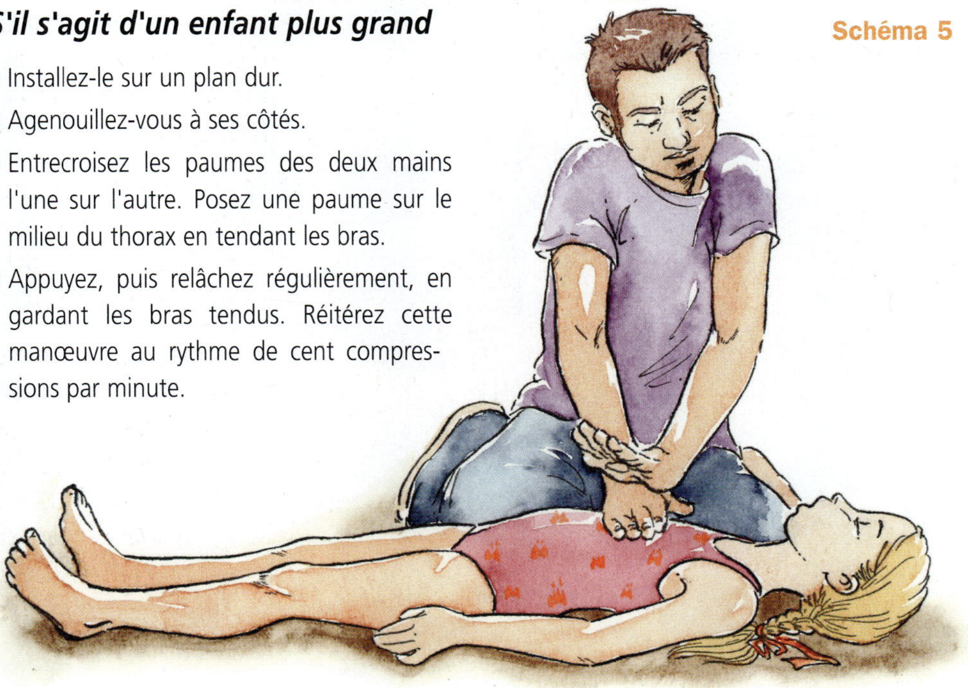

- Installez-le sur un plan dur.
- Agenouillez-vous à ses côtés.
- Entrecroisez les paumes des deux mains l'une sur l'autre. Posez une paume sur le milieu du thorax en tendant les bras.
- Appuyez, puis relâchez régulièrement, en gardant les bras tendus. Réitérez cette manœuvre au rythme de cent compressions par minute.

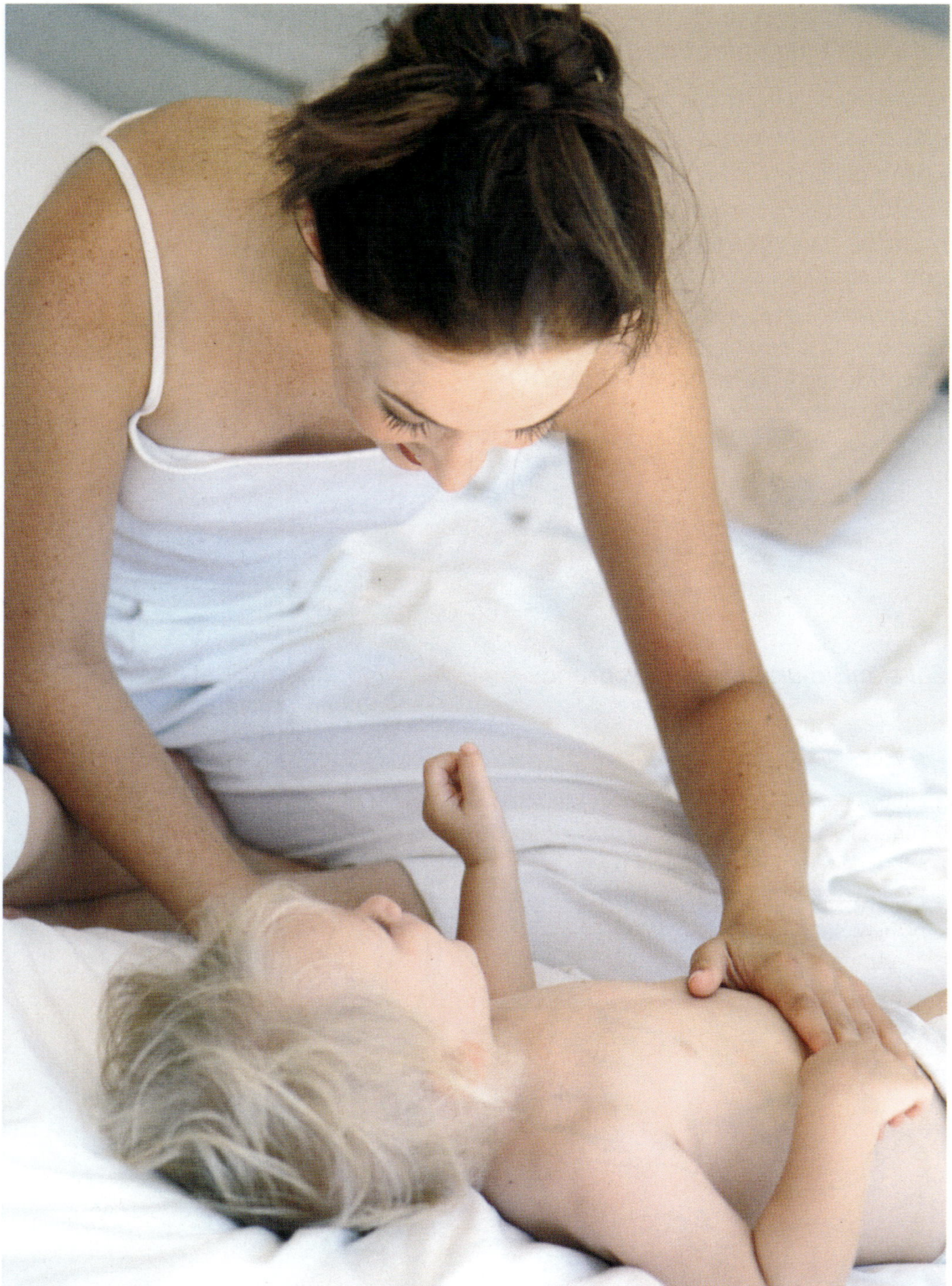

La ventilation artificielle chez l'enfant et le nourrisson (technique du bouche-à-bouche et du bouche-à-bouche-et-nez)

- Couchez le nourrisson ou l'enfant à plat sur le dos, sur une surface dure, par exemple sur une table ou à même le sol.
- Ramenez doucement la tête de l'enfant en position neutre (dans l'axe) et élevez le menton.
- Insufflez :
  - Si c'est un nourrisson, englobez à la fois le nez et la bouche de l'enfant (schéma 1).
  - Si c'est un enfant plus grand, pincez-lui le nez (schéma 2).

Schéma 1

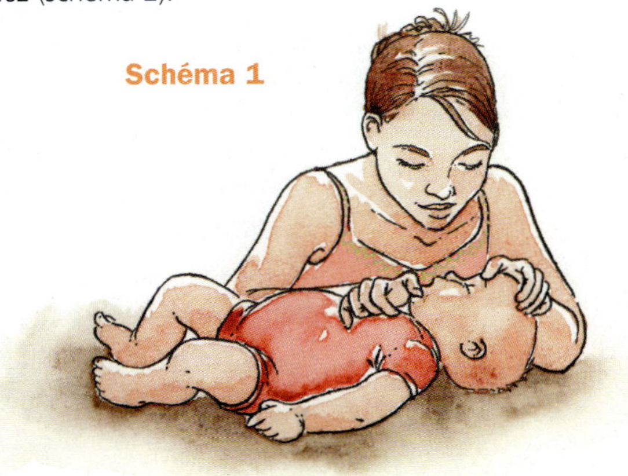

- Appliquez vos lèvres sur la bouche ouverte.
- Soufflez l'air dans la bouche de manière assez puissante pour soulever le thorax. Si celui-ci se soulève effectivement, c'est le signe que votre manœuvre est efficace.
- Relevez-vous légèrement pour inspirer de l'air frais, pendant que le thorax s'affaisse et se vide.
- Recommencez.
- Maintenez un rythme d'environ une insufflation toutes les 2 secondes.
- Contrôlez régulièrement la reprise de la respiration. En son absence, poursuivez alternativement ventilation artificielle et massage cardiaque.

Schéma 2

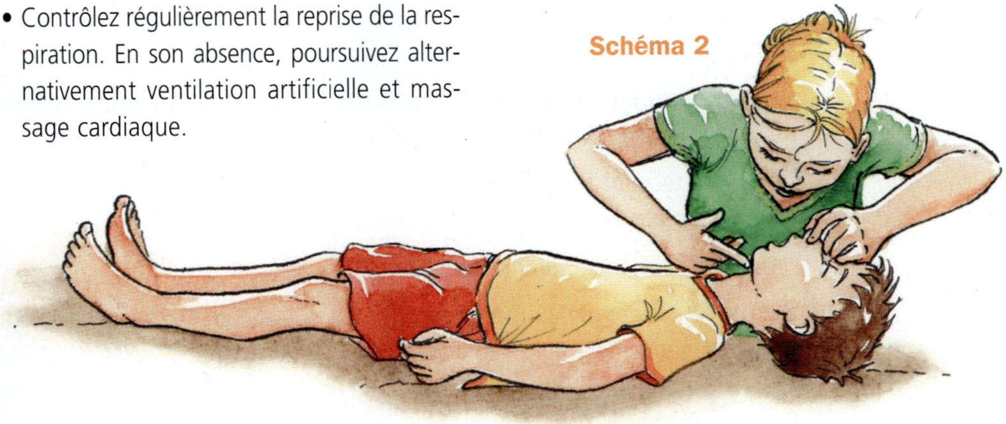

La défibrillation chez l'enfant et le nourrisson

Important

La défibrillation automatisée externe (DAE) chez les enfants

✓ La DAE chez l'enfant doit être réalisée avec des appareils adaptés (électrodes enfant, réducteur d'énergie...). Cependant, dans un but de sauvetage, si vous vous trouvez en présence d'un enfant en arrêt cardiaque et que vous êtes en possession seulement d'un DAE « adulte », vous pourrez l'utiliser.

✓ Dans tous les cas, avant de mettre en œuvre la DAE, vous devez réaliser 5 cycles de réanimation cardio-pulmonaire (chaque cycle comprenant 30 compressions thoraciques et 2 insufflations).

✓ La conduite à tenir est ensuite identique à celle de l'adulte. Collez les électrodes sur la poitrine de l'enfant conformément aux schémas du fabriquant. Toutefois, chez le petit enfant ou si vous utilisez des électrodes adultes, placez une électrode en avant au milieu du thorax et l'autre au milieu du dos.

Comprendre

Le défibrillateur automatisé externe (DAE) est un appareil capable :

- D'analyser l'activité électrique du cœur de la victime ;
- De reconnaître une éventuelle anomalie du fonctionnement électrique du cœur à l'origine de l'arrêt cardiaque ;
- De se charger automatiquement ;
- De délivrer (défibrillateur entièrement automatique) ou d'inviter l'opérateur à délivrer (défibrillateur semi-automatique) le choc électrique (information vocale et visuelle), afin de restaurer une activité cardiaque efficace.

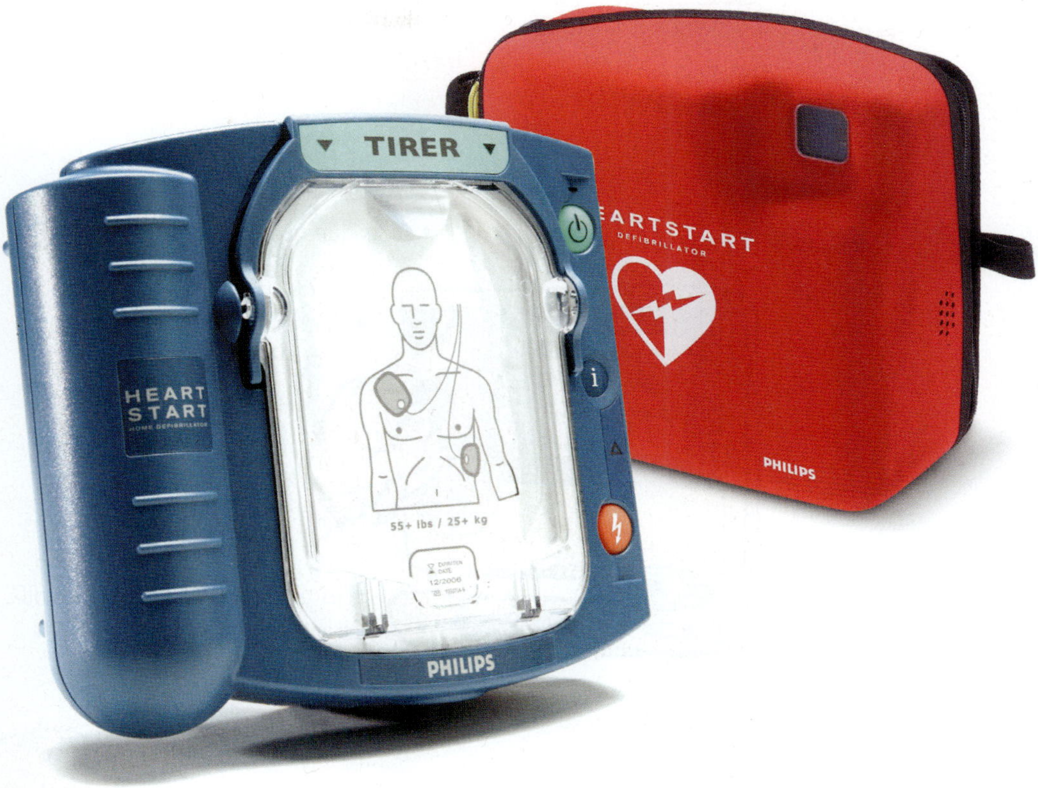

Le défibrillateur automatisé externe est composé :

- D'un haut-parleur qui donne des messages sonores et vous guide dans votre action ;
- D'un métronome qui rythme les compressions thoraciques ;
- D'un accumulateur d'énergie qui permet de réaliser des chocs électriques ;
- Eventuellement, d'un bouton qui permet d'administrer le choc électrique lorsqu'il est indiqué par l'appareil.

Le DAE est toujours accompagné d'une paire d'électrodes de défibrillation avec un câble intégré. Ces électrodes, à usage unique, permettent :

- De capter et transmettre l'activité électrique cardiaque au défibrillateur ;
- De délivrer le choc électrique lorsqu'il est indiqué.

Si un défibrillateur automatisé externe (DAE) est disponible

Schéma 1

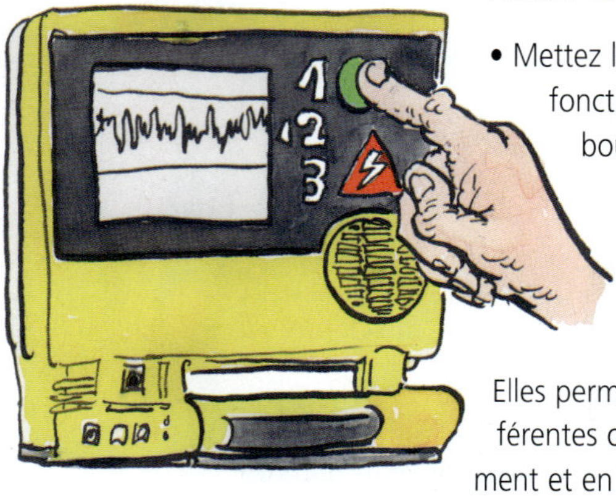

• Alors que quelqu'un pratique la réanimation cardio-pulmonaire.

• Mettez le défibrillateur en fonction en appuyant sur le bouton marche/arrêt.

• Suivez impérativement les indications vocales et/ou visuelles données par l'appareil. Elles permettent de réaliser les différentes opérations plus rapidement et en toute sécurité.

Schéma 2

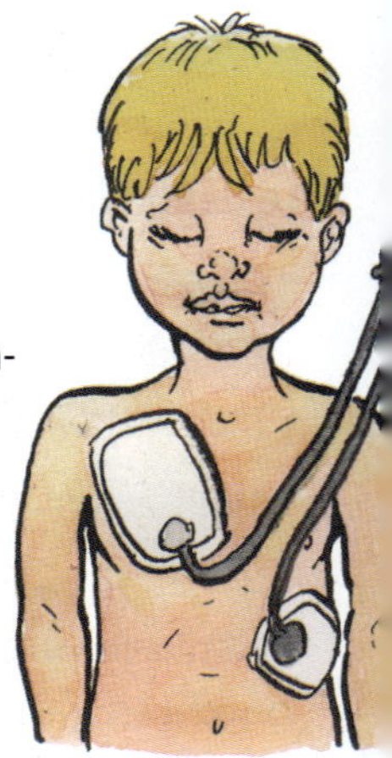

• Le DAE demande de mettre en place les électrodes et éventuellement de les connecter.

• Une fois connecté, le DAE effectue une analyse du rythme cardiaque et demande de ne pas toucher la victime.

• Respectez les recommandations sonores et éventuellement visuelles de l'appareil.

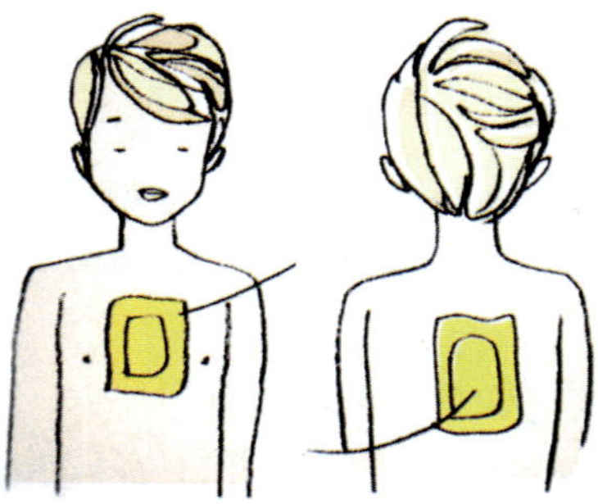

• Assurez-vous que personne ne touche l'enfant lorsque l'appareil analyse le rythme cardiaque car tout mouvement de la victime pendant cette période peut fausser l'analyse.

Si le choc est nécessaire :

- Le DAE annonce qu'un choc est indiqué et demande de se tenir à distance de l'enfant.
- S'assurer que personne ne touche l'enfant ; pour cela, le sauveteur annonce à haute voix : « Ecartez-vous ! ».
- Laisser le DAE déclencher le choc électrique ou appuyer sur le bouton « choc » clignotant quand l'appareil le demande.
- Le DAE délivre le choc.
- Débuter ou reprendre sans délai les manœuvres de réanimation cardio-pulmonaire en commençant par les compressions thoraciques. Ne pas retirer les électrodes de défibrillation.
- Continuer à suivre les recommandations de l'appareil.

Si le choc n'est pas nécessaire :

- Le DAE propose de réaliser les manœuvres de réanimation cardio-pulmonaire (RCP).
- Débuter ou reprendre immédiatement les manœuvres de réanimation cardio-pulmonaire en commençant par les compressions thoraciques, ne pas retirer les électrodes de défibrillation.
- Continuer tout en suivant les recommandations du DAE.

Le défibrillateur peut demander d'arrêter la RCP pour réaliser une nouvelle analyse ou demander de rechercher des signes de vie.

Continuer à suivre les recommandations du DAE jusqu'à :

- L'arrivée des secours.
- L'apparition de la respiration qui imposera l'installation de la victime en position latérale de sécurité (voir page 235) et sa surveillance permanente.

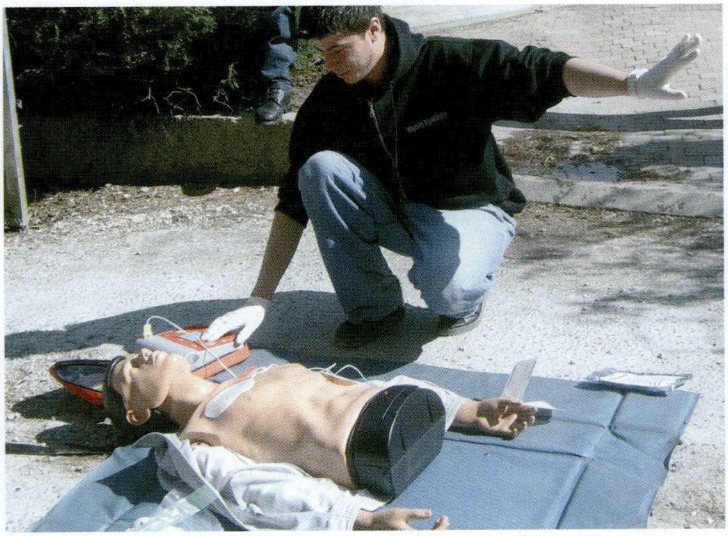

ATTENTION !

Le défibrillateur automatisé externe doit rester allumé et en place. En aucun cas, le sauveteur ne doit retirer les électrodes de la poitrine de la victime et/ou éteindre le défibrillateur automatisé externe.

Comment réagir en cas de brûlure

L'essentiel tout de suite...

En cas de brûlure, procédez comme suit :

- ✓ Arrosez systématiquement la zone brûlée d'eau fraîche (15-25°C, surtout pas d'eau glacée), et en cas de brûlure simple, jusqu'à disparition de la douleur.

Pour une brûlure grave...

- ✓ Contactez le Samu-15, et poursuivez l'arrosage selon leurs conseils.
- ✓ Si l'enfant est habillé et que la brûlure est située sous ses vêtements, continuez l'arrosage et retirez-les lui le plus tôt possible sans ôter ceux qui adhérent à la peau.

Pour une brûlure simple...

- ✓ S'il s'agit d'une brûlure superficielle (rougeur) et de petite taille, vous pouvez, après avoir arrosé jusqu'à disparition de la douleur la zone lésée à l'eau fraîche, appliquer de la Biafine® ou de la Flammazine® en couches épaisses.
- ✓ Recouvrez ensuite la plaie d'une compresse stérile, puis consultez un médecin.

En tout état de cause, restez auprès de votre enfant. Soyez disponible et attentif et expliquez-lui comment cela va évoluer.

Comprendre

Il faut distinguer les brûlures externes des brûlures internes.

Comme leur nom l'indique, les brûlures externes affectent l'enveloppe cutanée (peau). Elles peuvent être provoquées par un liquide corrosif, un solide ou un liquide brûlant, des cendres, des flammes, de la vapeur d'eau très chaude... et même par un rayonnement trop intense (brûlures solaires).

Un cas particulier : la brûlure électrique

Coupez ***D'ABORD*** *le courant. Ensuite, occupez-vous de l'enfant. Le danger d'une brûlure électrique vient du dégagement massif de chaleur sur le trajet du courant. Cela peut avoir de graves conséquences et provoquer en quelques jours une nécrose des tissus entre les zones atteintes, entre le point d'entrée du courant et le point de sortie. Arrosez la brûlure puis appelez le Samu-15.*

Les brûlures internes sont, pour la plupart, des brûlures du tube digestif liées à l'ingestion d'un liquide trop chaud ou d'une substance corrosive. Une brûlure interne est d'autant plus grave que des signes de difficultés respiratoires apparaissent.

Réagir

Ne paniquez pas ! Certes, l'enfant souffre, mais gardez votre calme pour ne pas l'effrayer.

- **Si vous êtes seul(e) :** occupez-vous d'abord de la brûlure, puis contactez le Samu-15 ou les pompiers-18.
- **Si vous êtes deux :** occupez-vous de la brûlure, pendant que l'autre personne contacte le Samu-15 ou les pompiers-18. Le centre décidera de la prise en charge en fonction de l'évaluation de la gravité de la brûlure.

Les brûlures graves

Quelle que soit la brûlure, on la considère comme grave lorsque sa superficie dépasse la moitié de la paume de la main de la victime.
- Faites longuement couler sur la zone brûlée de l'eau fraîche (15-25°C, surtout pas d'eau glacée).

ATTENTION : Faites couler l'eau **AU-DESSUS** de la brûlure (à 15 cm environ) et non pas directement sur la plaie. Continuez pendant cinq à dix minutes (cela calme la douleur et prévient l'œdème des zones périphériques).

Si l'enfant est habillé et que la brûlure est située sous ses vêtements :

- Retirez les vêtements de la victime le plus tôt possible, sans ôter ceux qui adhérent à la peau. Vous pouvez effectuer cela pendant l'arrosage.

Quel que soit l'état de l'enfant, contactez le Samu-15 en urgence qui vous renseignera sur la conduite à tenir.

Les brûlures simples peu étendues

S'il s'agit d'une brûlure superficielle (simple rougeur) et de petite taille, vous pouvez, après avoir arrosé d'eau fraîche la zone lésée, appliquer de la Biafine® ou de la Flammazine® en couche épaisse. Recouvrez la plaie de compresses stériles, puis consultez un médecin.

Les brûlures solaires

La brûlure solaire se manifeste le plus souvent par un érythème solaire, simple rougeur douloureuse. Des cloques peuvent cependant apparaître.

Que faire ?

- Si c'est un érythème solaire (rougeur), traitez comme une brûlure superficielle.
- Donnez à l'enfant un antalgique de type paracétamol.
- Faites boire la petite victime.
- Ne percez jamais les cloques.
- Rafraîchissez à l'eau (pas d'eau de mer !) et consultez un médecin, en particulier s'il y a plusieurs cloques.

A NOTER

Ce qu'il ne faut pas faire...

- *N'appliquez aucun « remède de grand-mère » comme du beurre, de l'huile, du vinaigre, etc.*
- *Ne mettez pas de biogaze. Elle est contre-indiquée chez l'enfant de moins de 8 ans, car elle est toxique pour son cerveau (elle contient du camphre).*
- *Ne mettez pas de tulle gras : il colle aux lésions.*
- *Ne percez pas les cloques !*

Les brûlures de l'œil

Ses principales causes : un produit chimique qui jaillit dans l'œil ou des cendres chaudes (cigarette, barbecue…).

Que faire ?

- Rincez l'œil, en le passant doucement sous l'eau du robinet (vous pouvez également utiliser de l'eau en bouteille) pendant au moins dix minutes et jusqu'à disparition de la douleur.
- Couvrez l'œil, sans trop serrer le pansement, avec des compresses ou un linge propre et fin.
- Consultez un ophtalmologiste en urgence.

Les brûlures internes

Elles résultent de l'ingestion accidentelle d'un produit corrosif ou d'un liquide bouillant.

Que faire ?

- Appelez ou faites appeler immédiatement les secours (Samu-15).
- Calmez l'enfant du mieux que vous pouvez. Surveillez sa respiration, son cœur, son état de conscience.

A NOTER

Ce qu'il ne faut pas faire…

- *Ne faites ni boire ni vomir l'enfant.*

- Vous pouvez avoir à pratiquer des manœuvres de réanimation en cas d'arrêt cardiaque (reportez-vous au chapitre sur l'***arrêt cardiaque***, page 143).

Les différents stades de brûlures : de la moins grave à la plus grave

On distingue trois types de brûlures :

- La brûlure du premier degré. A ce stade, il s'agit d'une brûlure superficielle. La peau est rouge et douloureuse.
- La brûlure du second degré. La peau se couvre de cloques contenant du liquide. Elle est parfois abrasée, le revêtement sous-cutané est à nu.
- La brûlure du troisième degré. La peau a disparu et laisse place à une plaie indolore d'un aspect cireux ou noirâtre.

A partir du second stade, il faut impérativement consulter un médecin. Il en va de même pour une brûlure du premier degré étendue (plus de la moitié de la paume de la main de la victime).

Comment faire face à un choc allergique ou à un œdème de Quincke

L'essentiel tout de suite...

En cas de choc allergique (choc anaphylactique), ou d'œdème de Quincke procédez comme suit :

- ✓ Appelez ou faites appeler les secours (Samu-15).
- ✓ Surélevez les jambes et les pieds de l'enfant de 20 cm environ.
- ✓ Surveillez la respiration de l'enfant.

Si vous avez un stylo auto-injecteur d'adrénaline prêt à l'emploi et que votre médecin vous l'a conseillé :

- ✓ Injectez doucement le produit au niveau de sa cuisse.

Si vous n'avez pas d'adrénaline, mais que vous disposez de corticoïdes injectables comme le Célestène® ou le Solumédrol®...

- ✓ Injectez-les uniquement sur les recommandations du médecin.

Si vous ne possédez aucun médicament...

- ✓ Surveillez les constantes vitales de l'enfant. Couchez-le sur le côté si sa respiration est normale (position latérale de sécurité, voir page 235).
- ✓ Commencez la réanimation cardio-pulmonaire si l'enfant ne respire plus (voir pages 148, 149 et 151).

En tout état de cause, restez auprès de votre enfant. Soyez disponible et attentif et expliquez-lui comment cela va évoluer.

Comprendre

Le choc anaphylactique ou l'œdème de Quincke sont **des réactions allergiques graves, parfois mortelles**. Ils sont déclenchés par une piqûre d'insecte, un médicament ou un aliment auquel le sujet est fortement réactif.

Il est important de savoir en reconnaître les signes annonciateurs, car il s'agit là d'un accident nécessitant une prise en charge urgente.

Reconnaître les signes

- L'enfant se plaint de picotements au niveau du visage, sur tout le corps, ou au niveau laryngé.
- Il se sent mal, souffre de nausées, éprouve des difficultés à respirer et donne l'impression d'étouffer.
- Il change de couleur, devient tout pâle ou, au contraire, tout rouge. Ses lèvres bleuissent.
- Ses mains et ses pieds sont glacés.
- Parfois son visage, ses paupières ou sa bouche gonflent. C'est très grave, il faut agir vite.

Réagir

- Appelez ou faites appeler les secours (Samu-15), et suivez leurs conseils.

- Informez votre enfant de ce que vous allez faire et de ce qui va se passer.
- Surélevez les jambes et les pieds de l'enfant de 20 cm, en glissant un gros coussin sous ses genoux (cela permet de maintenir une circulation sanguine suffisante dans les organes vitaux).
- Surveillez sa respiration (reportez-vous au chapitre sur l'*arrêt cardiaque*, page 143).

Ensuite, trois cas se présentent :

Vous avez un stylo auto-injecteur d'adrénaline prêt à l'emploi (seringue graduée par des traits). Sur les conseils de votre médecin...

- Piquez avec l'aiguille, juste sous la peau (pincez la peau avec vos doigts, entre le pouce et l'index), en général dans la cuisse.
- Injectez doucement le produit selon la prescription médicale.

Vous n'avez pas d'adrénaline, mais vous disposez de corticoïdes injectables, comme le Célestène® ou le Solumédrol®. Sur les conseils de votre médecin...

- Injectez-les. Bien que moins efficaces que l'adrénaline, ils agiront quand même sur l'œdème et sur l'inflammation.
- Surveillez la respiration.

Vous ne possédez aucun médicament...

- Surveillez la respiration. Couchez l'enfant sur le côté si sa respiration est normale (position latérale de sécurité, voir page 235).
- Commencez la réanimation cardio-pulmonaire si l'enfant ne respire plus (reportez-vous au chapitre sur l'*arrêt cardiaque*, page 143).

Après cet épisode, équipez l'enfant d'une trousse minimale, avec une seringue injectable, et munissez-le d'une carte mentionnant son nom, son adresse, le type d'allergie dont il souffre et le traitement indispensable.

A NOTER

L'adrénaline sauve des vies !

Appelée aussi épinéphrine, l'adrénaline est le médicament de base lors d'un choc anaphylactique. Des kits prêts à l'emploi sont disponibles en pharmacie (sur ordonnance). Ils contiennent une seringue d'adrénaline. La seringue est graduée par des traits. Suivez bien la notice et les conseils de votre médecin.

Comment réagir en cas de chute sur la tête

L'essentiel tout de suite...

En cas de chute sur la tête, procédez comme suit selon la situation :

L'enfant pleure immédiatement...

✓ Rassurez-le.
✓ Vérifiez qu'il peut bouger tous ses membres.
✓ Si tout vous semble normal, surveillez-le attentivement durant trente-six heures.
✓ S'il s'endort et que vous ne parvenez pas à le réveiller, s'il n'a pas un comportement normal ou s'il convulse, conduisez-le aux urgences ou appelez le Samu-15.
✓ En tout état de cause, restez auprès de votre enfant. Soyez disponible et attentif et expliquez-lui comment cela va évoluer.

L'enfant a perdu connaissance...

✓ Téléphonez ou faites téléphoner au Samu-15, tout en intervenant.
✓ Assurez-vous que l'enfant respire (reportez-vous au chapitre sur l'***arrêt cardiaque***, page 143).
✓ S'il respire, placez-le sur le côté (position latérale de sécurité, voir page 235).

Comprendre

Chez l'enfant de moins de 5 ans, les traumatismes crâniens sont, le plus souvent, consécutifs à des accidents domestiques. Pour les plus grands, la principale cause réside dans les accidents de jeu ou de sport.

« Traumatisme crânien » signifie que le choc entraîne une atteinte du crâne et parfois de son contenu, le cerveau.
Ce qui est grave lors de ces accidents, c'est donc plus

la lésion du cerveau que la fracture du crâne. Toutefois, les deux surviennent souvent conjointement. Si le choc est direct sur la tête, les lésions sont plus graves.

Réagir

La perte de connaissance immédiate est l'élément principal qui vous permettra de faire la distinction entre une chute nécessitant une prise en charge médicale et une chute n'exigeant qu'une simple surveillance à domicile.

Chute sans perte de connaissance (après la chute, l'enfant pleure immédiatement)

- Rassurez l'enfant et vérifiez qu'il bouge normalement tous ses membres.
- Si tout est normal, une simple surveillance à domicile pendant environ trente-six heures est suffisante.

- Soyez attentif au comportement de l'enfant : est-il normal ? Réagit-il comme d'habitude ?
- Parlez-lui régulièrement pour voir si ses réponses sont claires et cohérentes.
- Réveillez-le toutes les trois heures durant la première nuit afin de détecter la survenue éventuelle d'un coma secondaire (ne secouez pas votre enfant ! Si vous n'arrivez pas à le réveiller, conduisez-le aux urgences ou appelez le Samu-15).

Toute anomalie doit conduire à une consultation médicale urgente.

Chute avec perte de connaissance immédiate

- Restez le plus calme possible, mais agissez rapidement.
- Téléphonez ou faites téléphoner au Samu-15, en même temps que vous intervenez :
  - Assurez-vous que l'enfant respire (reportez-vous au chapitre sur l'*arrêt cardiaque,* page 143).
  - Mettez-le sur le côté pour lui permettre de respirer plus facilement. Ouvrez-lui la bouche doucement (position latérale de sécurité, voir page 235).
  - S'il présente une plaie, arrêtez un éventuel saignement puis nettoyez-la. Protégez la plaie avec des compresses, stériles si possible, ou un linge très propre (reportez-vous aux chapitres sur les *plaies et écorchures* et sur les *saignements*, page 389 et page 395).

Les chutes avec perte de connaissance immédiate sont rares (4 % des chutes) et le plus souvent sans gravité. Elles se soldent habituellement par un retour au domicile sous surveillance (reportez-vous aux mesures décrites dans la section *Chute sans perte de connaissance*).

Traumatismes crâniens : il n'y a pas que les chutes...

En dehors des chutes, un choc direct sur la tête avec un objet solide pendant un jeu ou une dispute peut aussi occasionner un traumatisme crânien. Pensez-y devant un enfant qui présente les signes décrits plus haut. Examinez sa tête, à la recherche d'une plaie ou d'une bosse éventuelle.

A NOTER

Les nourrissons en première ligne

Les traumatismes crâniens sont plus fréquents chez les nourrissons et les enfants en bas âge, car la taille et le poids de leur tête sont proportionnellement plus importants. C'est l'occasion de réaffirmer la nécessité des mesures de protection décrites dans le chapitre sur la ***prévention des chutes*** *(reportez-vous à la* page 71*).*

Dans les cas graves, une radiographie du crâne est inutile. Seul un scanner cérébral pourra évaluer l'état du cerveau.

Les traumatismes avec lésion cérébrale

Le choc peut provoquer un saignement localisé, puis un hématome. Le tissu cérébral peut aussi être écrasé par le choc (contusion). Enfin, on peut observer une réaction inflammatoire et un œdème cérébral.

Quels sont les signes ?

- Perte de connaissance immédiate ou perte de conscience secondaire.
- Convulsions localisées ou généralisées (reportez-vous au chapitre sur les *convulsions*, page 245).
- Comportement inhabituel, somnolence, manque de réaction.
- Vomissements.
- Anomalie du visage (immobilité d'une partie du visage, déviation d'un œil...).
- Absence de mouvements d'un membre ou de tout un côté du corps.
- Respiration anormale, irrégulière, saccadée. Pauses respiratoires.
- Coma avec raideur du corps et mouvements d'extension, tête en arrière.

Devant l'apparition de l'un de ces signes, appelez le SAMU-15

Que faire ?

Si l'enfant est inconscient, immobile ou convulse, reportez-vous à la section *Chute avec perte de connaissance immédiate.*

Quel est le traitement ?

La prise en charge varie selon la gravité de l'atteinte décelée au scanner.

- Un enfant qui présente des vomissements, qui est somnolent ou qui répond confusément aux questions posées, fera l'objet d'une surveillance et d'un traitement hospitalier dans un service de pédiatrie. Ce suivi dure, en général, deux à trois jours.
- Si l'état de l'enfant est plus grave, l'hospitalisation en réanimation neurochirurgicale sera nécessaire. Le choix du traitement est souvent multidisciplinaire et tient compte de l'avis des médecins de neurochirurgie et de réanimation. En tout état de cause, rassurez-le en lui expliquant ce qui va se passer et pensez à lui prendre son doudou ou tout objet familier qui pourrait l'apaiser.
- Certaines lésions cérébrales (comme les hématomes sous-duraux ou extra-duraux) doivent être traitées chirurgicalement, pour évacuer le sang qui comprime le cerveau. L'œdème cérébral nécessite, quant à lui, une prise en charge médicale en réanimation.
- A plus long terme, les enfants qui ont subi un traumatisme grave risquent de développer une épilepsie dite « lésionnelle », provoquée par la « cicatrice » dans le cerveau. Ils peuvent aussi souffrir de séquelles autres, neuro-sensorielles ou comportementales.

Des traumas invisibles !

Des lésions du cerveau sont possibles, même sans fracture. Certaines lésions cérébrales (comme l'hématome extra-dural) n'entraînent pas toujours de perte de connaissance immédiate chez l'enfant. L'éventualité d'une altération secondaire de la conscience nécessite une surveillance rigoureuse pendant les trente-six heures qui suivent la chute.

Comment faire en cas de corps étranger dans un orifice naturel

L'essentiel tout de suite...

En cas d'ingestion ou d'introduction par l'enfant d'un corps étranger dans un orifice naturel, procédez comme suit :

Corps étranger avalé...

✓ Ne tentez pas de faire vomir l'enfant.

✓ Consultez un médecin.

Corps étranger dans le nez...

✓ Demandez à l'enfant de se moucher en soufflant fort.

✓ Si l'objet est toujours coincé, **NE TENTEZ RIEN D'AUTRE.**

✓ Emmenez immédiatement l'enfant chez un ORL.

Corps étranger dans les oreilles...

✓ Ne tentez rien.

✓ Ne mettez pas d'eau dans le conduit auditif.

✓ Emmenez l'enfant chez un ORL.

En tout état de cause, restez auprès de votre enfant. Soyez disponible et attentif et expliquez-lui comment cela va évoluer.

Comprendre

Le petit enfant porte tout à sa bouche : cailloux, billes, perles... Le tube digestif est donc la localisation la plus fréquente des corps étrangers (dix fois plus que les autres endroits).

Tous les corps étrangers ne sont pas pour autant avalés. Certains sont introduits, par inadvertance ou par jeu, dans les orifices naturels : nez, oreilles et même vagin.

© Marie Araujo

Réagir

Les corps étrangers introduits dans le tube digestif

Fort heureusement, ces accidents sont presque toujours bénins. L'ingestion de petits objets arrondis se règle généralement par une évacuation dans les selles.

- Si vous assistez à l'accident, consultez un médecin. Il prescrira une radiographie pour confirmer la présence du corps étranger si celui-ci est visible aux rayons X.

Une fois le corps étranger repéré, plusieurs cas se présentent.

L'objet est de petite taille et arrondi (petit caillou, petit jouet, bille, perle)

Lorsqu'il aura passé l'estomac, il continuera sa traversée du tube digestif, jusqu'à l'évacuation dans les selles. Il n'y a rien à faire de particulier, hormis surveiller les selles de l'enfant pour confirmer l'évacuation de l'objet.

L'objet est pointu ou acéré (clou, aiguille...)

Ces objets sont facilement repérés par la radiographie simple s'ils

Un cas particulier : la « pile bouton »

La prise en charge médicale dépend de la localisation de la pile et de ce qu'elle peut provoquer selon son type et sa taille.

La pile bouton est coincée dans l'œsophage

Les symptômes sont une difficulté, voire une impossibilité complète à avaler (dysphagie), ou encore des vomissements (parfois sanglants).

Au bout de trois heures, la pile peut entraîner des brûlures de la paroi de l'œsophage. Et au-delà de six heures environ, si elle ne bouge pas, son liquide (acide ou basique) risque de perforer l'œsophage.

Parfois, les signes sont plus discrets. Tout évolue à bas bruit (sans symptôme décelable) jusqu'à l'apparition d'un rétrécissement de l'œsophage (sténose), qui correspond à la cicatrisation des brûlures.

- Ne tentez jamais de faire vomir l'enfant, ni manuellement, ni avec des médicaments.
- Consultez en urgence dans un centre hospitalier. Après contrôle radiologique de la position de la pile, celle-ci sera extraite par œsophagoscopie, sous anesthésie générale. La pile sera enlevée en introduisant une pince et un œsophagoscope (qui permet de contrôler l'état de la muqueuse digestive).

La pile bouton est dans l'estomac

La pile est avalée. Le plus souvent, elle va transiter rapidement par l'estomac sans occasionner de lésions. Si elle stagne dans l'estomac, son enveloppe risque d'être attaquée par les sécrétions gastriques qui sont corrosives. Cela entraînera la libération du contenu de la pile.

- Ne tentez jamais de faire vomir l'enfant, ni manuellement, ni avec des médicaments.
- Consultez en urgence dans un centre hospitalier. Le traitement dépend des résultats de la radiographie et de l'évolution de l'état de l'enfant :
  - Simple surveillance radiologique pendant vingt-quatre heures si la pile poursuit sa route vers l'intestin.
  - Extraction par endoscopie si la radiographie montre que la pile reste bloquée dans l'estomac.

Les autres localisations digestives

La pile passe de l'estomac dans l'intestin grêle, puis dans le côlon. En principe, chez l'enfant, l'évacuation dans les selles se fait assez rapidement (entre deux et trois jours).

Exceptionnellement, la pile se coince dans un repli de l'intestin grêle, avec un risque de brûlure, de perforation ou d'intoxication par le métal contenu dans la pile.

- Consultez en urgence dans un centre hospitalier. Une radiographie y sera effectuée pour localiser la pile. L'enfant bénéficiera d'un traitement laxatif et d'une surveillance clinique jusqu'à l'évacuation spontanée de la pile dans les selles. La chirurgie est réservée aux cas graves, avec perforation intestinale.

sont métalliques. Le danger réside dans leur forme, qui risque de perforer le tube digestif. Il est alors possible que l'objet migre vers d'autres organes. Une fois l'objet localisé, il faut procéder à son extraction en urgence.

Il s'agit d'une arête de poisson

Son ingestion est rarement grave, car l'arête est assez souple. Mais elle risque de se piquer dans l'amygdale. Des boulettes de mie de pain aideront à la faire passer. Toutefois, si une toux incessante persiste, il faut consulter. Reste que les parents ne s'aperçoivent pas systématiquement de la présence d'une arête : c'est parfois un abcès de l'amygdale qui révèle son existence.

Les corps étrangers introduits dans le nez

Lorsqu'un objet est introduit dans le nez, toutes les manœuvres faites à domicile risquent de le repousser au fond des fosses nasales. Pire encore : l'objet peut passer dans les poumons et entraîner une fausse route (reportez-vous à la page 200). La prudence est donc de mise.

Que faire ?

- Demandez à l'enfant de se moucher (s'il sait le faire) et de souffler fort. Cette manœuvre peut suffire à déloger l'objet.
- Ne tentez rien d'autre.
- Si l'objet est toujours coincé, emmenez l'enfant immédiatement chez un spécialiste ORL, équipé du matériel nécessaire.

Les corps étrangers introduits dans les oreilles

Le plus souvent, il s'agit de petits objets. Mais un insecte peut aussi se glisser dans l'oreille d'un enfant.
Si vous n'avez pas assisté à l'accident, pensez à cette hypothèse face à un enfant qui semble moins bien entendre, vous fait répéter quand vous parlez ou encore tend toujours la même oreille devant la télévision.

© Sandrine Barrat

Que faire ?

- Ne tentez rien vous-même. Toute manœuvre inadéquate risque de provoquer une inflammation locale, une infection, voire une perforation du tympan.
- Surtout, ne mettez pas d'eau dans le conduit auditif : l'objet pourrait gonfler.
- Quelle que soit la manière dont vous découvrez le corps étranger, il faut toujours consulter un spécialiste ORL, qui va extraire le corps étranger et contrôler l'état du tympan.

Les corps étrangers introduits dans le vagin

C'est une situation plus rare que les autres. Un corps étranger vaginal peut être suspecté chez une petite fille présentant des pertes sales et des traces souillant sa culotte.

Que faire ?

- Consultez un médecin pour un examen approprié.

Comment faire face à un coup de chaleur

L'essentiel tout de suite...

En cas de coup de chaleur, procédez comme suit :

✓ Appelez le Samu-15 ou les pompiers-18.

✓ Amenez la petite victime dans un endroit frais et aéré, puis déshabillez-la.

✓ Entourez-la d'un linge frais et humide.

✓ Si elle est consciente, donnez-lui à boire par petites gorgées. Sinon, en cas de trouble de la conscience, placez-la en position latérale de sécurité (reportez-vous à la page 235).

✓ Ne la plongez **JAMAIS** dans un bain d'eau froide.

En tout état de cause, restez auprès de votre enfant. Soyez disponible et attentif et expliquez-lui comment cela va évoluer.

Comprendre

Le coup de chaleur constitue une urgence médicale à part entière. Il peut en effet avoir de graves conséquences chez les nourrissons et les jeunes enfants, particulièrement fragiles. Il nécessite une prise en charge rapide sous peine de séquelles neurologiques et peut conduire, en l'absence de soins, au décès de la victime.

Reconnaître les signes

Certains symptômes doivent vous alerter :

- L'enfant semble abattu, somnole, voire délire ou perd conscience.
- Sa peau est rouge, chaude et sèche (l'enfant ne transpire pas).
- Ses yeux sont creusés, ses pupilles dilatées.
- Sa température est très élevée (elle peut atteindre 41 °C).
- L'enfant se plaint de nausées, peut présenter des vomissements ou convulser.

Réagir

Si votre enfant souffre d'un coup de chaleur, vous devez agir rapidement :

- Téléphonez ou faites téléphoner aux secours (Samu-15 ou pompiers-18).
- Allongez la petite victime dans un endroit frais et aéré, puis déshabillez-la.
- Enveloppez-la dans un linge frais et humide afin de faire baisser sa température corporelle.
- Appliquez sur sa tête et sa nuque des compresses fraîches en veillant à les renouveler fréquemment jusqu'à l'arrivée des secours.
- Vous pouvez également tremper votre enfant dans un bain pour le rafraîchir. Dans ce cas, contrôlez la température de l'eau avec un thermomètre adapté. La température du bain doit être inférieure de 1 ou 2 °C à celle de l'enfant, pas plus !

- Si l'enfant est conscient, donnez-lui à boire de petites gorgées d'eau fraîche, mais non glacée.
- Si l'enfant est inconscient, placez-le en position latérale de sécurité (reportez-vous à la page 235).

ATTENTION ! Un enfant victime d'un coup de chaleur ne doit JAMAIS être plongé dans un bain d'eau froide, ni être aspergé d'eau glacée. La différence de température pourrait entraîner un choc thermique gravissime.

Comment réagir à une crise d'asthme

L'essentiel tout de suite...

Si votre enfant est victime d'une crise d'asthme, procédez comme suit :

- ✓ La sévérité d'une crise n'est jamais facile à établir. Au moindre doute, appelez le médecin. Si l'état de l'enfant s'aggrave, contactez sans attendre le Samu-15 ou les pompiers-18.
- ✓ Votre enfant doit toujours avoir sur lui une trousse médicale d'urgence contenant ses médicaments.
- ✓ Il est impératif que votre enfant suive son traitement de fond.

En tout état de cause, restez auprès de votre enfant. Soyez disponible et attentif et expliquez-lui comment cela va évoluer.

Comprendre

Impressionnante par ses manifestations, la crise d'asthme traduit une série d'événements pulmonaires qui se manifestent par une oppression, une respiration difficile et sifflante, une toux irritative...

Que se passe-t-il ? D'abord, un événement anodin (changement de pression atmosphérique, effort sportif, présence d'allergènes...) provoque chez le sujet sensible un spasme des bronchioles. Celles-ci se rétractent, leur diamètre se réduit et l'air a du mal à passer. C'est la phase « sèche » de la crise d'asthme. L'enfant est essoufflé, il manque d'air...

Puis la paroi intérieure des bronchioles s'enflamme, elle gonfle et sécrète un mucus abondant. L'enfant tousse et crache pour évacuer celui-ci. C'est la phase « humide » de la crise.

Selon l'âge, la crise est d'intensité et de durée variable. Celle de l'enfant est rapide et intense, tandis que celle de l'adulte est souvent plus progressive.

Réagir

Les signes précurseurs

Certains signes annoncent une crise d'asthme chez l'enfant :
- Une toux qui survient sans raison.
- Une oppression respiratoire.
- Un début d'essoufflement.
- Une crise d'angoisse.

D'autres signes peuvent accompagner un début de crise : l'enfant est irritable, son nez coule, il éternue, il se sent malade, ses yeux sont rouges (conjonctivite)...

Chaque enfant peut avoir des signes précurseurs spécifiques. Soyez attentifs à tout ce qui peut annoncer une crise et demandez à votre enfant de vous aider à dépister ces "petits riens" qui indiquent qu'une crise va survenir. Cela lui permettra d'anticiper en s'auto-administrant le traitement au plus vite.

Les signes de la crise d'asthme

L'enfant est essoufflé, il a de plus en plus de mal à inspirer et surtout à expirer.

- Sa respiration devient sifflante.
- Une toux irritante accompagne ces symptômes.

Les crises surviennent plus fréquemment la nuit, notamment entre 3 et 5 heures du matin.

Les signes du bronchospasme d'effort

Tout le monde sait ce que c'est que d'être essoufflé après un effort sportif. Rapidement cet essoufflement s'estompe, la respiration redevient régulière.

A l'inverse, le bronchospasme d'effort, encore appelé BIE (bronchospasme induit par l'exercice), survient environ 1 minute après l'arrêt de l'exercice physique.

Cet essoufflement, au lieu de se calmer spontanément, a tendance au contraire à s'amplifier, jusqu'à aboutir à une véritable « crise d'asthme ». Les sports en salle provoquent rarement un bronchospasme.

Deux cas particuliers : l'asthme du nourrisson et du jeune enfant

Reconnaître les signes chez un nourrisson

Les crises d'asthme se manifestent le plus souvent chez le tout-petit à l'occasion d'épisodes infectieux. Il est important de ne pas laisser évoluer ces petites maladies virales, car les infections à répétition, notamment les bronchiolites, jouent un rôle important dans la survenue des asthmes du bébé.

Un nourrisson ne peut pas s'exprimer. Par ailleurs, il a du mal à tousser pour libérer ses bronches. Il faut donc savoir interpréter rapidement les signes qui annoncent une crise :

- Le bébé se met à respirer de plus en plus vite.
- Il semble éprouver des difficultés à inspirer.
- Les ailes de son nez battent rapidement.

Reconnaître les signes chez un jeune enfant

Comme pour le bébé, l'asthme chez le jeune enfant se manifeste souvent en association avec une infection du nez ou des bronches.

- La toux de l'enfant est « grasse » (toux « bruyante », pleine de glaires).
- Des vomissements sporadiques accompagnent ce tableau (l'enfant « avale » le mucus et le rejette lors de ces vomissements).

ATTENTION !

Si l'enfant est régulièrement victime de toux, notamment pendant la nuit, sans infection intercurrente ou s'il tousse fréquemment à l'occasion d'un effort, d'un fou rire ou d'une crise de larmes, cela peut signifier une fragilité au niveau des bronches et annoncer un asthme.

Crise d'asthme dans la cour de l'école, que faire ?

Un enfant tousse, est essoufflé, respire en sifflant... Vous craignez une crise d'asthme ? Voilà la procédure à suivre :

- Aidez l'enfant à se mettre dans la position qui lui est la plus confortable (en général assis ou semi assis, c'est ainsi qu'on respire le mieux). **NE COUCHEZ PAS L'ENFANT**.
- Gardez votre calme, rassurez l'enfant. Parlez-lui avec douceur, demandez-lui de respirer lentement et profondément.
- Dégagez tout ce qui peut entraver sa respiration (col serré, vêtements...).
- Si l'enfant est un asthmatique connu et que vous disposez d'un « plan d'accueil individualisé » (reportez-vous au chapitre sur la prévention de la crise d'asthme, page 91), appliquez scrupuleusement les consignes que le médecin aura indiquées.
- Prévenez la famille.
- Si l'enfant éprouve de plus en plus de difficultés à parler, à respirer, que ses lèvres bleuissent, attention, l'état de mal s'annonce. Appelez sans plus tarder le Samu-15.

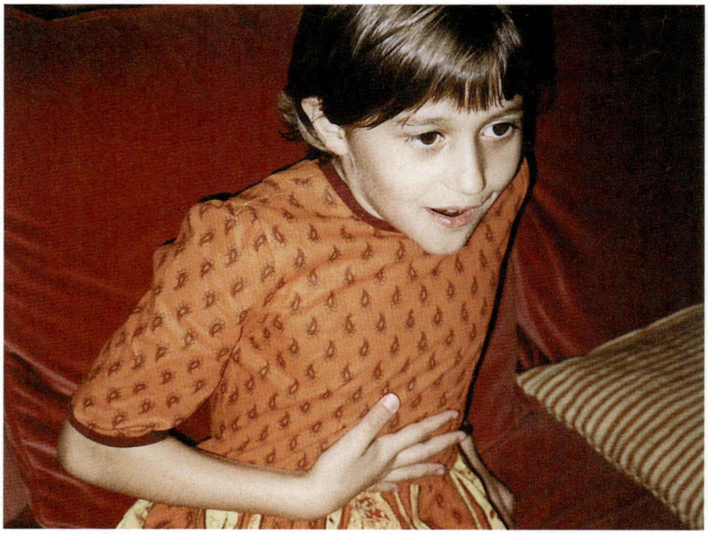

© Marie Araujo

Réagir

Deux cas se présentent :

Vous disposez des médicaments prescrits par le médecin

Ce n'est pas la première fois que l'enfant est victime d'une crise d'asthme :

- Dès que le premier signe d'essoufflement s'annonce, faites inhaler à l'enfant un broncho-dilatateur d'action rapide. Ce traitement vise à éviter le bronchospasme et à faire avorter la crise dès ses débuts.
- Si cela ne suffit pas, administrez-lui des corticoïdes par voie orale ou injectable (si vous savez le faire), en respectant les doses prescrites par le médecin.
- Si la crise ne cède pas au bout de 2 à 5 minutes aux traitements d'urgence et que l'enfant va de plus en plus mal, qu'il a du mal à parler, « l'état de mal » menace (voir encadré page 190). Appelez immédiatement le Samu-15 ou les pompiers-18, afin qu'ils envoient une ambulance médicalisée (disposant de matériel de réanimation, d'oxygène...).

ATTENTION ! Une crise d'asthme qui ne s'améliore pas rapidement nécessite une hospitalisation urgente.

Vous n'avez pas de médicaments

C'est la première fois que l'enfant est victime d'une crise d'asthme :

- Installez l'enfant en position semi-assise pour l'aider à respirer.
- Appelez immédiatement le Samu-15 ou les pompiers-18.
- En attendant l'arrivée des secours, parlez-lui pour le rassurer.

Comment bien utiliser un aérosol ?

Les broncho-dilatateurs et les corticoïdes inhalés se présentent sous la forme d'aérosol-doseur que l'on peut glisser dans sa poche.

- Agitez l'aérosol.
- Demandez à l'enfant d'expirer à fond pour vider complètement ses poumons.
- Mettez l'embout de l'aérosol dans sa bouche et demandez-lui de serrer ses lèvres de sorte que l'air ne puisse pas passer.
- Appuyez sur l'aérosol pour qu'il délivre sa dose et demandez à l'enfant d'aspirer simultanément.
- Demandez-lui de bloquer sa respiration 5 à 10 secondes en fermant la bouche.

A NOTER : il est très difficile de coordonner parfaitement l'inspiration et le déclenchement de l'aérosol. La grande majorité des enfants (et même de nombreux adultes !) n'utilisent pas correctement leur aérosol), d'où la mise au point de nouveaux systèmes, comme les « poudres ».

Pour les tout-petits, il existe des chambres d'inhalation, sortes de tubes d'une trentaine de centimètres de longueur, pourvus d'un masque et d'une valve. La chambre doit être maintenue de manière hermétique contre le visage de l'enfant. On active l'aérosol et on laisse l'enfant respirer via la chambre d'inhalation pendant une dizaine de secondes.

ATTENTION ! Les tout-petits détestent cela, et se débattent bien souvent !

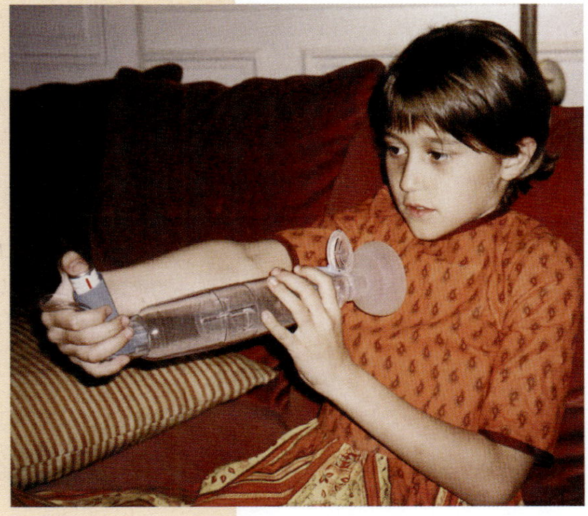

L'état de mal

L'état de mal est une crise d'asthme qui, au lieu de se résoudre en moins de dix minutes, se prolonge et s'aggrave. C'est la complication la plus grave de l'asthme.

L'enfant ne parvient plus à tousser ou cracher. Il manque de plus en plus d'oxygène, se cyanose (il devient bleu), convulse et perd connaissance. Sueur, troubles du rythme, voire malaise cardiaque vrai peuvent accompagner la crise.

Quand les traitements de routine de la crise (broncho-dilatateurs) semblent sans effet et que la crise dure trop longtemps, il est impératif d'appeler en urgence le Samu-15. L'hospitalisation et/ou l'intubation (pour redonner de l'oxygène à l'enfant) pourront venir à bout d'un état de mal.

ATTENTION !

Certains enfants risquent plus que d'autres de développer un état de mal. Plusieurs éléments doivent vous alerter :

- L'enfant a déjà été hospitalisé par le passé pour des crises d'asthme. Cela signifie que son asthme n'est pas « équilibré » malgré les traitements qu'il prend.

- L'enfant prend irrégulièrement son traitement. C'est particulièrement vrai au moment de l'adolescence où les contraintes du traitement peuvent être mal vécues.

- La crise couve depuis plusieurs jours déjà.

Ne pas confondre :

La crise grave se manifeste par des signes alarmants, l'enfant est pâle ou cyanosé, couvert de sueur. Il somnole, éprouve des difficultés pour respirer... Ces signes peuvent aussi évoquer :

- Un corps étranger coincé (lire page 173).

- Un épisode de bronchiolite aiguë du nourrisson (lire page 241).

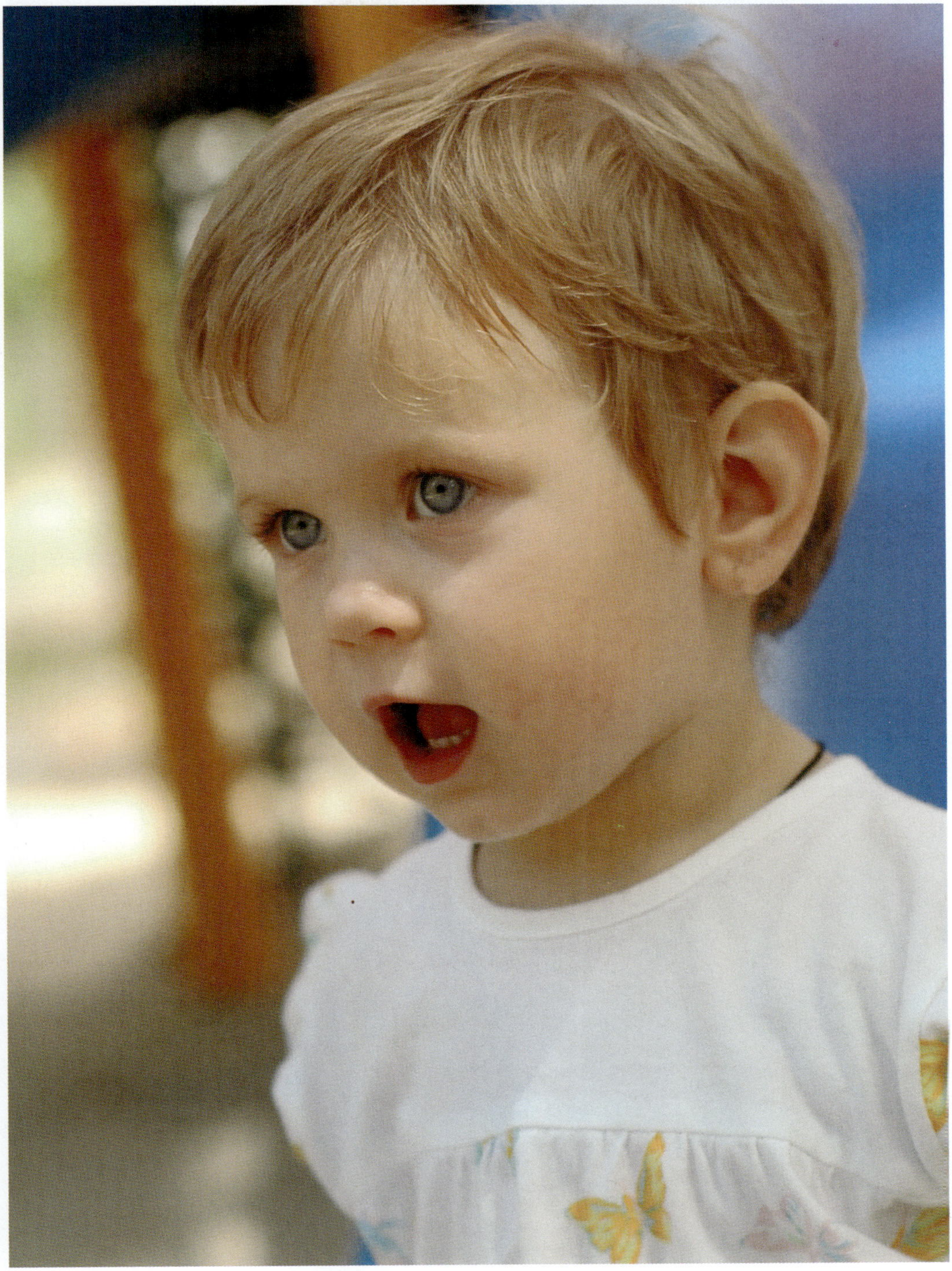

Des idées fausses et dangereuses

Certaines idées fausses peuvent coûter la vie à un enfant asthmatique :

La crise va passer toute seule, il n'a pas besoin de médicaments...

Faux. Si la plupart des crises tendent à se résoudre spontanément, il faut savoir que moins on traite les crises, plus celles-ci risquent de devenir fréquentes et intenses et plus le risque qu'un jour la crise s'aggrave en « état de mal » augmente. Il est donc erroné et dangereux d'attendre que « ça passe tout seul », au motif que le corps doit apprendre à se défendre naturellement contre ce qui l'agresse.

Les broncho-dilatateurs sont dangereux et j'ai peur que mon enfant ne s'y accoutume...

Faux. La rumeur de la toxicité des « béta2mimétiques » a couru pendant longtemps. Toutes les études ont montré qu'elle était infondée, mais la rumeur perdure ! Le vrai danger est de ne pas utiliser les broncho-dilatateurs ou de les utiliser trop tard.

Les corticoïdes inhalés risquent de bloquer la croissance de mon enfant...

Faux. C'est précisément pour éviter les troubles liés à la prise orale de corticoïdes (prise de poids, ralentissement de la croissance) qu'ont été inventés les corticoïdes inhalés. A ce jour, ce traitement de fond de l'asthme, utilisé dans les règles, ne semble pas avoir d'effet sur la courbe staturo-pondérale de l'enfant.

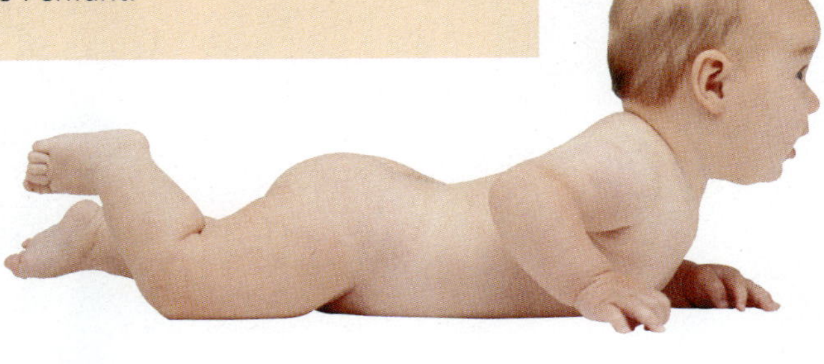

Comment procéder en cas d'électrisation

L'essentiel tout de suite...

En cas d'électrisation, procédez comme suit :

✓ Coupez le courant **AVANT** de toucher à la petite victime.
✓ Appelez les secours (Samu-15 ou pompiers-18).
✓ En l'absence de signes de vie, pratiquez alternativement le massage cardiaque externe et la ventilation artificielle (reportez-vous au chapitre sur l'***arrêt cardiaque***, page 143).
✓ Si l'enfant ne récupère pas, ne vous interrompez pas avant l'arrivée des secours.

Comprendre

L'électrisation d'un enfant a deux conséquences majeures. D'abord, l'arrêt cardiaque, mais aussi la brûlure provoquée par le courant. L'urgence absolue est de faire repartir le cœur de l'enfant. Ensuite seulement, vous prodiguerez des soins annexes.
Le terme d'électrocution, abusivement employé pour décrire la plupart des électrisations, ne désigne normalement que les cas provoquant un arrêt cardiaque.

Réagir

- Ne touchez pas la victime tant qu'elle est en contact avec la source de courant électrique : vous vous électrocuteriez vous aussi !
- Coupez immédiatement le courant (débranchez l'appareil électrique à l'origine de l'accident ou, si l'enfant a mis les doigts dans une prise, précipitez-vous jusqu'au disjoncteur pour couper l'arrivée de courant).

- Eloignez l'enfant de la source de courant en le poussant ou en le tirant à l'aide d'un objet sec (manche de balai, serviette, torchon ou vêtement sec).
- Si le sol est mouillé, faites-vous un « gué » pour accéder à l'enfant tout en gardant vos pieds au sec. Des chaussures avec des semelles en caoutchouc sont un isolant idéal.
- Appelez ou faites appeler les secours (Samu-15 ou pompiers-18).
- Si l'enfant est en arrêt cardiaque, pratiquez alternativement le massage cardiaque externe et la ventilation artificielle (reportez-vous au chapitre sur l'***arrêt cardiaque***, page 143).

Comment réagir en cas d'étouffement

L'essentiel tout de suite...

En cas d'étouffement, procédez comme suit selon la situation :

Etouffement par strangulation...

✓ Libérez l'enfant du lien qui enserre son cou.

✓ Téléphonez au Samu-15 ou aux pompiers-18.

✓ Si l'enfant ne respire plus, commencez le massage cardiaque (reportez-vous au chapitre sur l'***arrêt cardiaque***, page 143).

Etouffement par inhalation d'un corps étranger (« fausse route »)...

✓ Si l'enfant tousse, ne faites rien. En revanche, si la petite victime ne tousse pas du tout, n'émet aucun son, ne respire plus, sachez qu'il s'agit d'une urgence vitale.

✓ Faites appeler le Samu-15 ou les pompiers-18. **En même temps,** donnez des claques dans le dos puis pratiquez la manœuvre de Mofenson (voir page 206) si c'est un nourrisson, ou la manœuvre de Heimlich (voir page 209) s'il est âgé de plus de 1 an.

✓ En cas d'échec, refaites les manœuvres jusqu'à obtenir l'expulsion du corps étranger.

✓ Si l'échec persiste malgré tout, et devant des signes d'arrêt cardiaque, commencez le massage cardiaque et la ventilation artificielle jusqu'au relais par les secours (référez-vous au chapitre sur l'***arrêt cardiaque***, page 143).

En tout état de cause, restez auprès de votre enfant. Soyez disponible et attentif et expliquez-lui comment cela va évoluer.

Comprendre

De l'étouffement par strangulation à l'enfant qui avale de travers un aliment et ne peut plus respirer, les causes sont multiples et leurs conséquences parfois fatales.

Les parents doivent être informés des risques et connaître les gestes à effectuer. En cas d'étouffement, c'est la rapidité qui prime. Il faut agir vite, sans attendre l'arrivée des secours.

Réagir

L'asphyxie par strangulation

Il s'agit de toutes les situations où un lien serre le cou de l'enfant et l'empêche de respirer.

Que faire ?

- Libérez l'enfant du lien qui enserre son cou. Si nécessaire, coupez le lien en prenant garde de ne pas blesser l'enfant.
- Téléphonez ou faites téléphoner aux secours (Samu-15 ou pompiers-18).
- Allongez l'enfant doucement en lui tenant la tête, puis évaluez rapidement son état.

Deux situations se présentent :

Il reprend immédiatement sa respiration, ses lèvres rosissent.

- L'enfant est parfaitement conscient et bouge normalement : un examen médical de contrôle est souhaitable.

Il ne respire pas, ne bouge pas, ses lèvres sont bleues.

- Vérifiez s'il existe des signes de vie (reportez-vous au chapitre sur l'*arrêt cardiaque*, page 143).
- Commencez les manœuvres de réanimation cardio-pulmonaire (reportez-vous au chapitre sur l'*arrêt cardiaque*, page 143).

L'asphyxie par inhalation d'un corps étranger (« fausse-route »)

Vous devez immédiatement soupçonner une « fausse-route » dans les cas suivants :

- Un enfant ou un nourrisson qui s'étouffe en « avalant de travers » un objet ou un aliment trop volumineux. L'objet ou l'aliment provoque une obstruction plus ou moins complète des voies respiratoires.
- Un enfant très agité, qui tousse, devient rouge.

ATTENTION ! Une « fausse-route » peut survenir lors d'un vomissement massif (reportez-vous à l'encadré page 199).

Si l'enfant tousse, ne faites rien. En revanche, s'il ne tousse pas, devient bleu, respire mal ou plus du tout, il faut agir. Cette situation est rare, mais c'est l'urgence absolue. Si les manœuvres ne sont pas effectuées immédiatement, l'enfant risque de mourir dans les cinq minutes, ou de survivre avec de lourdes séquelles.

Quelques gestes de base, hélas trop peu connus du public, sauvent des vies. Leur enseignement devrait être généralisé. C'est la rapidité du geste qui importe ici. Quelles que soient l'efficacité et la diligence des secours, le temps passé à les attendre est toujours trop long et préjudiciable à l'enfant.

Toutes les manœuvres décrites ci-après ont pour but de faire sortir le corps étranger (jouet ou aliment) qui s'est coincé dans la gorge.

© Sandrine Barrat

Que faire ?

- Ne paniquez pas : l'urgence est de libérer les voies respiratoires.

Deux situations sont possibles :

L'objet est bien visible et facile à extraire.

- Tentez calmement et prudemment de le retirer.

L'objet est coincé profondément.

Premier cas : l'enfant respire, il est rouge, il tousse. Le danger n'est pas immédiat : l'obstruction est partielle.

- Laissez l'enfant en position assise.
- Encouragez-le à tousser.
- Appelez les secours et surveillez l'enfant.
- Ne tentez rien : ne le suspendez pas par les pieds, ne lui tapez pas dans le dos.
- Ne lui mettez pas les doigts dans la bouche.
- Ne lui faites rien boire.

Le corps étranger, de petite taille, peut poursuivre sa route et se loger dans une bronche. L'enfant s'arrête alors de tousser et reprend sa respiration normalement. Toutefois, l'objet incriminé étant toujours là, la consultation médicale reste indispensable.

Second cas : l'enfant devient bleu autour des lèvres. Il ne tousse pas, n'émet aucun son, ne respire plus. L'obstruction est totale, c'est une urgence vitale.

- Faites appeler les secours (Samu-15 ou pompiers-18). **En même temps,** pratiquez, selon le cas, l'une ou l'autre des manœuvres suivantes :

> – Des claques dans le dos.
> – Manœuvre de Mofenson avant 1 an (voir page 206).
> – Manœuvre de Heimlich au-delà (voir page 209).

- Refaites les manœuvres jusqu'à l'expulsion du corps étranger ou la disparition des signes d'étouffement.
- En cas d'échec persistant et devant des signes d'arrêt cardiaque, commencez le massage cardiaque et la ventilation bouche-à-bouche jusqu'au relais par les secours (référez-vous au chapitre sur l'***arrêt cardiaque***, page 143).

A NOTER

Ce qu'il ne faut jamais faire

- *Ne tentez pas de faire boire ou vomir l'enfant.*
- *N'essayez pas d'extraire l'objet s'il est au fond de la gorge. Vous risquez de l'enfoncer plus profondément.*
- *Ne secouez pas l'enfant, tête en bas.*

Si la manœuvre a réussi, l'objet est souvent projeté a l'extérieur. Si l'enfant a la bouche fermée et que ses dents demeurent serrées, vous pouvez tapoter sur les dents pour lui ouvrir la bouche. Le plus souvent, lorsque l'objet se décroche, l'enfant crie et l'objet tombe.

Une fois le corps étranger évacué et si l'état de l'enfant s'améliore (son teint est rose, il respire mieux), informez les secours de l'évolution favorable, mais dans tous les cas, prenez un avis médical.

Les étouffements liés à un problème digestif

Un nourrisson peut s'étouffer lors d'un vomissement ou d'une régurgitation.

Que faire ?

Le nourrisson respire...

- Couchez l'enfant sur le côté, pour permettre l'évacuation du lait. En même temps, dégagez les voies respiratoires.
- Nettoyez l'intérieur de la bouche avec des compresses ou un gant humide.
- Nettoyez le nez obstrué par le lait à l'aide d'un coton humide roulé en mèche ou avec des Cotons-Tiges. Vous pouvez aussi utiliser un petit aspirateur bucco-nasal vendu en pharmacie. Son mode d'utilisation vous sera expliqué par le pharmacien. Certains comportent un tube et une poire aspirante, d'autres deux tubes.
- Agissez avec douceur et parlez calmement au bébé, afin de le rassurer.

Le nourrisson ne respire pas...

Il s'agit d'un arrêt cardiaque :

- Dégagez bien les voies respiratoires (nez et bouche comme décrit ci-dessus) avant de commencer les manœuvres de réanimation. Sans quoi, elles ne seront guère efficaces.
- Débutez ensuite la ventilation artificielle et le massage cardiaque (reportez-vous au chapitre sur l'***arrêt cardiaque***, page 143).

La manœuvre de Mofenson

Schéma 1

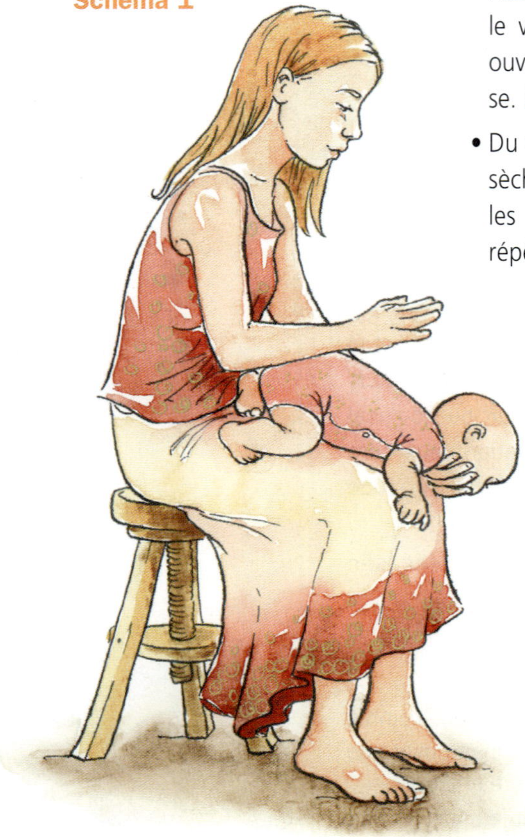

- Asseyez-vous sur une chaise, l'enfant posé sur le ventre et reposant sur votre main, paume ouverte. La main reste en appui sur votre cuisse. La tête de l'enfant est orientée vers le bas.
- Du talon de l'autre main, tapez rapidement et sèchement 5 fois sur le dos de l'enfant, entre les omoplates (schéma 1). En cas d'échec, répétez la manœuvre.

Schéma 2

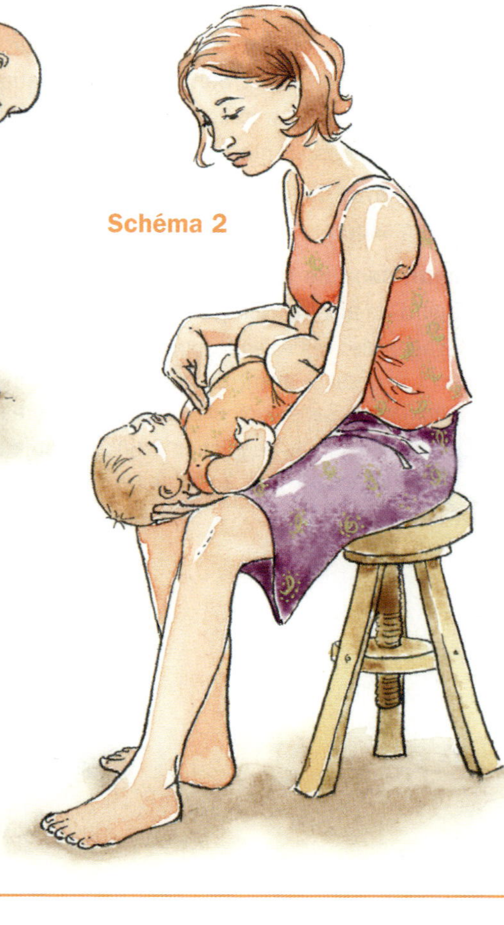

- Si les voies aériennes de l'enfant restent obstruées, retournez l'enfant et mettez-le sur le dos. Inclinez sa tête vers le bas.
- De votre main libre, exercez 5 pressions rapides avec deux doigts sur le sternum (schéma 2).

En cas d'échec, réeffectuez les mêmes séquences.

Devant toute obstruction totale chez l'enfant de plus de 1 an

L'enfant se présente habituellement debout ou assis :

• Laissez l'enfant dans la position où il se trouve.

• Désobstruez les voies aériennes en lui donnant 5 claques vigoureuses dans le dos (schéma 3).

- Se placer sur le côté et légèrement en arrière de l'enfant ;

- Soutenir son thorax avec une main et le pencher suffisamment en avant pour que le corps étranger dégagé sorte de la bouche plutôt que de retourner dans les voies aériennes. Cette technique peut être améliorée si la tête de l'enfant est placée encore plus vers le bas. Pour cela, le sauveteur peut s'asseoir et basculer l'enfant au-dessus de son genou pour réaliser les claques dans le dos. Si ce n'est pas possible, il réalisera la technique comme chez l'adulte.

Schéma 3

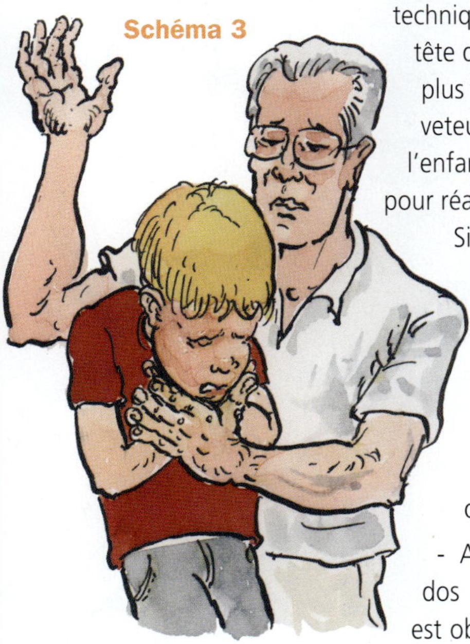

- Lui donner 5 claques vigoureuses dans le dos, entre les deux omoplates avec le plat de l'autre main ouverte ;

- Arrêter les claques dans le dos dès que la désobstruction est obtenue.

• En cas d'inefficacité des claques dans le dos, réalisez 5 compressions abdominales selon la méthode décrite par Heimlich (schéma 4 page 209).

• En cas d'inefficacité, réalisez de nouveau des séries de 5 claques vigoureuses dans le dos puis 5 compressions abdominales, et ainsi de suite.

• Arrêtez les manœuvres dès que la désobstruction est obtenue.

La manœuvre de Heimlich

Son principe : une pression sur le creux de l'estomac afin de provoquer l'expulsion de l'objet qui obstrue les voies respiratoires.

- Placez-vous derrière l'enfant, entourez-le de vos bras à la hauteur de l'estomac (région comprise entre le bas du thorax et le nombril).
- Fermez l'une de vos mains et placez le poing juste au-dessus du nombril.
- Entourez votre poing fermé de votre autre main, et tirez fermement vers vous en remontant légèrement.

Schéma 4

En cas de fracture, d'entorse ou de luxation

L'essentiel tout de suite...

Le traumatisme ne semble pas trop grave

✓ Immobilisez le membre blessé.

✓ Placez sur la zone douloureuse un sac rempli de glaçons (sauf en cas de fracture ouverte).

✓ Ne donnez rien à boire ni à manger à l'enfant.

✓ Conduisez-le aux urgences de l'hôpital le plus proche.

Le traumatisme semble grave (grande déformation, impossibilité de tout mouvement)

✓ Téléphonez immédiatement au Samu-15 ou aux pompiers-18, décrivez le traumatisme et suivez leurs indications.

✓ Respectez bien la règle des « NE PAS » :

- **NE PAS** déplacer l'enfant, sauf en cas de danger immédiat.
- **NE PAS** bouger le membre fracturé.
- **NE PAS** tenter de réduire soi-même la fracture.

En tout état de cause, restez auprès de votre enfant. Soyez disponible et attentif et expliquez lui comment cela va évoluer.

Comprendre

L'entorse est une lésion des ligaments qui relient les os entre eux au niveau des articulations. La zone touchée est douloureuse et gonfle rapidement. Elle peut s'accompagner dans certains cas d'une décoloration de la peau.

La luxation se produit lorsqu'un os se déboîte, par exemple à la suite d'un choc brutal. Le membre est déformé, la douleur est très vive et s'accompagne d'un œdème important.

Les fractures résultent souvent de chutes ou de coups violents. On distingue les fractures fermées des fractures ouvertes (l'os, en se brisant, a transpercé la peau).

En cas de fracture ouverte, le risque infectieux est important et doit être pris en compte.

© Croix-Rouge française

Lors d'une fracture, le maître mot est « immobilisation », à l'aide d'une écharpe ou de vêtements (pull ou chemise) retournés pour les membres supérieurs et éviter tout mouvement pour les membres inférieurs.

Reconnaître les signes

- L'enfant se plaint d'une douleur vive après un coup, une chute ou un faux mouvement.
- Le membre blessé est gonflé ou déformé. L'enfant éprouve des difficultés pour le bouger ou n'y parvient pas.

Réagir

Votre premier réflexe doit être d'évaluer la situation.

Traumatisme simple

Si le traumatisme ne vous semble pas grave, vous pouvez conduire l'enfant vous-même aux urgences. Au préalable, prenez les précautions suivantes :

- Ne lui donnez rien à boire ou à manger (une anesthésie peut être nécessaire).

Immobilisation des membres fracturés

Si l'atteinte siège au membre inférieur :

- Ne bougez pas l'enfant et attendez les secours.
- Si vous êtes isolé, appelez le Samu-15 qui vous conseillera sur la conduite à tenir : en général une simple attente des secours.

Si l'atteinte siège au membre supérieur :

- Immobilisez le membre blessé, coude fléchi, avec une écharpe ou les deux manches d'un pull retourné (schéma 1), attachées derrière le cou (schéma 2).

Schéma 1

Schéma 2

- Enlevez avec précaution chaussures et chaussettes (voire bagues, montre et bijoux pour les plus grands).
- Mettez un petit sac de glace, enveloppé dans un linge, sur le membre blessé (le froid provoque la constriction des vaisseaux, limite l'hématome et diminue la douleur), sauf s'il s'agit d'une fracture ouverte.
- Immobilisez le membre blessé.

Traumatisme grave

- Téléphonez immédiatement aux secours (Samu-15 ou pompiers-18).
- Décrivez le plus précisément possible l'aspect du traumatisme et suivez les conseils des médecins.
- Respectez bien la règle des « NE PAS » :

– **NE PAS** déplacer l'enfant, sauf en cas de danger immédiat.
– **NE PAS** bouger le membre fracturé.
– **NE PAS** tenter de réduire soi-même la fracture.

- Si l'os est saillant (fracture ouverte), recouvrez-le d'un tissu propre et humide.
- Si la plaie saigne beaucoup, appliquez dessus un gros paquet de compresses ou un linge propre. Comprimez doucement, mais suffisamment longtemps pour arrêter le saignement (reportez-vous au chapitre sur les ***hémorragies***, page 217).

Comment stopper une hémorragie

L'essentiel tout de suite...

En cas d'hémorragie externe :

- ✓ Arrêtez l'hémorragie immédiatement en comprimant directement l'endroit qui saigne quel que soit le lieu de la plaie, si possible main protégée avec un sac plastique ou un tissu propre, jusqu'à l'arrivée des secours.
- ✓ Allongez la victime en position horizontale.
- ✓ Faites alerter ou à défaut alertez vous-même les secours.
  - Dans ce second cas, pour se libérer, il est nécessaire de remplacer la compression manuelle par un tampon de tissu ou de papier (mouchoir plié, par exemple) ou des compresses, maintenus en place par un lien large. Le tissu mis à la place doit être propre et recouvrir complètement la plaie qui saigne et être suffisamment serré pour éviter que le saignement reprenne.
- ✓ Vérifiez que l'hémorragie est arrêtée et parler régulièrement à la victime en attendant les secours.
- ✓ Ne donnez pas à boire.
- ✓ Couvrez et réconfortez l'enfant.

En cas d'hémorragie interne (pâleur du visage, malaise, sueurs froides, etc.) :

- ✓ Contactez le Samu-15.
- ✓ Ne donnez ni à boire ni à manger à l'enfant.
- ✓ Couvrez et réconfortez l'enfant.

En tout état de cause, restez auprès de votre enfant. Soyez disponible et attentif et expliquez-lui comment cela va évoluer.

Comprendre

Il s'agit de tous les cas où des vaisseaux sont lésés et laissent le sang couler en abondance hors du réseau sanguin. Ces hémorragies sont d'autant plus graves qu'elles touchent des vaisseaux à gros débit (veine importante ou, pire, artère) ou qu'elles passent inaperçues (hémorragie interne).

Réagir

Les hémorragies abondantes

- Appuyez sur la plaie avec les doigts ou la paume de la main (si possible, la main protégée).
- Allongez l'enfant.
- Appelez ou faites appeler les secours (Samu-15).
- Surveillez son état de conscience et sa respiration (reportez-vous au chapitre sur l'***arrêt cardiaque***, page 143).

ATTENTION ! Il est fondamental d'arrêter l'hémorragie. La compression manuelle prolongée est indispensable en attendant les secours, car il faut à tout prix limiter la perte sanguine.

Comment arrêter une hémorragie ?

Plaie du bras ou de la jambe :

- Appuyez directement sur l'endroit qui saigne avec la main.

- Réalisez un pansement serré, sans faire de garrot, avec des bandes de gaze (ou, sinon, avec un rouleau de bande Velpeau). Notez que si vous n'avez rien, vous pouvez aussi déchirer un linge propre, un vêtement ou un drap… ou tout autre tissu susceptible d'être utilisé comme bandage !

Plaie abdominale ou thoracique :

- **COMPRIMEZ LA PLAIE AVEC LA MAIN,** puis repérez l'endroit exact du saignement. Relayez votre compression à l'aide d'un paquet de compresses ou d'un linge propre plié pour faire un gros tampon. Ne relâchez pas la pression avant l'arrivée des secours.

Les hémorragies internes

Un enfant peut sembler indemne à la suite d'un accident, alors qu'un organe ou des vaisseaux saignent à l'intérieur du corps. L'hémorragie passera donc, dans un premier temps, inaperçue.

Comment reconnaître une hémorragie interne ?

Certains signes doivent vous alerter :

- Pâleur du visage, et surtout des muqueuses (conjonctive) et des ongles. Les lèvres peuvent devenir violacées.
- Signes de faiblesse (vertige, malaise, soif).
- Accélération du pouls (rapide, mais faible) et de la respiration.
- Sueurs froides, frissons.

L'HÉMORRAGIE INTERNE REPRÉSENTE UNE URGENCE ABSOLUE !

Que faire ?

- Contactez le Samu-15.
- En attendant les secours :
  - Ne donnez ni boisson, ni aliment à l'enfant.
  - Allongez-le sur le dos **SANS LE DÉPLACER** si le choc a porté sur le rachis, le cou, la tête ou le thorax. S'il vomit, tournez-lui très doucement la tête sur le côté.
  - Assurez-vous qu'il n'a pas froid. Le cas échéant, posez une couverture ou un vêtement chaud sur lui.

Comment faire en cas d'intoxication

L'essentiel tout de suite...

En cas d'intoxication, procédez comme suit :

✔ Alertez en urgence le centre antipoison le plus proche de chez vous ou le Samu-15.

✔ Suivez scrupuleusement les instructions qui vous seront données.

✔ Respectez impérativement la règle des « **NE PAS** » :

- **NE PAS** faire boire (surtout pas de lait).
- **NE PAS** faire vomir.
- **NE PAS** procéder à un lavage gastrique.
- **NE PAS** administrer de pansement gastrique.

En tout état de cause, restez auprès de votre enfant. Soyez disponible et attentif et expliquez-lui comment cela va évoluer.

Comprendre

L'intoxication est un accident encore trop fréquent. Cent mille enfants en sont victimes chaque année en France. Dans 85 % des cas, il s'agit d'un enfant de moins de 5 ans. Les sources d'intoxication sont nombreuses, tant à la maison qu'à l'extérieur.

Les substances le plus souvent incriminées chez l'enfant sont les médicaments (55 %). Viennent ensuite les produits ménagers (25 %), les solvants pétroliers à usage domestique (10 %) et les cosmétiques (6 %). Les autres causes sont plus rares, mais parfois extrêmement graves : monoxyde de carbone, pesticides, herbicides...

Dans la majorité des cas, les intoxications surviennent en présence des parents, qui doivent contacter immédiatement le centre antipoison (voir encadré page 223) ou le Samu-15. La plupart du temps, les conseils prodigués par téléphone suffisent : l'intervention des secours n'est pas nécessaire et l'enfant reste à son domicile.

Toutefois, si l'intoxication s'est produite à l'insu des parents, il faut y penser devant l'apparition de signes inhabituels.

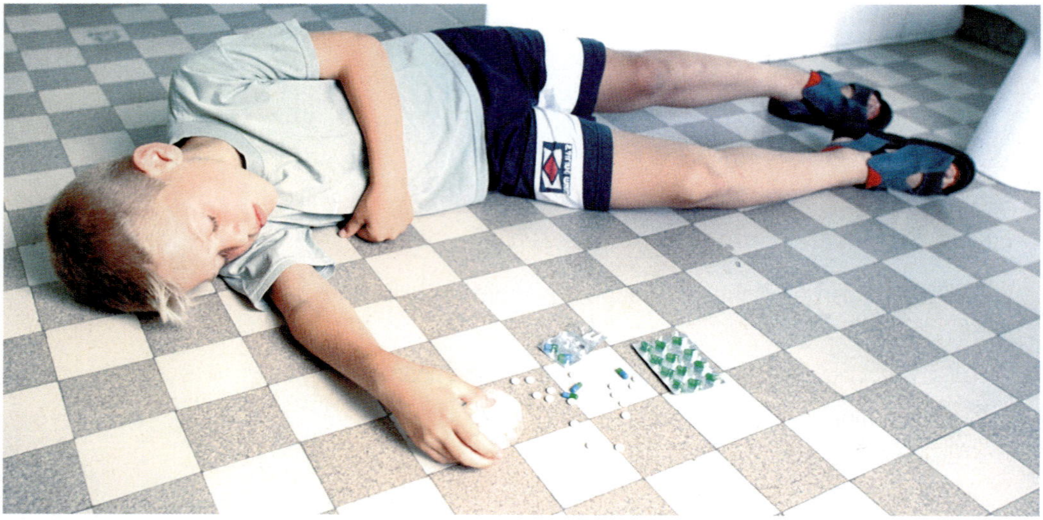

© Croix-Rouge française

Reconnaître les signes

Certains signes doivent vous alerter :

- Votre enfant change de comportement alors qu'il allait très bien, s'endort, somnole à une heure inhabituelle.
- Il perd conscience ou est pris de convulsions.
- Il ne marche pas droit, se met à zigzaguer, tombe.
- Il salive beaucoup, vomit brutalement, ou encore se plaint de nausées ou de douleurs abdominales violentes.
- Il est agité, a le visage tout rouge, le regard fixe et semble en proie à des hallucinations.

Réagir

- Contactez le centre antipoison de votre région (voir ci-contre) ou le Samu-15. Ils vous donneront des conseils adaptés à la situation et se déplaceront si nécessaire.
- Dans tous les cas, appliquez la règle des « **NE PAS** » :

> – **NE PAS** faire boire.
> – **NE PAS** faire vomir.
> – **NE PAS** administrer de pansements gastriques.

Ensuite :

- Essayez de retrouver le produit responsable (lire pages suivantes *Les différents cas*) et de déterminer l'heure de l'intoxication.
- Evaluez l'état de l'enfant. S'il s'aggrave rapidement et s'accompagne d'un arrêt cardiaque (ce qui est rarissime), commencez immédiatement les manœuvres de réanimation (reportez-vous aux pages 149, 150 et 151) en attendant les secours. Si l'enfant est conscient, mais que l'intoxication est jugée sévère, agissez selon les conseils du centre antipoison ou du Samu-15.
- Rassurez l'enfant.
- Surveillez ses fonctions vitales :
  - Respiration : coloration des lèvres, rythme respiratoire par minute (se référer aux constantes indiquées dans le chapitre sur l'***arrêt cardiaque***, page 143).
  - Fréquence cardiaque (prenez le pouls et comptez les battements par minute). Nourrisson : 100 battements par minute. Enfant : au-dessus de 60 battements par minute.
  - Etat de conscience (bien conscient, somnolent ou agité).

A NOTER

Les centres régionaux antipoison

Angers : 02 41 48 21 21
Bordeaux : 05 56 96 40 80
Lille : 0 800 59 59 59
Lyon : 04 72 11 69 11
Marseille : 04 91 75 25 25
Nancy : 03 83 32 36 36
Paris : 01 40 05 48 48
Rennes : 02 99 59 22 22
Rouen : 02 35 88 44 00
Strasbourg : 03 88 37 37 37
Toulouse : 05 61 77 74 47
Tours : 02 41 48 21 21

Les différents cas

Quel que soit le produit ingéré, contactez **IMMÉDIATEMENT** le centre antipoison régional ou le Samu-15.

Les médicaments

- Contactez le centre antipoison régional ou le Samu-15, et agissez en fonction de leurs recommandations.
- Appliquez la règle des « **NE PAS** » :

– **NE PAS** faire boire (et jamais de lait !).
– **NE PAS** faire vomir.
– **NE PAS** administrer de pansements gastriques.

Certains médicaments provoquent des fièvres élevées. Si l'enfant paraît avoir chaud, prenez sa température.

© Marie Araujo

Les produits ménagers et les solvants

• Une fois encore, appliquez la règle des « NE PAS » (voir section précédente).

• Vérifiez que l'enfant est conscient et qu'il respire facilement.

• Nettoyez sa bouche avec des compresses sèches.

En cas de projection oculaire :

• Lavez les yeux à l'eau claire pendant au moins vingt minutes.

• Signalez la projection aux secours qui programmeront une consultation ophtalmologique.

En cas de projection cutanée :

• Un lavage abondant immédiat de la zone atteinte et un déshabillage sous l'eau, si nécessaire, sera réalisé. Il devra durer au moins vingt minutes.

• Si votre enfant a renversé le toxique sur lui, changez ses vêtements et lavez immédiatement les zones contaminées à l'eau.

• Surveillez sa respiration (coloration et rythme respiratoire), son rythme cardiaque et son état de conscience.

• Rassurez l'enfant.

Le tabac aussi !

Les cigarettes et mégots mâchés par les petits enfants entraînent une intoxication à la nicotine. Ne laissez pas traîner vos cendriers !

Le white-spirit souvent en cause

Si votre enfant a bu ou respiré des vapeurs toxiques de white-spirit, on peut craindre des troubles respiratoires et neurologiques.

Que faire ?

• Dans tous les cas, contactez le centre antipoison régional ou le Samu-15. Si la gêne respiratoire est immédiate, appelez en priorité le Samu-15.

Les signes d'une gêne respiratoire sont une respiration anormalement rapide, une toux fréquente, des lèvres qui bleuissent.

Les troubles neurologiques se manifestent par une somnolence, voire un coma, des troubles de l'équilibre ou des convulsions.

En attendant l'arrivée des secours :

• Eloignez le toxique (refermez la bouteille ou enlevez l'enfant de la zone contaminée).

• Ouvrez la fenêtre.

• Si votre enfant a renversé le toxique sur lui, changez ses vêtements et lavez immédiatement les zones contaminées à l'eau.

• Surveillez sa respiration (coloration et rythme respiratoire), son rythme cardiaque et son état de conscience.

• Rassurez l'enfant.

ATTENTION !

Même s'il ne provoque sur le coup aucune gêne respiratoire, le white-spirit entraîne parfois une détresse respiratoire retardée, qui peut se compliquer d'une infection pulmonaire. Dans ce cas, agissez comme précédemment et conduisez l'enfant aux urgences, même s'il semble aller plutôt bien.

Intoxication à l'alcool

L'intoxication à l'alcool est un cas rare, mais grave. Les produits en cause peuvent être tout aussi bien vos bouteilles d'apéritif... que vos parfums ou vos lotions de toilette !

Quand soupçonner une intoxication à l'alcool ?

Devant un enfant qui sombre brutalement dans le coma (en particulier au moment des fêtes...), il faut y songer. Il n'est pas rare, en effet, que les enfants s'amusent à finir les fonds des verres.

Autre cause : les produits cosmétiques. Certains, comme les eaux de toilettes, contiennent 40 à 80 % d'alcool. Les flacons sont souvent de taille modeste, mais si votre enfant boit toute la bouteille, le risque d'intoxication aiguë n'est pas négligeable. Ses conséquences : un coma, une hypothermie et une hypoglycémie profonde.

Que faire ?

- Appelez le Samu-15 ou le centre antipoison.
- Surveillez les constantes vitales de l'enfant.

Intoxication au monoxyde de carbone

Les cheminées, les poêles, les chaudières, les chauffe-eau défectueux sont responsables d'intoxications au monoxyde de carbone. Ce type d'accident atteint généralement toute la famille, qui est soumise au même air vicié.

L'enfant se plaint de maux de tête, de fatigue, a du mal à se tenir debout, vomit, voire sombre dans le coma.
Souvent, d'autres personnes ont les mêmes signes autour de lui.

Que faire ?

- Ouvrez les fenêtres.
- Arrêtez la source de l'intoxication.
- Appelez les secours (Samu-15 ou pompiers-18).

Intoxication aux végétaux

L'intoxication aux végétaux est assez rare. Elle représente 4 % des intoxications.

© Marie Araujo

Les plantes d'intérieur et d'extérieur sont souvent toxiques. Par précaution, interdisez à vos enfants, dès leur plus jeune âge, de les toucher. *A fortiori,* veillez à ce qu'ils ne mettent jamais de fleurs ou de feuilles dans leur bouche.

Les signes d'intoxication vont varier selon le poison qu'elles contiennent.

Pour connaître les principales plantes toxiques, reportez-vous à la partie ***prévention*** de cet ouvrage (page 117).

Que faire ?

Si vous soupçonnez votre enfant d'avoir mangé une plante toxique :

- Appelez le centre antipoison et décrivez la plante concernée.
- Conduisez l'enfant aux urgences, en apportant les feuilles, fleurs ou baies incriminées.

Les dangers des produits ménagers

Certains produits ménagers contiennent des agents corrosifs ou caustiques. La gravité des atteintes est liée à la quantité absorbée (souvent faible chez l'enfant), à la nature du produit (basique, acide ou oxydant) et à sa présentation (liquide concentré ou dilué, solide, en pastilles ou en paillettes).

Dégâts selon la consistance du produit

Si le produit est sous forme solide...

Les caustiques solides (pastilles d'eau de Javel, paillettes de soude, poudre de lave-vaisselle) provoquent plus volontiers des lésions profondes, localisées dans la bouche, la gorge et l'arrière-gorge.

Si le produit est sous forme liquide...

Les lésions seront étagées et suivront le trajet de l'absorption, tout au long du tube digestif. Leur gravité dépend de la quantité absorbée, du degré de concentration du produit et de sa nature acide ou basique. Les produits dilués sont les moins dangereux, alors choisissez-les !

Dégâts selon la nature du toxique

Les produits basiques (pH supérieur à 7)

L'ammoniaque (détergent ménager, décapant pour peinture), la soude et la potasse (déboucheur de canalisations, décapant de four) sont des produits basiques.

Ils entraînent des brûlures profondes et rongent la paroi de l'œsophage. Résultat : des lésions ou des perforations de l'œsophage dont la principale séquelle est un rétrécissement du conduit œsophagien.

Ce type de lésions nécessite souvent une hospitalisation prolongée, ainsi qu'une intervention chirurgicale pour dilater l'œsophage et lui donner un diamètre compatible avec une alimentation normale.

Autre type de conséquences : les atteintes respiratoires. La respiration de vapeurs d'ammoniaque peut provoquer une gêne, voire une asphyxie par œdème de la gorge. On peut aussi constater des lésions des poumons.

Les produits acides

L'acide chlorhydrique (détartrant W.-C.), l'acide sulfurique et l'acide nitrique (nettoyant à métaux) sont des acides forts. Ils sont à l'origine de brûlures plus ou moins profondes.

Les oxydants

Les dégâts liés à un oxydant, comme l'eau de Javel, dépendent de la concentration du produit ingéré. Le danger devient réel lorsque la concentration de chlore est supérieure à 12° (la chlorométrie de l'eau de Javel concentrée atteint 48 °).

A NOTER

Ce qu'il ne faut pas faire

ATTENTION !
Il ne faut jamais mélanger d'eau de Javel avec de l'ammoniaque ou des produits qui en contiennent (notamment les produits W-C) en raison du dégagement très nocif de chlore qui peut alors se produire.

Que faire face à une section d'un membre ou d'un doigt

L'essentiel tout de suite...

En cas de membre ou de doigt sectionné, procédez comme suit :

- ✔ Appuyez sur l'endroit qui saigne (voir aussi page 217).
- ✔ Conservez le morceau coupé dans un petit linge propre (pas de coton !).
- ✔ Glissez-le dans un sac plastique, enveloppez le sac d'un linge propre et placez le tout dans une poche de glaçons ou un sachet réfrigérant.
- ✔ Réalisez ensuite un pansement compressif sur le moignon.
- ✔ Téléphonez au Samu-15 qui vous dirigera vers un centre SOS Mains.

En tout état de cause, restez auprès de votre enfant. Soyez disponible et attentif et expliquez-lui comment cela va évoluer.

Comprendre

Du moins grave (section d'un doigt) au plus grave (membre arraché), ces accidents sont, le plus souvent, la conséquence de l'utilisation d'un matériel dangereux en l'absence d'un adulte (hachoir, robot, tondeuse, etc.). **C'est l'occasion de redire ici combien l'accès à la cuisine, au garage ou à la grange doit être restreint.**

Réagir

- Appuyez avec la main sur l'endroit qui saigne. Restez calme et rassurez l'enfant. Expliquez-lui, tout en le soignant, qu'on va lui recoudre le membre ou le doigt.
- Contactez les secours (Samu-15).
- Réalisez un pansement compressif, sans faire de garrot, tout autour du moignon (assez serré pour que l'hémorragie cesse,

A NOTER

Ce qu'il ne faut pas faire

- *Ne mettez jamais la partie sectionnée directement sur la glace.*
- *N'utilisez jamais de coton.*

mais pas trop afin que le sang continue d'irriguer le moignon). Le pansement doit être suffisamment important et remonter du moignon jusqu'à l'extrémité supérieure du membre sectionné.

- Récupérez le membre ou le doigt sectionné, enveloppez-le dans un linge très propre ou une compresse stérile et placez le tout dans un sac en plastique assez épais (type sac poubelle).
- Posez le sachet sur une source réfrigérante (packs réfrigérants utilisés dans les glacières ou, si vous n'en avez pas, glaçons mis dans un sac en plastique hermétique et bien épais). Couvrez le tout d'un linge, pour servir d'isolant. Retournez souvent le sachet pour éviter les gelures.
- Suivez les instructions des secours.

Comment procéder en cas de noyade

L'essentiel tout de suite...

En cas de noyade, procédez comme suit :

✓ Ne prenez pas de risques inconsidérés.

✓ Vérifiez l'état de la petite victime.

✓ Appelez ou faites appeler le Samu-15 ou les pompiers-18.

✓ En l'absence de respiration, pratiquez alternativement le massage cardiaque externe et la ventilation artificielle (reportez-vous au chapitre sur l'***arrêt cardiaque***, page 143).

✓ Ne vous interrompez pas avant l'arrivée des secours tant que l'enfant n'a pas récupéré.

Comprendre

La noyade est un accident très fréquent et particulièrement grave chez l'enfant. Elle survient le plus souvent au domicile ou à proximité de celui-ci, et touche surtout les nourrissons et les enfants de moins de 5 ans (lire page 127).

Cet accident est d'autant plus grave chez les tout-petits que ces derniers, lorsqu'ils ont la tête sous l'eau, ouvrent la bouche pour respirer. L'arrivée de l'eau dans les voies respiratoires entraîne un spasme momentané, suivi d'une réouverture des voies respiratoires et d'une inondation des poumons. L'asphyxie est alors extrêmement rapide.

Elle se manifeste par une perte de connaissance, liée au manque d'oxygénation du cerveau, puis par un arrêt cardiaque.

Réagir

Deux cas peuvent se présenter.

L'enfant est conscient et suffoque :

• Appelez le Samu-15 ou les pompiers-18.

- Calmez-le.
- Surveillez la respiration de l'enfant.
- Allongez-le ensuite en position latérale de sécurité s'il respire (page 235).
- Enlevez les vêtements mouillés et enveloppez l'enfant dans une couverture. Le réchauffement doit être très progressif.

L'enfant est inconscient :

- Vérifiez sa respiration.
- Appelez à l'aide autour de vous et demandez que l'on contacte les secours (Samu-15 ou pompiers-18).
- Si l'enfant respire, allongez-le ensuite en position latérale de sécurité (page 235).
- S'il est en arrêt cardiaque, commencez la ventilation artificielle et

le massage cardiaque externe (reportez-vous au chapitre sur l'***arrêt cardiaque***, page 143).

> **ATTENTION !** Si l'enfant ne récupère pas, continuez la ventilation artificielle et le massage cardiaque externe jusqu'à l'arrivée des secours : la récupération est possible, même après un délai prolongé d'arrêt cardiaque.

- Enlevez les vêtements mouillés, séchez l'enfant et enveloppez-le dans une couverture.

La position latérale de sécurité

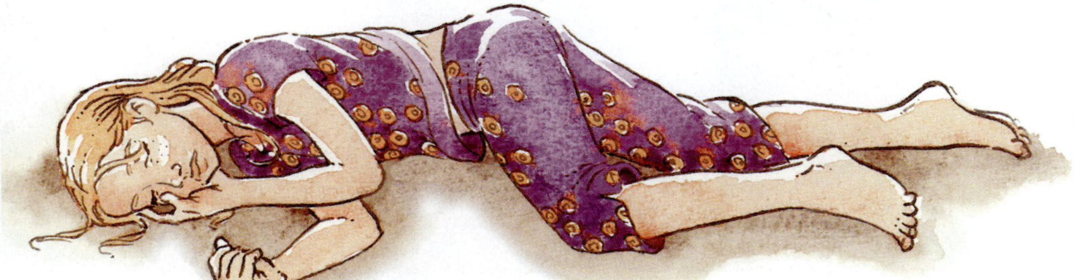

Schéma 1

- Si l'enfant respire, allongez-le sur le côté, la tête légèrement en arrière et la bouche tournée vers le sol.
- Assurez-vous qu'aucun corps étranger n'obstrue les voies aériennes supérieures et, le cas échéant, dégagez-les.
- La stabilité de la position est assurée par les bras, allongés perpendiculairement au corps, et par les jambes, repliées et écartées (voir schéma 1).
- Lorsqu'il s'agit d'un nourrisson… (voir schéma 2).

Schéma 2

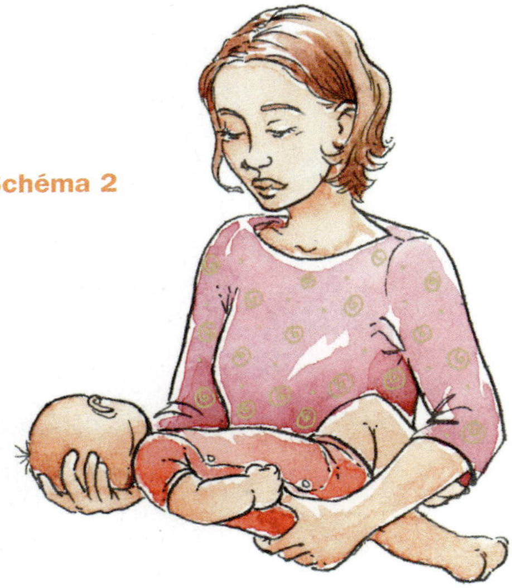

Comment réagir aux traumatismes du dos, de la nuque ou de la tête

L'essentiel tout de suite...

En cas de traumatisme du dos, de la nuque ou de la tête, procédez comme suit :

- ✔ Ne déplacez pas l'enfant, évitez toute manipulation.
- ✔ Appelez les secours (Samu-15 ou pompiers-18).
- ✔ Stabilisez la tête et le cou de l'enfant dans la position où il était lors de l'accident, sans le bouger.
- ✔ Placez sur lui une couverture ou un vêtement chaud en attendant les secours.

En tout état de cause, restez auprès de votre enfant. Soyez disponible et attentif et expliquez-lui comment cela va évoluer.

Comprendre

Il s'agit de toutes les atteintes, visibles ou invisibles, de la tête, de la nuque ou du rachis (colonne vertébrale).

ATTENTION ! Des lésions crâniennes ou vertébrales peuvent passer inaperçues. Dans ce cas, bouger l'enfant ou le changer de position risque de provoquer des atteintes graves du cerveau ou de la moelle épinière, pouvant entraîner des séquelles importantes, comme une paralysie.

Dans la mesure du possible, abstenez-vous de déplacer la victime et évitez les manipulations.

Reconnaître les signes

- Après une chute, un choc violent ou un accident, l'enfant est étendu sur le sol et ne parvient plus à bouger.
- Il se plaint d'une douleur vive au niveau du dos, de la tête ou de la nuque.

Réagir

- Ne déplacez en aucun cas la petite victime, sauf en cas de danger immédiat (par exemple pour la protéger d'une explosion).
- Appelez le Samu-15 ou les pompiers-18.
- Demandez à l'enfant de ne pas bouger.
- Stabilisez la tête et le cou de la victime dans la position où elle était lors de l'accident. Placez, le cas échéant, vos deux mains des deux côtés de la tête, comme si c'était une « attelle », pour bien maintenir les cervicales.
- Réchauffez l'enfant en plaçant sur lui une couverture ou un vêtement chaud.
- Parlez-lui régulièrement pour le rassurer jusqu'à l'arrivée des secours.

Sommaire

Comment faire face à ces 10 situations

Comment faire face à ces 10 situations

partie 3

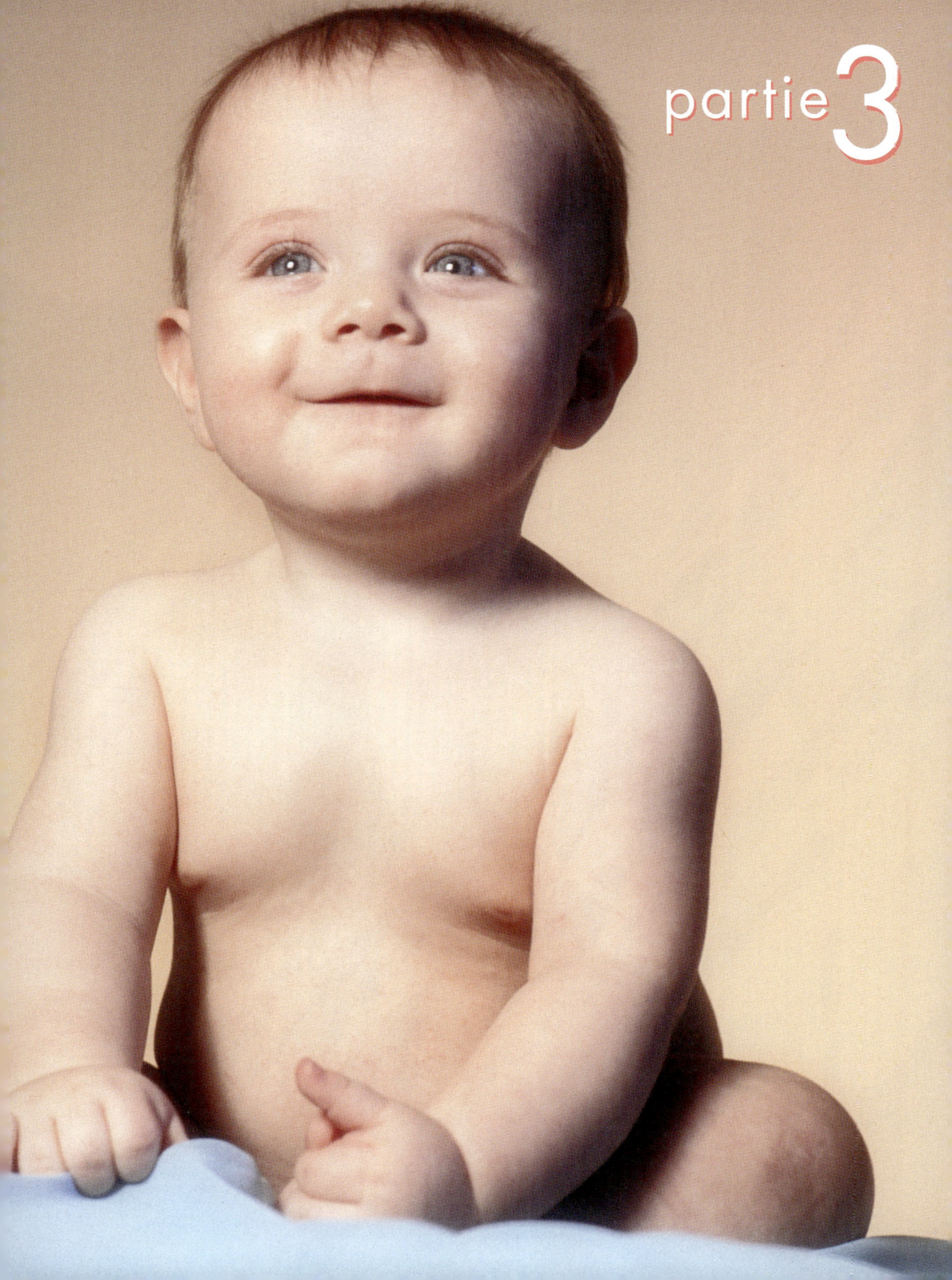

Comment réagir en cas de bronchiolite

L'essentiel tout de suite...

En cas de bronchiolite, procédez comme suit :

- ✓ Consultez rapidement le médecin.
- ✓ Si le bébé a moins de trois mois, il est préférable de l'hospitaliser.
- ✓ S'il est plus âgé, l'hospitalisation dépendra de son état de santé et de la forme de sa bronchiolite.

Comprendre

La bronchiolite est une maladie respiratoire virale qui affecte les nourrissons et même les nouveau-nés. Elle peut être responsable d'une détresse respiratoire grave.

La maladie évolue par épidémies saisonnières, en général au début de l'automne et en hiver. Plus l'enfant est petit, plus la bronchiolite est dangereuse pour lui.

Reconnaître les signes

La bronchiolite peut se manifester sous une forme « sèche » ou sous une forme « humide », dite hypersécrétante. Cette dernière est plus grave.

La forme sèche

Au début, l'enfant a le nez qui coule et un peu de fièvre. Ensuite (le plus souvent dans les vingt-quatre à quarante-huit heures), sa respiration se modifie, devient plus rapide et l'enfant se met à tousser. Sa toux est sèche et survient par quintes successives. Lors

des expirations, on entend des sifflements. La difficulté respiratoire gêne la tétée. L'enfant a du mal à boire. Il peut aussi vomir à cause de la toux.

La forme humide

Elle débute de la même manière que la forme précédente, mais la toux est grasse et glaireuse. Les sécrétions encombrent les poumons. Le bébé n'arrive pas à expectorer.

La gêne respiratoire est telle que l'enfant s'épuise. Sa respiration devient irrégulière. Il fait parfois des pauses respiratoires. Le sang n'est plus assez oxygéné, l'enfant bleuit. Dans certains cas graves, l'infection virale se propage au cerveau ou au cœur.

Réagir

La première arme est la prévention :

- Si possible, allaitez votre enfant. Protégé par vos anticorps pendant les premiers mois de sa vie, bébé aura moins de risques de souffrir d'une bronchiolite.
- Evitez de le faire garder en collectivité.
- Ne fumez pas et n'exposez pas bébé à la fumée des autres. Cette précaution est valable dès la grossesse.
- Ne laissez pas les personnes enrhumées entrer dans sa chambre. Un éternuement suffit à contaminer la pièce.

Si votre enfant présente des signes de bronchiolite :

- Consultez rapidement le médecin.

Conséquence à long terme : l'asthme

Les enfants dont l'un des parents est allergique et qui ont souffert de plusieurs bronchiolites entre la naissance et l'âge de 18 mois, risquent de devenir asthmatiques. En général, ces enfants ont également tendance à tousser souvent ou à faire de l'eczéma.

- Si le bébé a moins de 3 mois, il est préférable de l'hospitaliser.
- S'il est plus âgé, cela dépendra de son état et de la forme de sa bronchiolite.

Le traitement comporte des médicaments (Ventoline® et Célestène®) et, si la toux est grasse ou que l'enfant est très « encombré », de la kinésithérapie respiratoire.

Ces manipulations permettent d'aider l'enfant à expectorer et à libérer ses bronches du mucus qui les encombre.

Comment faire face à des convulsions

L'essentiel tout de suite...

En cas de convulsions, procédez comme suit :

- ✓ Protégez l'enfant pendant la phase de convulsions pour qu'il ne se fasse pas mal.
- ✓ Allongez l'enfant sur le côté après la phase convulsive (position latérale de sécurité, voir page 235).
- ✓ Appelez votre médecin ou, s'il ne peut pas se déplacer rapidement, contactez le Samu-15.
- ✓ Prenez sa température.

Si l'enfant a de la fièvre, faites baisser sa température...

- ✓ Déshabillez-le.
- ✓ Administrez à l'enfant un suppositoire de Doliprane® (surtout pas de comprimé par voie orale !).
- ✓ Utilisez les moyens physiques à votre disposition (linges humides, packs réfrigérés enveloppés dans un tissu) pour faire baisser sa température (reportez-vous au chapitre sur la *fièvre,* page 261).

Ensuite...

- ✓ Donnez à l'enfant du Valium® (sur prescription médicale) en intrarectal (par l'anus). Ce traitement fait en principe rapidement cesser les convulsions. Lors de la première crise, il doit être administré par le médecin.

Comprendre

La très grande majorité des convulsions de l'enfant sont dues à la fièvre. C'est un incident fréquent et généralement bénin. Chaque année, environ 60 000 enfants présentent une crise convulsive fébrile en France. Malgré leur caractère impressionnant, les convulsions fébriles sont le plus souvent sans gravité.

Ce type de convulsions atteint avec prédilection les enfants de 6 mois à 3 ans, mais peut concerner, bien que plus rarement, l'enfant jusqu'à

5 ans. Les convulsions sont déclenchées par la fièvre. Dans les premières années de la vie, le cerveau est en effet plus sensible aux élévations de température et les supporte moins bien. C'est pourquoi il faut traiter la fièvre dès qu'elle dépasse 38,5 °C.

Les convulsions fébriles entraînent, dans la plupart des cas, une crise généralisée. En principe, la crise dure moins de trois minutes et ne survient qu'une seule fois en vingt-quatre heures.

Hormis les convulsions déclenchées par la fièvre, il existe de nombreux autres types de convulsions, qui nécessitent des investigations plus spécialisées. Elles sont habituellement d'origine métabolique ou neurologique, et sont beaucoup moins fréquentes que les convulsions fébriles.

Les convulsions sont un symptôme, c'est-à-dire un signe qui accompagne une maladie, et non une maladie à part entière. Elles traduisent une souffrance du cerveau.

Elles ne sont pas toujours faciles à déceler. D'ailleurs, les parents assistent parfois angoissés à ces crises, sans pour autant les reconnaître.

IMPORTANT ! La crise convulsive est très impressionnante, même pour les parents bien informés. Mais elle est le plus souvent sans gravité (convulsions fébriles) et se résorbe spontanément.

Convulsions du nourrisson : éliminer le diagnostic de méningite

La méningite (infection des méninges) se manifeste par de la fièvre et des indices d'irritation et de souffrance du cerveau, comme les convulsions. Le diagnostic de méningite nécessite une ponction lombaire. Chez le nourrisson, entre 1 mois et 1 an, la maladie est difficile à reconnaître au début (le signe caractéristique de la méningite – la raideur de la nuque – est délicat à dépister). Aussi la ponction lombaire sera-t-elle pratiquée systématiquement pour vérifier le diagnostic. Après 1 an, en revanche, la ponction ne sera réalisée qu'en présence de signes évocateurs de méningite.

Reconnaître les signes

La forme la plus spectaculaire est la crise convulsive généralisée :

- Le corps est secoué par des tremblements et des mouvements saccadés des bras et des jambes. Les secousses sont rythmiques et régulières. Elles s'accompagnent d'une perte de connaissance avec chute.
- Parfois, un seul membre (ou un seul côté) présente des mouvements convulsifs, ou encore une partie du visage (clignement répétitif de l'œil, crispation de la bouche...).
- Après la crise, l'enfant est inconscient, sa respiration bruyante. Il peut présenter de la bave à la commissure des lèvres (salive qui n'a pas été avalée) et avoir uriné sur lui (ce signe est symptomatique de la crise convulsive quand l'enfant est habituellement propre).

Si la crise est passée inaperçue et que l'on retrouve l'enfant dans cet état, il y a tout lieu de penser qu'il a fait, sans qu'on s'en aperçoive, des convulsions. Son hébétude du moment n'est alors que la résolution de la crise. Il faut en chercher la cause, afin d'éviter une récidive.

La durée des convulsions est variable, mais elle est le plus souvent brève (moins de trois minutes). Si la crise dure plus de trente minutes, ou récidive sans cesse, il s'agit d'un « état de mal convulsif », forme grave de convulsions.

Réagir

Vous devez d'abord vous assurer qu'il s'agit bien de convulsions et non de trémulations ou de tremblements. Pour cela :

- Saisissez et bloquez doucement mais fermement le membre qui présente des mouvements anormaux. S'il s'arrête instantanément de bouger, il s'agit seulement de tremblements ou de trémulations. Si vous percevez des saccades, des secousses ou des décharges musculaires, il s'agit de convulsions.

Si ce sont bien des convulsions...

- Gardez votre calme.
- Protégez l'enfant pendant les convulsions pour qu'il ne se fasse pas mal.
- Allongez l'enfant sur le côté (position latérale de sécurité, voir page 235) pour éviter que sa langue ne bascule en arrière, gêne la respiration, et que l'enfant ne fasse une « fausse-route ». Ne mettez surtout pas vos doigts dans sa bouche.
- Appelez votre médecin. S'il ne peut pas se déplacer rapidement, contactez le Samu-15.
- Surveillez la coloration de la peau et la respiration de l'enfant.
- Prenez sa température.
- Notez l'heure du début de la crise.

Ensuite...

- Si l'enfant a de la fièvre, faites baisser sa température :
  - Déshabillez-le.
  - Administrez à l'enfant un suppositoire de Doliprane® (surtout pas de comprimé par voie orale, car il pourrait s'étouffer !).
  - Utilisez les moyens physiques à votre disposition (linges humides, packs réfrigérés enveloppés dans un tissu) pour faire baisser sa température (reportez-vous au chapitre sur la ***fièvre***, page 261). Cependant, ne mettez pas l'enfant dans un bain pendant la crise : cela peut être dangereux.
- Traitez les convulsions :
  - Donnez à l'enfant du Valium® en intrarectal (par l'anus). Ce traitement fait en principe rapidement cesser les convulsions. Lors de la première crise, le geste doit être exécuté en votre présence par le médecin, afin que vous sachiez comment procéder en cas de récidive. Après un premier épisode convulsif, votre médecin vous laissera une ordonnance d'ampoules de Valium® et vous expliquera exactement comment administrer le traitement.

ATTENTION ! Lors d'une crise convulsive, ne donnez jamais de médicament par voie orale (par la bouche) à un enfant !

Si vous découvrez l'enfant après la crise...

Si vous retrouvez votre enfant inconscient, fébrile, très pâle ou un

Convulsions et épilepsie

Après un épisode de convulsions fébriles, le risque de développer une épilepsie est le même que pour les enfants qui n'ont jamais convulsé (1 %). Les enfants qui ont convulsé avant l'âge de 1 an et récidivé à plusieurs reprises présentent, en revanche, 2,4 fois plus de risques de développer une épilepsie. Les enfants qui ont convulsé avant l'âge de 1 an récidivent dans 50 % des cas. Ceux qui ont convulsé après 1 an ont un taux de récidive plus faible (10 %). Enfin, les enfants qui ont convulsé à deux reprises risquent de recommencer. Parmi ces derniers, on découvre parfois des épileptiques.

© Marie Araujo

peu bleu autour des lèvres, avec une respiration bruyante, il a vraisemblablement convulsé, mais la crise est terminée. Il va reprendre conscience progressivement, mettez-le sur le côté.

- Appelez un médecin.
- Prenez tout de suite la température de l'enfant.
- Déshabillez-le et traitez la fièvre si nécessaire (reportez-vous au chapitre sur la ***fièvre,*** page 261).

Les traitements

Les convulsions fébriles simples sont bénignes. Aucun traitement préventif n'est donc recommandé systématiquement. Toutefois, deux moyens efficaces sont à votre disposition.

Les anti-convulsivants

Le Valium® est parfois prescrit ponctuellement, en cas de fièvre, pour éviter une récidive des convulsions. Ce traitement doit être commencé dès le début de la fièvre. Notez que le Valium® n'a aucune action sur la température. La fièvre doit donc être traitée avec les moyens adéquats.

Les autres traitements anti-convulsivants sont réservés à certains enfants qui ont fait des épisodes convulsifs répétés. Ces traitements doivent être suivis sans interruption. Ils sont très contraignants et ne sont pas dénués de toxicité ni d'effets secondaires. Suivez précisément la prescription médicale.

Les antipyrétiques

Les médicaments antipyrétiques sont destinés à faire baisser la fièvre. Le problème principal est que la fièvre est souvent découverte alors qu'elle est déjà élevée. Le risque convulsif est à ce stade important.

ATTENTION ! Quand un enfant a déjà souffert de convulsions, traiter la fièvre efficacement et rapidement permet bien souvent d'éviter une récidive.

Ne négligez pas les moyens physiques comme appoint aux médicaments. En particulier, les linges humides sur la tête, qui diminuent localement la température (reportez-vous au chapitre sur la ***fièvre***, page 261).

Les convulsions du nouveau-né : une urgence !

Les manifestations des convulsions chez le nouveau-né et le nourrisson sont à peu près similaires à celles de l'enfant plus grand, mais elles sont souvent moins spécifiques et moins spectaculaires. Le risque est grand de passer à côté sans les dépister !

Le bébé mâchonne sans être vraiment réveillé, son regard est vague et n'accroche pas le vôtre (chez le nouveau-né, qui fixe mal votre regard, ce signe est difficile à évaluer). L'enfant devient mou comme une poupée de chiffon. Il change de couleur, bleuit et se recolore spontanément (accès de cyanose). Ces changements de coloration sont liés aux pauses respiratoires.

Avant l'âge de 6 mois, les convulsions sont le reflet d'une souffrance du cerveau autre que celle provoquée par la fièvre. Votre bébé doit être immédiatement conduit aux urgences pédiatriques de l'hôpital le plus proche. Les médecins poseront un diagnostic et traiteront rapidement l'enfant.

Après l'âge de 6 mois, il s'agit le plus souvent de convulsions fébriles.

Comment réagir en cas de déshydratation

L'essentiel tout de suite...

En cas de déshydratation, procédez comme suit :

- ✓ N'attendez pas les premiers signes de déshydratation pour consulter un médecin, en particulier si votre enfant souffre de vomissements ou de diarrhée.
- ✓ Respectez scrupuleusement le régime prescrit et recherchez d'éventuels signes de déshydratation (perte de poids...).
- ✓ Si vous n'arrivez pas à appliquer le régime donné par le médecin ou si l'enfant refuse de boire en quantité suffisante le soluté de réhydratation qui lui a été prescrit, s'il est trop fatigué ou se met à vomir, conduisez-le d'urgence à l'hôpital.

Comprendre

La déshydratation résulte d'une diminution excessive des quantités d'eau dans l'organisme. Les nourrissons y sont particulièrement exposés en raison de particularités physiologiques.

Le corps d'un nouveau-né contient en effet 70 % à 80 % d'eau, contre environ 60 % pour un adulte. Le bébé peut ainsi perdre très rapidement une grande quantité d'eau. Dès lors, sa circulation sanguine risque d'être perturbée, ce qui va entraîner une souffrance des organes vitaux (cerveau, reins, foie).

Les facteurs provoquant une perte d'eau sont nombreux. Le plus souvent, celle-ci est d'origine digestive. L'enfant vomit, a des selles liquides, est fébrile. Généralement, ces symptômes sont liés à une gastro-entérite virale, très fréquente durant la période hivernale. Dans la plupart des cas, un régime alimentaire adapté permet une guérison rapide en deux ou trois jours.

Toutefois, les diarrhées profuses, avec des selles fréquentes, très liquides, aqueuses, peuvent entraîner une déshydratation rapide, en particulier si l'enfant présente aussi des vomissements, ne permettant pas de le réhydrater suffisamment par des boissons.

Les autres causes de déshydratation sont les maladies rénales, la fièvre, le coup de chaleur, les brûlures sévères et les erreurs diététiques.

Reconnaître les signes

De nombreux signes peuvent suggérer un début de déshydratation :

- L'enfant a très soif, sa langue est sèche.
- Ses yeux sont creux et cernés.
- Il est fatigué, somnolent ou très irritable. Il pousse des petits cris aigus et plaintifs. Il a de la fièvre (prenez sa température axillaire, voir page 261).
- Si vous pincez la peau de son ventre, il se forme un pli qui persiste au lieu de s'aplatir rapidement.
- Dans les formes graves, l'enfant est comateux.

Pour confirmer le diagnostic, pesez le bébé. La différence entre le poids théorique du bébé (lire l'encadré ci-dessous) et son poids au moment de la pesée, différence essentiellement liée à la perte d'eau, vous indiquera la sévérité de la déshydratation. Avant l'âge de

© Muriel Gomes

Comment connaître le poids théorique d'un bébé ?

La prise de poids quotidienne d'un bébé varie selon son âge :

- 0 à 3 mois : 30 à 35 g.
- 3 à 6 mois : 20 à 30 g.
- 6 à 9 mois : 15 à 20 g.
- 9 à 18 mois : environ 10 g.

Le poids théorique de l'enfant correspond au dernier poids connu auquel on aura ajouté la prise de poids quotidienne multipliée par le nombre de jours écoulés depuis la dernière pesée. Soit :

Poids théorique = Dernier poids connu + (Prise de poids quotidienne x Nombre de jours écoulés depuis la dernière pesée).

18 mois, une stagnation du poids de l'enfant doit être considérée comme une perte de poids.

Une perte de poids de 5 % ne donne pas de signes cliniques. Lorsque cette différence atteint 10 %, les signes cliniques sont nets et l'hospitalisation est indispensable. A partir de 15 %, la déshydratation est très grave.

Réagir

- N'attendez pas la manifestation des premiers signes de déshydratation pour consulter un spécialiste. Faites appel systématiquement au médecin dès l'apparition d'une diarrhée ou de vomissements chez votre bébé.
- Respectez scrupuleusement le régime antidiarrhéique prescrit par le médecin (reportez-vous à la section suivante).
- Surveillez le poids du bébé pendant l'épisode diarrhéique. Pesez-

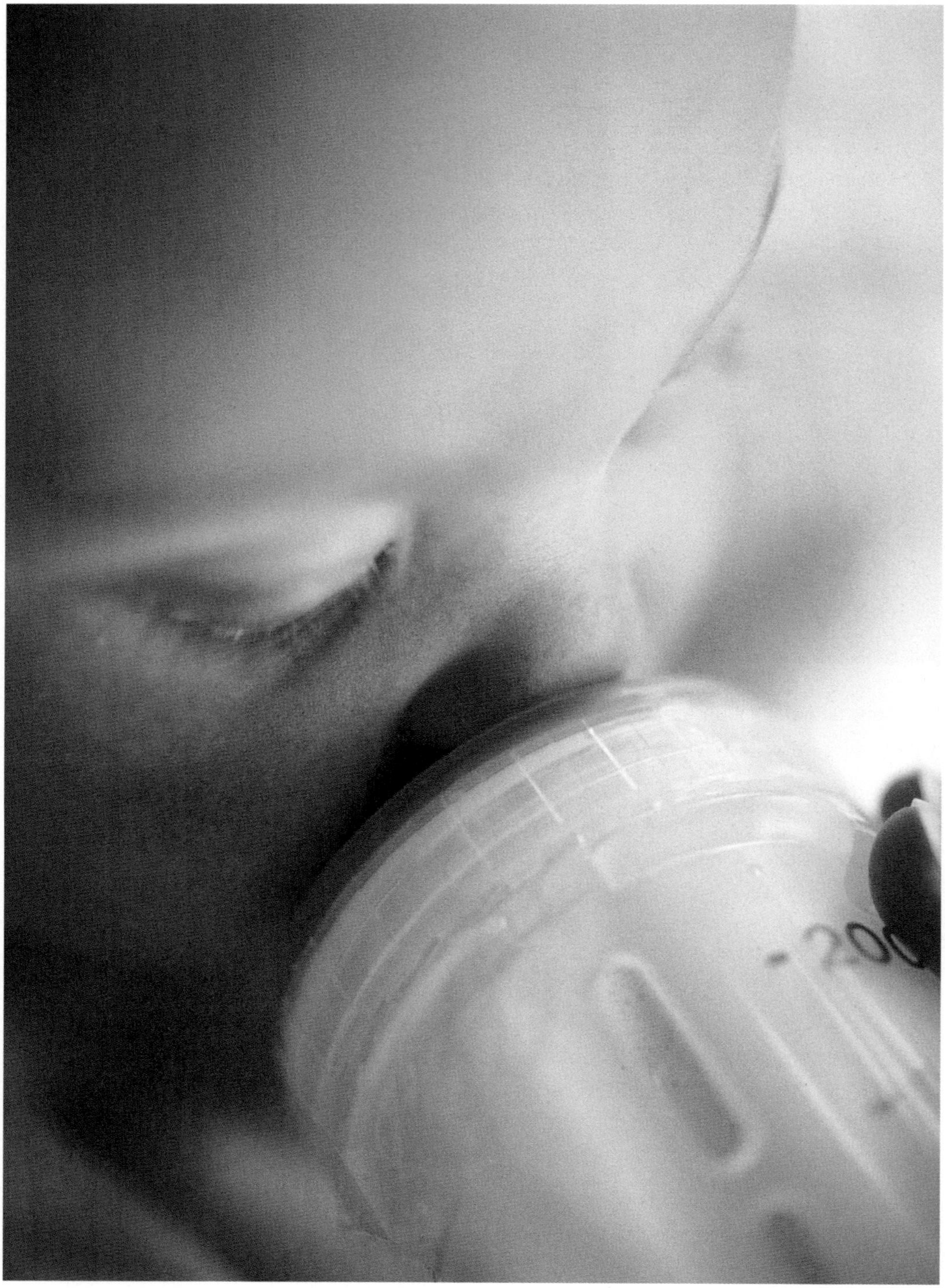

le vous-même en louant un pèse-bébé ou en utilisant votre pèse-personne individuel (pour cela, pesez-vous avec le bébé dans les bras, puis seule et calculez le poids du bébé). Comparez au poids précédent inscrit sur le carnet de santé, auquel vous aurez ajouté la prise de poids quotidienne normale multipliée par le nombre de jours écoulés depuis la dernière pesée. Vous pouvez aussi vous rendre au centre de protection maternelle et infantile (PMI) le plus proche de chez vous ou chez votre médecin.

- Recherchez l'apparition de signes de déshydratation (pli cutané de l'abdomen, langue sèche, yeux creux, somnolence).
- Si vous n'arrivez pas à appliquer le régime prescrit par le médecin, ou si l'enfant refuse de boire le soluté de réhydratation en quantité suffisante (reportez-vous à la section suivante), est trop fatigué ou se met à vomir, conduisez-le d'urgence à l'hôpital afin d'éviter une aggravation de son état. En cas de besoin, une réhydratation par perfusion sera pratiquée sur place.

Le régime alimentaire pendant une diarrhée

Ces conseils sont indicatifs : **consultez TOUJOURS le médecin pour une diarrhée chez un nourrisson.**

Votre nourrisson a moins de 4 mois

- Sauf avis contraire du médecin, arrêtez le lait maternisé (en cas d'allaitement maternel, vous pouvez continuer de nourrir votre bébé).
- Remplacez le lait par un soluté de réhydratation orale, disponible chez le pharmacien (Adiaril®, Gallialite®, Alhydrate®). Diluez un sachet dans 200 ml d'eau.
- Proposez ce soluté à l'enfant toutes les demi-heures. Laissez-le boire à volonté.
- Si vous allaitez, poursuivez l'allaitement et proposez-lui le soluté de réhydratation en plus, en dehors des tétées.
- Sinon, consultez le médecin pour le choix des produits de remplacement du lait, afin d'apporter à bébé une ration calorique suffisante. C'est le médecin qui décidera également des modalités de réintroduction du régime normal.

© Marie Araujo

Votre bébé est âgé de 4-5 mois

- Arrêtez le lait (sauf en cas d'allaitement maternel).
- Remplacez le lait par un soluté de réhydratation orale (voir ci-dessus). Proposez ce soluté à l'enfant toutes les demi-heures, puis toutes les trois heures.
- Au bout de vingt-quatre heures, si votre bébé va bien et n'a pas perdu de poids, vous pouvez introduire un produit de remplacement du lait (de type Diargal®) pendant quatre jours, même si les selles ne sont pas normalisées.
- Après quatre jours, si la diarrhée a disparu, réintroduisez le lait habituel.

Votre bébé a plus de 5 mois

Son alimentation commence à être diversifiée.

- Supprimez le lait et les laitages, à l'exception des yaourts natures.
- Arrêtez les légumes verts, les fruits et les jus de fruits, les aliments gras ou fermentés.

- Donnez de l'eau à volonté à votre enfant et, éventuellement, un produit de substitution du lait (Diargal®, HN25®, Olac®).

Voici la liste des aliments autorisés :

- Les aliments à base de farine (**SAUF** farines lactées), de riz mixé.
- Les viandes blanches, le poisson maigre poché ou grillé accompagné d'une noisette de beurre frais.
- Les carottes, éventuellement mélangées avec des pommes de terre.
- Certains fruits : les compotes de pommes, de bananes ou de coings, ou encore la banane fraîche écrasée ou la pomme cuite. La banane a un effet antidiarrhéique.

Votre bébé a plus de 1 an

- Outre le régime ci-dessus, les enfants de plus de 1 an pourront consommer du Coca-Cola® sans caféine que vous aurez au préalable dégazéifié (versez-en dans un verre et remuez avec une petite cuillère pour évacuer les bulles).
- Vous pouvez également leur donner du chocolat noir, « médicament » généralement fort apprécié des petits !

Comment faire face à une montée de fièvre

L'essentiel tout de suite...

En cas de fièvre, procédez comme suit :

Si la température de l'enfant ne dépasse pas 38 °C :

✓ Enlevez-lui les vêtements trop chauds, en ne conservant qu'un vêtement léger en coton.

✓ Contrôlez sa température toutes les heures.

✓ Donnez-lui à boire régulièrement.

Si la température de l'enfant dépasse 38 °C :

✓ Déshabillez l'enfant en ne conservant que ses couches.

✓ Rafraîchissez sa tête en l'humidifiant et faites-le boire régulièrement.

✓ Donnez-lui une dose adaptée de paracétamol. Pour cela, référez-vous à la dernière ordonnance du médecin ou consultez la notice.

✓ Si l'enfant à moins de trois mois, habillez-le légèrement et conduisez-le chez le médecin ou aux urgences de l'hôpital le plus proche.

Comprendre

La température normale de l'enfant se situe entre 37 et 37,5 °C. On parle de fièvre au-delà de 38 °C. Lorsque votre enfant a un comportement inhabituel, est grognon, refuse de manger, somnole, devient tout rouge ou au contraire tout pâle, frissonne, il est vraisemblable qu'il présente de la fièvre. Prenez donc impérativement sa température.

Pour cela :

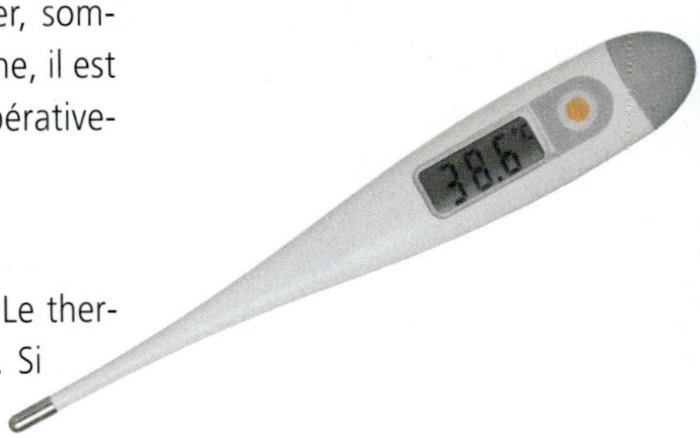

- Choisissez un thermomètre électronique ou au gallium. Le thermomètre à mercure est interdit depuis le 1er avril 1999. Si vous en possédez un, rapportez-le à votre pharmacien.

A NOTER

La fièvre chez le nourrisson de moins de trois mois

A cet âge, la fièvre peut être le reflet d'infections graves, nécessitant un traitement en milieu hospitalier. Elle impose de consulter un médecin en urgence.

- *Mettez votre bébé dans un bain, selon les modalités expliquées à la page 265.*
- *Donnez-lui une dose de paracétamol.*
- *Habillez-le légèrement.*
- *Conduisez-le à une consultation médicale, sans oublier son carnet de santé.*

ATTENTION !
Si vous devez vous rendre aux urgences, téléphonez avant de partir, afin que les médecins des services concernés soient avertis de votre arrivée.

- Prenez la température rectale ou la température axillaire de l'enfant (sous le bras). La mesure rectale (par l'anus) indique la température exacte de l'organisme, mais pour des raisons de confort (sommeil de l'enfant) ou en cas de diarrhée, il est possible de prendre la température axillaire.

Cette mesure est moins simple que la mesure rectale :

- Mettez le thermomètre pendant trois minutes dans le creux de l'aisselle, en repliant le bras serré contre la poitrine.
- Ajoutez à la lecture de la température environ 2 ou 3 dixièmes de degré (exemple : pour un affichage de 37,5 °C, la température réelle est de 37,8 °C).

Le thermomètre auriculaire (ou « thermoscan ») est inadapté à l'enfant de moins de 1 an. Son usage doit être réservé à l'emploi hospitalier.

Réagir

Si la température de l'enfant ne dépasse pas 38 °C :

- Découvrez-le, surtout s'il s'agit d'un nourrisson. Enlevez-lui les vêtements trop chauds, mais laissez-lui un vêtement léger en coton.
- Contrôlez sa température une heure plus tard. Même si elle baisse, vérifiez à nouveau quelques heures après.
- Si la température continue d'augmenter, vous devez la traiter (reportez-vous dans ce cas à la section suivante).
- Faites boire l'enfant régulièrement pour éviter la déshydratation consécutive à l'évaporation d'eau liée à la fièvre.

Si la température de l'enfant est élevée:

On dispose actuellement de moyens physiques et de médicaments qui agissent différemment et dont l'efficacité n'est pas comparable. Ces moyens sont complémentaires.
Les moyens dits « physiques » font tomber rapidement la fièvre, mais seulement de quelques dixièmes de degrés, en abaissant la température de la peau. Toutefois, même si cette baisse est modeste, elle n'est pas à négliger. Considérez donc toujours cette méthode comme un appoint utile aux médicaments. Rafraîchir la tête est même primordial dans ces cas-là.

Les médicaments, seule méthode vraiment efficace, agissent sur les centres qui contrôlent la température de l'organisme.

Les moyens physiques contre la fièvre

Ce type de refroidissement doit être progressif et agréable à l'enfant. Le choc brutal d'un bain trop froid peut en effet entraîner un malaise qui aggravera la situation.

Dévêtir l'enfant

- Déshabillez l'enfant et laissez-le en couches (ce qui permet d'ailleurs de noter l'apparition éventuelle de rougeurs, de « boutons de chaleur », ou d'observer un changement de coloration de la peau).
- Ne soyez pas trop ferme si l'enfant se plaint d'avoir froid et grelotte : remettez-lui alors un vêtement léger en coton et des chaussettes.
- Dans le lit, couvrez-le seulement d'un drap léger en coton. S'il porte un vêtement léger, ne le couvrez pas.

Rafraîchir et faire boire l'enfant

- Préparez un bain. Son principal intérêt est le bien-être de l'enfant qui, souvent, va se détendre et jouer. Même si l'efficacité du bain sur la température est limitée, cette légère baisse améliore le confort de l'enfant et diminue le risque convulsif en attendant l'action des médicaments. Le bain doit durer quinze minutes, pas plus, mais vous pouvez en donner plusieurs par jour. Pensez à arroser doucement et longuement la tête de l'enfant, car 80 % de la chaleur est éliminée par la tête.

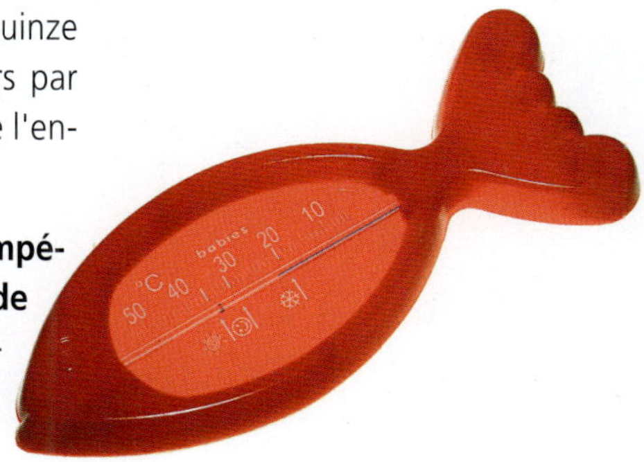

- **Le bain ne doit jamais être froid ni même tiède. La température de l'eau doit être inférieure de 1 à 2 °C à celle de l'enfant.** Sans quoi vous risquez de provoquer un choc thermique. Vous devez impérativement contrôler la température de l'eau avec un thermomètre de bain.
- Humidifiez une serviette avec l'eau du bain ou de l'eau tiède. Essorez-la et enroulez-la sur la tête ou sur tout le corps de l'enfant. Changez-la dès qu'elle se réchauffe. Renouvelez souvent l'opération.
- Sinon, mouillez et humidifiez régulièrement les cheveux de l'enfant. Passez-lui fréquemment un gant humide sur le visage et le cou. Vous pouvez aussi vaporiser régulièrement de l'eau sur son corps avec un brumisateur.
- Eventuellement, et si l'enfant est âgé d'au moins 8 mois, vous pouvez vous servir des packs en plastique réfrigérants destinés aux glacières (après les avoir mis au congélateur). Toutefois, ne les posez jamais à même la peau ! Enroulez-les d'abord dans un linge épais ou glissez-les dans un gant. Changez-les de place toutes les dix minutes. Surveillez la coloration de la peau. Si elle bleuit, changez les packs de place. Posez-les alternativement sur la tête, sur le haut des cuisses ou sur les côtés de l'enfant allongé.
- Faites boire régulièrement l'enfant (eau ou jus de fruits allongé d'eau).

ATTENTION ! Si l'enfant tremble, il est inutile – et même nocif– de le couvrir en pensant qu'il a froid.

Les médicaments contre la fièvre

Comme tout médicament, ils sont dotés d'un nom chimique (dénomination commune internationale ou DCI) et d'un nom commercial.

Le même produit peut ainsi être vendu sous différents noms commerciaux, mais il conserve toujours le même nom chimique (lire l'encadré ci-dessous).

Les médicaments contre la fièvre sont appelés « antipyrétiques ». Ce sont des antalgiques ou des anti-inflammatoires.

Des noms, des noms !

Connaître le nom chimique d'un médicament (encore appelé dénomination commune internationale ou DCI) est souvent très utile. D'abord parce que les noms commerciaux varient d'un pays à l'autre. La DCI, elle, ne change pas et permet de trouver facilement un médicament à l'étranger. Ensuite, parce que cela peut éviter un surdosage. En effet, on utilise souvent un médicament pour lutter contre la toux et le rhume, un autre pour faire baisser la fièvre, un troisième en suppositoire et un dernier en sirop. Or, il arrive fréquemment que le principe actif contenu dans différents médicaments soit le même... Mieux vaut donc se pencher sur les compositions !

Pour vous en convaincre, voici une liste de quelques médicaments pour enfants qui sont tous à base de paracétamol : Algotropyl®, Calmosedyl®, Claradol®, Coquelusedal-paracétamol®, Doliprane®, Dolko®, Efferalgan®, Fébrectol®, Oralgan®, Trophirès®, Rinutan®, Paralyoc®.

ATTENTION !

Bien que destinés à l'enfant, certains des médicaments cités ci-dessus ne sont autorisés qu'à partir d'un certain âge. Par exemple, l'Algotropyl® est interdit avant l'âge de 1 an, et le Rinutan® interdit avant 3 ans. Lisez bien la notice avant d'utiliser ce type de médicaments.

Ces deux groupes de médicaments agissent sur la fièvre en utilisant des mécanismes très différents. Cela permet de renforcer le traitement ou de le changer quand la fièvre est très élevée et baisse trop peu. Leur association permet de prolonger la baisse de la température.

Le paracétamol, du groupe des antalgiques, agit sur la douleur et la fièvre.

L'aspirine et l'ibuprofène sont des anti-inflammatoires. Comme leur nom l'indique, ils agissent sur les inflammations douloureuses et sur la fièvre.

Lorsque c'est possible, privilégiez les médicaments qui se prennent par la bouche. Ils sont plus efficaces que les suppositoires. Ces derniers seront, en revanche, utiles en cas de vomissements.

Le paracétamol

Largement utilisé, il donne peu d'effets secondaires. C'est le médicament à choisir en priorité. Aux doses habituellement prescrites chez l'enfant, il agit sur la fièvre, mais aussi sur la douleur. Il n'a aucun effet anti-inflammatoire.

- Commencez toujours par le paracétamol (Doliprane® Nourrisson-Enfant ou Efferalgan Pédiatrique®). La plupart du temps, cela suffira.

A NOTER

Prudence !

- *Les médicaments doivent* ***TOUJOURS*** *demeurer hors de portée des enfants, car les sirops au goût agréable peuvent les inciter à boire toute la bouteille !*
- *Il faut* ***TOUJOURS*** *respecter la prescription médicale. En attendant le médecin, inspirez-vous de la précédente prescription de l'enfant. Ne prenez pas celle d'un autre enfant ou, pire, d'un adulte.*

- Donnez une dose adaptée au poids de l'enfant. Vous pouvez pour cela vous référer à sa dernière ordonnance. Sinon, sachez que tous ces médicaments sont désormais munis de pipettes doseuses, qui indiquent automatiquement la quantité de médicament à donner en fonction du poids.
- La dose maximale par vingt-quatre heures est de 60 mg par kilo et par jour. Cette dose totale doit être divisée par quatre, afin de repartir les prises sur vingt-quatre heures. Respectez un intervalle de six heures entre chaque prise.

Les anti-inflammatoires à action antipyrétique (aspirine et ibuprofène)

- Si la fièvre ne baisse pas ou qu'elle remonte rapidement, vous pouvez donner un médicament anti-inflammatoire (aspirine ou ibuprofène) à la place du paracétamol (ou en même temps). En revanche, alterner paracétamol et anti-inflammatoire, comme on le fait souvent, n'a aucun intérêt.

Les anti-inflammatoires agissent sur la coagulation (avec une action plus prolongée pour l'aspirine), peuvent irriter les muqueuses digestives et donner des douleurs abdominales. Toutefois, chez l'enfant, ces effets secondaires sont rares, surtout pour l'ibuprofène.

Une règle doit être respectée impérativement : **NE JAMAIS ASSOCIER DEUX ANTI-INFLAMMATOIRES.** Vous augmenteriez leurs effets secondaires, mais pas leurs effets bénéfiques.

Les anti-inflammatoires non stéroïdiens sont de deux types : l'ibuprofène et l'aspirine.

L'ibuprofène (Advil® ou Nureflex® en présentations pédiatriques)

Commercialisé en 1993, l'ibuprofène est, comme l'aspirine, un anti-inflammatoire.

Son efficacité est équivalente à celle du paracétamol ou de l'aspirine, mais sa durée d'action est un peu plus longue, ce qui permet d'espacer les prises toutes les huit heures.

Les deux formes pédiatriques sont des sirops qui diffèrent par leur parfum et leur mode d'administration (pipette graduée ou cuillère mesure).

L'ibuprofène est habituellement administré seul, mais il peut être associé au paracétamol, pour ralentir la remontée de la fièvre.

- Référez-vous à la dernière ordonnance de votre enfant. La dose maximale par vingt-quatre heures est de 30 mg par kilo et par jour. Cette quantité totale est divisée en trois doses, à répartir sur vingt-quatre heures. Respectez un intervalle de huit heures entre chaque prise.

L'aspirine (Catalgine®, Aspégic®)

De la famille des anti-inflammatoires, l'aspirine agit sur la fièvre de façon remarquable. Son action est rapide. En trente minutes, la fièvre commence à baisser et en trois heures, la température est presque normale.

Nourrisson : attention aux fièvres provoquées par l'environnement

Le nourrisson a une régulation thermique qui dépend beaucoup de la température extérieure et de son habillement.

- Vêtements trop chauds, couvertures, couettes, chaleur excessive peuvent déclencher une élévation brutale de la température (41 °C). L'enfant transpire pour abaisser sa température, avec pour conséquence une déshydratation rapide qui peut mettre sa vie en péril. Appelez le Samu-15 en urgence.
- Lorsque la fièvre est modérée, le déshabillage et la diminution de la température ambiante (19 à 20 °C maximum dans la chambre d'un enfant) suffisent à normaliser la température.

Rappelons que l'usage des couettes est interdit avant l'âge de 1 an. Nous vous conseillons même de différer leur utilisation après l'âge de 2 ans.

Quant aux gigoteuses, elles doivent être parfaitement adaptées à la taille de l'enfant. Si elles sont trop grandes, le bébé risque de glisser au fond du sac. Préférez-leur les « surpyjamas » et veillez à ce qu'ils ne soient pas trop chauds.

L'aspirine a été largement utilisée, mais elle est actuellement délaissée au profit de l'ibuprofène.

ATTENTION ! Son administration est à éviter chez l'enfant avant 6 ans, chez les allergiques et aussi dans les fièvres d'origine virale. En effet, la prise d'aspirine au cours de certaines viroses comme la varicelle ou la grippe, peut déclencher une complication rare mais gravissime, appelée syndrome de Reye. En outre, son action sur la coagulation sanguine est plus marquée que celle des autres antipyrétiques.

- La dose maximale par vingt-quatre heures est de 75 mg par kilo et par jour. Cette dose est à diviser en six prises, réparties sur vingt-quatre heures.
- Respectez un intervalle de quatre heures entre chaque prise. La durée de traitement est prescrite par le médecin. En général, elle ne dépasse pas quarante-huit heures. N'utilisez l'aspirine qu'en cas d'échec du paracétamol et de l'ibuprofène. Et n'alternez pas l'aspirine avec l'ibuprofène.

Comment réagir en cas d'hypoglycémie

L'essentiel tout de suite...

En cas d'hypoglycémie, procédez comme suit :

Si l'enfant a perdu conscience...

✔ Appelez le Samu-15 ou les pompiers-18.

Si l'enfant est conscient...

✔ Donnez lui un biberon d'eau sucrée ou de jus de fruits, puis appelez le médecin.

Comprendre

L'hypoglycémie se caractérise par une baisse importante du taux de sucre dans le sang. Elle est rare chez le tout-petit, les enfants étant correctement et régulièrement alimentés sous nos latitudes. Elle peut toutefois survenir à la suite d'une intoxication (alcool, aspirine à forte dose, médicaments).

Reconnaître les signes

L'hypoglycémie s'accompagne d'un certain nombre de symptômes :

- Pâleur.
- Tremblements.
- Moiteur des extrémités.
- Etourdissements, voire perte de connaissance.

Réagir

- Si l'enfant a perdu conscience, appelez le Samu-15 ou les pompiers-18.
- Si l'enfant est conscient, donnez-lui un biberon d'eau sucrée ou de jus de fruits, afin de faire remonter sa glycémie (taux de sucre dans le sang) et appelez le médecin.

Comment réagir en cas d'hypothermie

L'essentiel tout de suite...

En cas d'hypothermie, procédez comme suit :

- ✓ Donnez un biberon de lait chaud à l'enfant.
- ✓ Mettez-lui des vêtements supplémentaires et prenez-le dans vos bras pour le réchauffer.

Si la température de l'enfant est inférieure à 32 °C...

- ✓ Enveloppez-le dans une couverture.
- ✓ Prévenez les secours (Samu-15 ou pompiers-18).

Comprendre

Les médecins parlent d'hypothermie lorsque la température corporelle de l'enfant est inférieure à 35 °C.

L'hypothermie peut être la conséquence d'une exposition trop longue à un environnement froid, par exemple lors d'une noyade. Elle peut également survenir à la suite d'une intoxication ou être la conséquence, paradoxale, d'une infection (elle succède alors souvent à un épisode de fièvre aiguë). Chez le tout-petit, elle peut enfin être le résultat d'une défaillance des mécanismes physiologiques de réchauffement du corps, en particulier lorsque le logement est mal chauffé.

A Paris, le Samu reçoit environ 3 à 4 appels par mois pour hypothermie, contre 140 à 170 pour hyperthermie (fièvre). Souvent, l'accident fait suite à la prise de médicaments contre la fièvre (antipyrétiques) qui ont fait chuter la température de l'enfant trop brutalement. Quelques infections virales sont également incriminées.

Reconnaître les signes

Certains signes doivent vous pousser à prendre la température de l'enfant :

- Somnolence.
- Frissons.
- Etourdissements.

Lorsque la température corporelle est inférieure à 35 °C mais supérieure à 32 °C, l'hypothermie est modérée.

Réagir

- Une hypothermie modérée sera aisément soignée par un biberon de lait chaud, une augmentation de la température de la pièce et quelques vêtements plus protecteurs. Pour réchauffer bébé, les bras de la mère constituent souvent le meilleur des « radiateurs ».

Une hypothermie grave (en dessous de 32 °C) peut mettre la vie de l'enfant en danger.

- Procédez comme décrit ci-dessus pour réchauffer l'enfant.
- Enveloppez-le dans une couverture bien chaude.
- Appelez le Samu-15 ou les pompiers-18.

Comment réagir à une laryngite aiguë

L'essentiel tout de suite...

En cas de laryngite aiguë, procédez comme suit :

- ✓ Contactez le médecin, le Samu-15 ou emmenez votre enfant aux urgences de l'hôpital le plus proche.
- ✓ En attendant l'arrivée du médecin, faites respirer à votre enfant de la vapeur d'eau (par exemple, faites couler de l'eau chaude dans la salle de bains et demandez à l'enfant de rester dans cette atmosphère humide...).

Comprendre

Le larynx est un petit conduit situé au fond de la gorge. Il peut s'ouvrir et se fermer, ce qui permet à l'air d'entrer et de sortir des bronches. Il se ferme, entre autres, à chaque fois que nous avalons, pour éviter que les aliments ne pénètrent dans les poumons (« fausse-route » alimentaire).

Si le larynx est irrité, le passage de l'air est plus difficile. En raison de l'inflammation laryngée (laryngite), la toux devient rauque. La voix, quant à elle, peut rester normale, être rauque ou éteinte (ce sont les cordes vocales du larynx qui nous permettent de parler).

Il existe différents types de laryngites. Les plus fréquentes sont d'origine virale. Mais d'autres causes sont parfois retrouvées : une bactérie, dans le cas de l'épiglottite, la plus dangereuse des laryngites, ou une réaction allergique en cas de laryngite striduleuse.

Plus rarement, la présence d'un corps étranger ou encore une piqûre d'insecte peut provoquer une inflammation de l'arrière-gorge.

La plupart des laryngites aiguës de l'enfant sont provoquées par des virus. Leur fréquence augmente à l'automne et durant l'hiver.

Reconnaître les signes

Le plus souvent, la maladie débute comme un rhume banal. Les signes de laryngite apparaissent plus tard, dans la nuit, et vont devenir de plus en plus nets.

- La gêne respiratoire s'installe. La tonalité de la toux se modifie, elle devient rauque. La voix est normale.
- L'enfant respire de plus en plus difficilement, surtout pour inspirer.
- La fièvre est modérée (autour de 38 °C).

Réagir

Dès que l'enfant présente les signes d'une laryngite, il faut le soigner. Dans la plupart des cas, le traitement sera pratiqué par le médecin à domicile. Le Célestène® en gouttes suffit le plus souvent. Dès le lendemain, l'enfant ira mieux.

- En cas de laryngite, vous devez donc impérativement contacter votre médecin, le Samu-15 ou emmener votre enfant aux urgences.
- En attendant le médecin, faites respirer à votre enfant de la vapeur d'eau (diffusez la vapeur d'une cocotte-minute dans sa chambre, faites couler de l'eau chaude dans la salle de bains et demandez à l'enfant de rester dans cette atmosphère humide...).

Les différents cas

L'épiglottite

C'est la plus grave des laryngites. Elle est due à un germe, l'*haemophilus influenzae* de souche B, responsable également de méningites.

Actuellement, la vaccination contre cette bactérie fait partie du calendrier vaccinal de l'enfant, mais elle n'est pas obligatoire. Même si le vaccin a permis de diminuer considérablement le nombre de cas de laryngites, les enfants non immunisés demeurent à risque.

© Marie Araujo

Quels sont les signes évocateurs ?

- La fièvre est élevée, l'enfant a très mauvaise mine, son teint est gris.
- Il ressent une gêne importante pour respirer.
- Il s'assoit et se penche en avant pour mieux inspirer.
- Il a très mal à la gorge et ne parvient pas à avaler sa salive.
- Il ne tousse pas et sa voix est étouffée, voire éteinte.

Que faire ?

- Surtout **N'ALLONGEZ PAS** l'enfant : le risque serait alors un arrêt cardiaque ! Ne tentez pas non plus de regarder sa gorge.
- Appelez immédiatement le Samu-15.

L'urgence est de rétablir une oxygénation correcte en mettant l'enfant sous respirateur artificiel. Une antibiothérapie adaptée sera prescrite immédiatement pour éradiquer l'infection.

A NOTER

Un traitement indispensable sous peine de complications

En l'absence de traitement, l'enfant fera de plus en plus d'efforts pour respirer. Plus le temps passera et plus il se fatiguera. La laryngite est alors de plus en plus mal tolérée. L'enfant devient somnolent, il bleuit. Dans ce cas, la prise en charge en milieu hospitalier est nécessaire. L'enfant y sera traité par des aérosols et des corticoïdes injectables. Parfois, surtout chez les jeunes enfants, l'épuisement sera tel qu'il faudra lui apporter une aide respiratoire par l'intermédiaire d'un respirateur artificiel. Pour cela, l'enfant fera un bref séjour dans un service de réanimation.

La laryngite striduleuse

Cette affection est souvent d'origine allergique. Elle se manifeste par des quintes de toux sèche accompagnées de gêne respiratoire. La toux et la voix sont rauques. Les accès peuvent durer quelques minutes et rentrer ensuite dans l'ordre.

Que faire ?

L'humidification de l'air (une casserole d'eau en ébullition dans la chambre de l'enfant, posée en un lieu où l'enfant ne peut y toucher et où elle ne risque pas de tomber) et le Célestène® guérissent l'enfant en quelques heures.

Le corps étranger

Si la voix de l'enfant est éteinte et que la laryngite apparaît soudainement, pensez à l'éventualité d'un corps étranger coincé dans la gorge (voir chapitre page 173).

La piqûre d'insecte avec œdème laryngé

Les piqûres d'hyménoptères suscitent, chez les personnes allergiques, un gonflement important des voies respiratoires supérieures, accompagné d'œdème. La vie de l'enfant est en jeu.

Que faire ?

- Agissez vite. Appelez le Samu-15 (reportez-vous au chapitre sur les ***piqûres***, page 385).

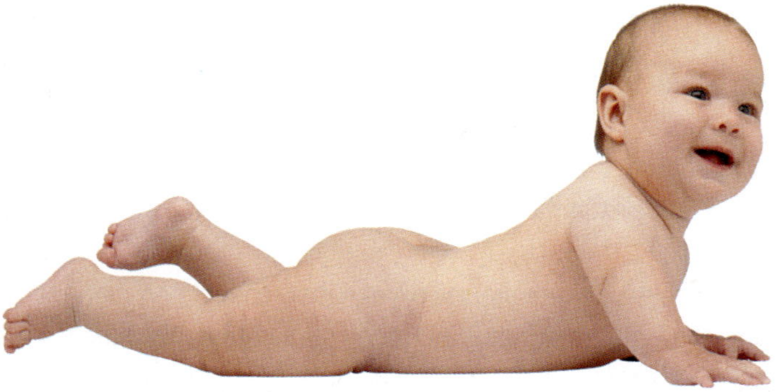

Comment faire face à un malaise grave du nourrisson

L'essentiel tout de suite...

En cas de malaise grave du nourrisson, procédez comme suit :

✓ Appelez le Samu-15.

Si le nourrisson est inconscient mais respire normalement...

✓ Placez-le en position latérale de sécurité en attendant les secours (voir page 235).

Si le nourrisson ne respire plus ou fait des pauses respiratoires...

✓ Commencez la ventilation artificielle et le massage cardiaque (voir pages 148, 149 et 151).

Comprendre

Le malaise du nourrisson est rare, mais son évolution est parfois dramatique.

A Paris, on recense une centaine de malaises graves du nourrisson pour environ 31 000 naissances par an, soit environ 3 cas pour 1 000 bébés.

Tout nourrisson qui présente un malaise grave doit être hospitalisé, même si la récupération a été spontanée et rapide. Cette hospitalisation a pour but de rechercher la cause du malaise, afin de la traiter et d'éviter la récidive.

Dans 40 % des cas, un reflux gastro-œsophagien, avec ou sans vomissement, est à l'origine du malaise.

Les deux autres causes les plus fréquentes (15 %) sont les infections ORL et broncho-pulmonaires (virales ou bactériennes), et les malformations congénitales méconnues qui « décompensent » brutalement.

Plus rarement, on retrouve des tumeurs, certains troubles métaboliques, des asphyxies obstructives, des épilepsies, certaines urgences chirurgicales de l'enfant, une intolérance au lait de vache, des intoxications au monoxyde de carbone ou encore un traumatisme crânien.

Le malaise du nourrisson ne doit en revanche pas être confondu avec le choc anaphylactique, dont la cause est différente (reportez-vous à la page 163).

Dans certains cas, l'origine du malaise n'est jamais trouvée.

Reconnaître les signes

Le malaise du nourrisson est un événement spectaculaire et très angoissant pour ceux qui y assistent :

- Le nourrisson, auparavant en pleine forme, devient tout pâle.
- Il bleuit, son regard se fige, sa respiration est irrégulière ou même s'arrête.
- Son corps devient tout mou ou, au contraire, se raidit et tremble.

Le plus souvent, le malaise est bref et l'enfant recouvre rapidement son état antérieur. Mais parfois, le malaise s'aggrave et évolue vers un arrêt respiratoire ou cardiaque.

Réagir

- Essayez de garder votre calme.
- Appelez immédiatement le Samu-15. Evaluez les constantes vitales de l'enfant (respiration et battements cardiaques) et agissez en fonction de son état :

Si le nourrisson est inconscient, mais respire normalement...

- Allongez-le sur le côté, en position latérale de sécurité (voir page 235) et attendez les secours.

La respiration du nourrisson est irrégulière, il marque des pauses respiratoires...

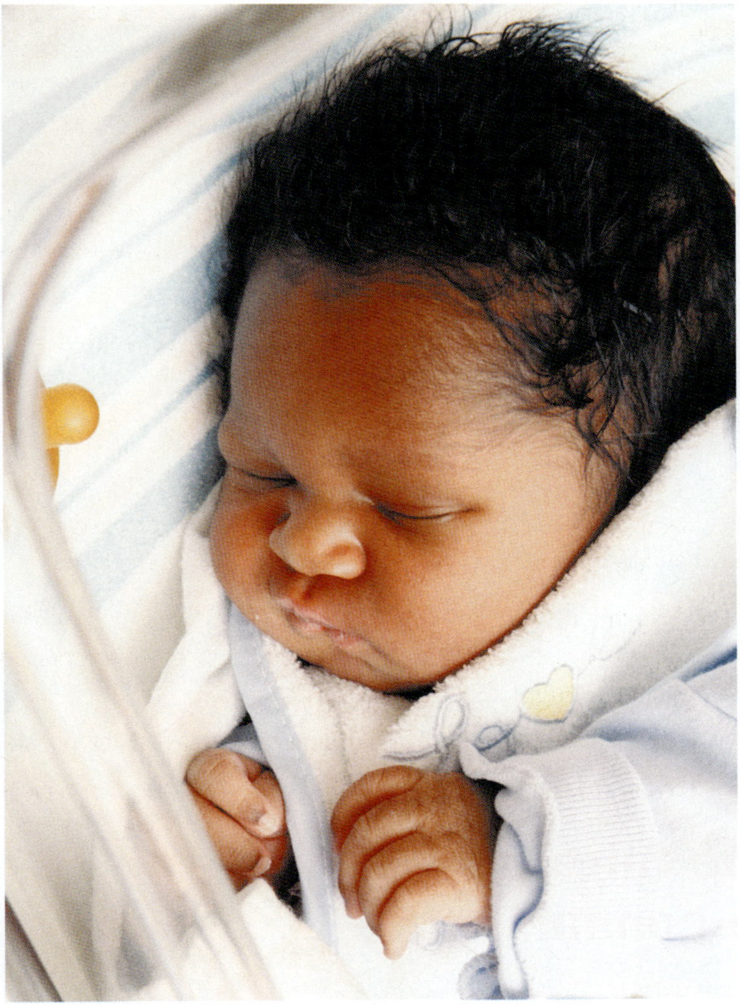

- Couchez l'enfant sur le dos, la tête légèrement défléchie en arrière. Libérez les voies aériennes en basculant doucement la tête en arrière puis débutez immédiatement la respiration artificielle s'il n'y a pas d'amélioration (reportez-vous au chapitre sur l'***arrêt cardiaque***, page 143).

Le nourrisson est en arrêt cardiaque...

- Commencez la réanimation cardio-respiratoire (reportez-vous au chapitre sur l'***arrêt cardiaque***, page 143).
- Poursuivez les manœuvres jusqu'à l'arrivée du Samu-15.

Que faire en cas de perte de connaissance

L'essentiel tout de suite...

En cas de perte de connaissance, procédez comme suit :

S'il respire

✓ Allongez l'enfant en position latérale de sécurité (voir page 235).

S'il ne respire pas

✓ Commencez le massage cardiaque et la ventilation artificielle (voir pages 148, 149 et 151).

Dans tous les cas, appelez le plus rapidement possible le Samu-15 ou les pompiers-18.

Comprendre

Les pertes de connaissance chez l'enfant ont des causes extrêmement diverses. L'***hypoglycémie*** (page 273) et l'***hypothermie*** (page 274) peuvent être à l'origine du malaise, mais bien d'autres facteurs sont retrouvés (intoxication, déshydratation, syncope vasovagale, traumatismes…).

Chez le tout jeune enfant et le nourrisson, une immaturité neurologique peut aussi être en cause. Ces évanouissements ne signent pas pour autant systématiquement un risque épileptique.

Habituellement, un évanouissement ne dure que quelques instants et l'enfant reprend connaissance très rapidement.

Réagir

- Allongez l'enfant qui respire en position latérale de sécurité (voir page 235) pour éviter qu'il s'étouffe en cas de vomissements. Assurez-vous qu'il respire librement.
- S'il se réveille, rassurez-le, parlez-lui même s'il ne réagit pas, rafraîchissez son visage avec une compresse ou un gant de toilette mouillé.
- Notez la durée de l'évanouissement, la présence ou non de mouvements saccadés avant ou après le malaise, minutez le temps de récupération, observez la persistance d'une éventuelle absence de réaction à certains stimuli (chatouillez-lui les pieds et voyez comment il réagit ; passez un objet près de ses yeux en vérifiant que son regard suit le mouvement).
- Faites part le plus vite possible de toutes ces observations au médecin.

Si l'enfant ne reprend pas connaissance très rapidement :

- Appelez immédiatement le Samu-15 ou les pompiers-18.
- Vérifiez les constantes vitales de l'enfant (respiration, battements cardiaques).
- Si nécessaire, commencez le massage cardiaque et la ventilation artificielle (reportez-vous au chapitre sur l'***arrêt cardiaque***, page 143).

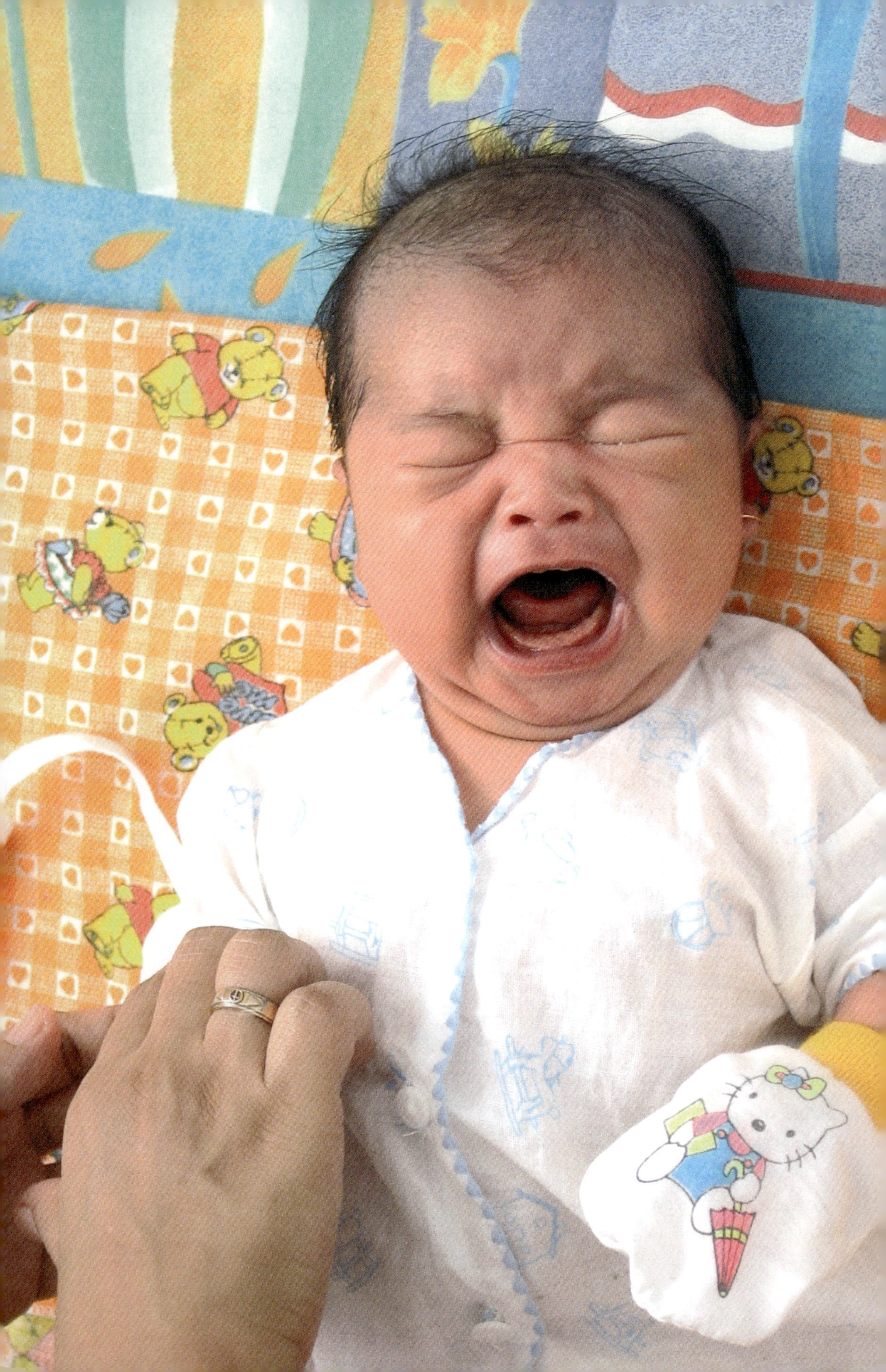

Comment réagir à un spasme du sanglot

Un enfant qui bleuit, se cyanose et perd conscience à la suite d'une brutale colère, quoi de plus impressionnant ? Si parfois ces réactions sont le signe précurseur d'une maladie, par exemple l'épilepsie, le plus souvent ces crises très angoissantes sont sans gravité.

Comprendre

Le spasme du sanglot se manifeste de manière bruyante et brutale : malaise, perte de connaissance, convulsions... Il s'agit d'un symptôme relativement fréquent : on estime que 4 à 5 % des enfants feront un jour une crise, le plus souvent entre 6 mois et 4 ans environ. Habituellement, il s'agit d'enfants qui ont un profil psychologique particulier (en règle général des petits garçons). Intolérants à la frustration, ils réagissent brutalement à une contrariété (gronderie, interdit, punition). Ils sont hyperactifs, turbulents et colériques.

Autre caractéristique : ces enfants évoluent souvent dans un milieu familial angoissé, la mère craignant, par exemple, de ne pas être « à la hauteur ». Or, comme par hasard, le spasme du sanglot survient le plus volontiers lorsque l'enfant est confronté à une personne émotionnellement fragile, manipulable... En tout état de cause, une aide psychologique individuelle ou familiale peut vous aider à mieux gérer la situation.

Parfois, le spasme du sanglot peut indiquer un problème médical sous-jacent : épilepsie, troubles du rythme. Il sera alors nécessaire de réaliser un bilan neurologique, un électroencéphalogramme, un électrocardiogramme. Toutefois, dans l'immense majorité des cas, le spasme du sanglot est sans gravité.

Reconnaître les signes

Il existe deux types de crise : la crise dite « blanche » (20 % des cas) et la crise dite « bleue ».

La crise blanche

L'enfant perd brutalement conscience et tombe, sans un cri. Il est livide, blafard. Parfois quelques secousses musculaires ou oculaires accompagnent la chute. Il s'agit là d'une syncope d'origine cardiaque. Puis l'enfant revient à lui, comme si de rien n'était.

La crise bleue

La perte de conscience est progressive. D'abord l'enfant a de plus en plus de mal à respirer. Il tombe en apnée (impossibilité de respirer). Sous l'effet du manque d'oxygène, son corps se cyanose (il devient « bleu ») et l'enfant perd conscience. Ses yeux se révulsent. On dirait une convulsion. L'enfant semble « comme mort ». Il est inerte, il ne respire plus. La « résurrection » est très rapide. L'enfant reprend des couleurs et se réveille.

Il existe aussi des formes de crises intermédiaires où l'on distingue mal s'il s'agit d'une crise « bleue » ou « blanche ».

ATTENTION ! Les crises blanches peuvent être confondues avec un malaise grave du nourrisson. Dans ce cas, n'hésitez pas à appeler le 15 et/ou à faire hospitaliser l'enfant.

Quand et comment survient la crise ?

- La crise est en général consécutive à une violente colère de l'enfant, une frustration, une émotion violente…
- Elle est toujours « provoquée » (elle ne survient **JAMAIS** dans un contexte calme et de manière intempestive, comme cela peut être le cas pour une crise d'épilepsie).
- Elle est de durée brève et se résorbe spontanément.

ATTENTION ! Ne confondez pas le spasme du sanglot avec des urgences médicales graves comme :
- Une convulsion (lire page 245).
- Un étouffement (lire page 199).
- Un malaise grave du nourrisson (lire page 283).

Réagir

Sur le moment

Si une crise survient :

- Gardez votre calme.
- Retenez l'enfant dans sa chute pour éviter qu'il ne se blesse.
- Allongez-le en position latérale de sécurité (reportez-vous à la page 235).
- Tamponnez doucement son front avec des compresses d'eau fraîche pour qu'il reprenne conscience.
- Lorsque votre enfant reprend des couleurs, comportez-vous de la manière la plus naturelle qui soit, comme si de rien n'était. Le

risque est en effet que les parents affolés par la violence de la réaction émotionnelle de leur enfant craignent de le contrarier. De là se met en place un cercle vicieux. L'enfant tient ses parents sous sa coupe. Il devient tyrannique et ses parents, pris au piège de la culpabilité, ne lui refusent plus rien.

A savoir : on peut parfois enrayer la crise à ses débuts en parlant d'une voix forte, en regardant l'enfant droit dans les yeux... Et surtout en gardant son calme ! Bref en manifestant sans ambages son autorité.

Par la suite

Si des crises répétées ont lieu, consultez un médecin ou un psychologue afin d'éliminer tout autre diagnostic. Attention aux pièges :

- Diagnostics erronés (trop d'enfants sont mis sous traitement anti-épileptique alors qu'ils ne souffrent pas de cette maladie).
- Conseils psychologiques inadaptés (si l'on vous somme de ne pas contrarier votre enfant parce qu'il est fragile, changez de psychologue !)

Privilégiez des traitements « doux » (homéopathie, phytothérapie). Mais le traitement le plus efficace consiste à déculpabiliser les parents en leur expliquant le mécanisme de la crise.

Ce qu'il faut retenir...

Si votre enfant perd connaissance à la suite d'une colère brutale :

✔ Retenez-le dans sa chute et gardez votre calme.

✔ Placez-le en position latérale de sécurité (voir page 235).

✔ Tamponnez ses joues et son front avec une compresse humide pour l'aider à reprendre conscience.

✔ Lorsqu'il retrouve ses esprits, comportez-vous avec lui comme si rien ne s'était passé.

✔ Si cela recommence, emmenez votre enfant chez le médecin pour établir un diagnostic.

Sommaire

En cas de choc psychologique

En cas de choc psychologique

partie 4

Comment faire face à une urgence psychologique

Le petit de l'homme naît dans une grande immaturité biologique et affective qui le rend totalement dépendant de son environnement (biologique et relationnel), en particulier des personnes qui lui prodiguent des soins et entrent en relation avec lui.

C'est pourquoi, dès sa venue au monde, votre bébé a besoin non seulement d'être porté, caressé, entouré, enveloppé mais aussi d'avoir la possibilité d'échanges émotionnels et relationnels. Ces soins assurent sa sécurité affective, à un moment de sa vie où il ne sait pas encore qu'il est une personne. Il ne perçoit pas l'ensemble de son corps mais plutôt des « petites parties » distinctes (ses mains, ses pieds..). Vos bras le contiennent, le rassemblent et le protègent. Il se nourrit de l'attention et des soins dispensés au sein d'une relation affective, si possible stable et régulière avec vous.

L'arrivée de votre bébé fait naître chez vous une nouvelle identité de mère et de père, qui amène des « remaniements ». En tant que mère, vous devenez très sensible aux besoins de votre enfant, ce qui vous prépare à dispenser des soins adaptés. Du côté du père, ces

remaniements vous amènent à jouer un rôle spécifique, tant au niveau du soutien de la relation mère – enfant qu'au niveau du développement de votre enfant.

Les trois premiers mois, vous et votre bébé apprenez à vous connaître mutuellement. Il est forcément différent de celui que vous aviez imaginé. A ses débuts, il ne parle pas avec des mots mais avec son corps (mimiques, sourires, tension ou détente musculaire,...), des babillages, des pleurs ou des cris. Il peut vous arriver d'être dérouté avant de parvenir à décoder le sens de ces signaux.

Vous assurez donc non seulement sa protection physique (lui donner à manger, respecter les règles de sécurité, l'accompagner dans ses rythmes de sommeil…) mais aussi psychique (répondre à ses besoins : le bercer, le calmer, lui parler, donner du sens à ses manifestations en les traduisant en mots…). Il est important que vous acceptiez cette dépendance. Rechercher la précocité, vouloir le rendre trop vite autonome, l'exposerait à trop de stimulations, d'excitations (jeux inadaptés pour son âge) qui le déborderaient.

Ce n'est que petit à petit, à partir d'une relation d'attachement, qu'il s'oriente vers l'individuation. Vers 6 à 8 mois, il a conscience qu'en agitant les bras, il peut saisir un objet avec ses mains, et réagit lorsque sa mère quitte la pièce par une crainte nouvelle : « l'angoisse de séparation » pointe son nez.

Progressivement, et à partir de cette sécurité affective, votre enfant va « s'ouvrir » au monde qui l'entoure.

Au début, il utilise surtout sa bouche pour découvrir les objets, son corps, les autres. A 5- 6 mois, il est capable de différencier les matériaux, les formes, les consistances, grâce à ses explorations buccales. Ceci nécessite bien sûr, de votre part, une attention particulière quant à la taille et la composition des objets qu'il risquerait d'avaler.

Il va ainsi être de plus en plus animé par des besoins, des désirs d'activités et d'autonomie. Plus il grandit et plus il est capable de jouer seul. Il est important de garder en tête qu'un enfant de un an se concentre en moyenne au maximum 10 minutes sur une activité, il passe donc souvent d'un jeu à l'autre.

Par ailleurs, sur le plan moteur, la position debout puis l'acquisition de la marche élargit ses possibilités d'exploration de son environnement : il va se déplacer, escalader, grimper partout, toucher à tout. Il gagne en autonomie : à cet âge il va avoir beaucoup de joies, de plaisir grâce à ses découvertes et ressentir un sentiment de fierté et de puissance à faire « comme un grand ». Il veut bien sûr aussi vous imiter.

A cette période où il a envie de partir à la « conquête du monde », il va devoir faire face à de nombreuses limitations et interdits. Des limitations personnelles : il ne peut réaliser ses désirs car ils sont décalés avec ses capacités de réalisation... et des limitations provenant de son entourage, car certaines choses doivent lui être interdites pour sa sécurité, mettant un frein à ses explorations.

A cette même époque, votre enfant est souvent confronté au NON, qui le frustre dans ses désirs et ses envies. Il va vous imiter et utiliser le langage pour s'opposer. Il dit NON avant de dire OUI et prend beaucoup de plaisir à utiliser ce mot. Vous constaterez certainement que même s'il a envie, par exemple de sortir au jardin, sa réponse sera NON quand vous le lui proposez. Il lui faudra souvent un certain temps, pour que ce NON se transforme en un OUI,

ou en la réalisation de ce qu'il ne souhaitait pas faire. Les professionnels parlent d'une période d'affirmation de soi dans le développement de l'enfant.

L'intégration des règles et des limites est un processus long et complexe pour votre jeune enfant, qui nécessite du temps, de la patience et de la cohérence. La formulation de l'interdit est donc importante. Au contraire, un enfant a qui vous n'imposez que peu de règles et de limites, deviendra un « enfant-roi », qui plus tard aura du mal a respecter les contraintes et les lois.

Comme votre enfant n'a pas conscience du danger, il a besoin qu'un adulte assure sa sécurité.

Comment le protéger

• **Garantissez des conditions de sécurité afin qu'il puisse explorer librement son environnement sans se sentir en danger :**
– Se mettre à sa hauteur afin de déceler et prévenir les risques potentiels (queue de casserole, prises électriques, bouteilles...)

• **Posez lui des limites :**
– Lui expliquer les raisons des limites posées, en étant ferme et cohérent (répéter plusieurs fois la même chose à des moments différents, ne pas céder...). Il doit être considéré comme une personne, en res-

tant un enfant, mais vous devez rester celui ou celle qui décide, qui pose les règles d'usage, parce que vous savez mieux que lui ce qui est bien ou mal pour lui.
– Lui permettre de pouvoir réaliser l'action, de façon différée et/ou dans un environnement aménagé, ou sous une forme socialement acceptable.

• Accompagnez-le dans ses découvertes :
– A travers ses expériences, explorations, il va découvrir ses propres limites et celles du monde qui l'entoure. Il va apprendre à être prudent, tout en prenant des risques mesurés (mouvements, découvertes d'objets...), ce qui lui permettra de maîtriser des mouvements, de manier des objets de plus en plus complexes, tout en étant à l'aise. En même temps, cette exploration et l'accompagnement de l'adulte participent à la construction d'un sentiment de sécurité interne, de confiance en soi, à la construction de son identité.

– Protégez-le sans trop limiter ses découvertes : faire la différence entre les véritables dangers et les risques inhérents à la vie.

Les premiers pas peuvent donner lieu à des chutes. Mais en recherchant un nouvel équilibre, à partir de la réduction de points d'appui (un pied au lieu de 2), il va acquérir, après exercice, la marche.
De nombreux adultes peuvent être préoccupés voire inquiets par les chutes, et même vouloir les anticiper afin de les empêcher. Mais ces expériences un peu dures contribuent à ancrer solidement ses acquisitions motrices et elles l'aident à se sentir compétent.

– Soyez suffisamment disponible, attentif : votre enfant a besoin que vous soyez témoin de ses découvertes et de ses acquisitions.

• Respectez son rythme de développement : à vouloir aller trop vite en le stimulant trop tôt, le risque est au contraire de l'amener à des acquisitions artificielles et fragiles.

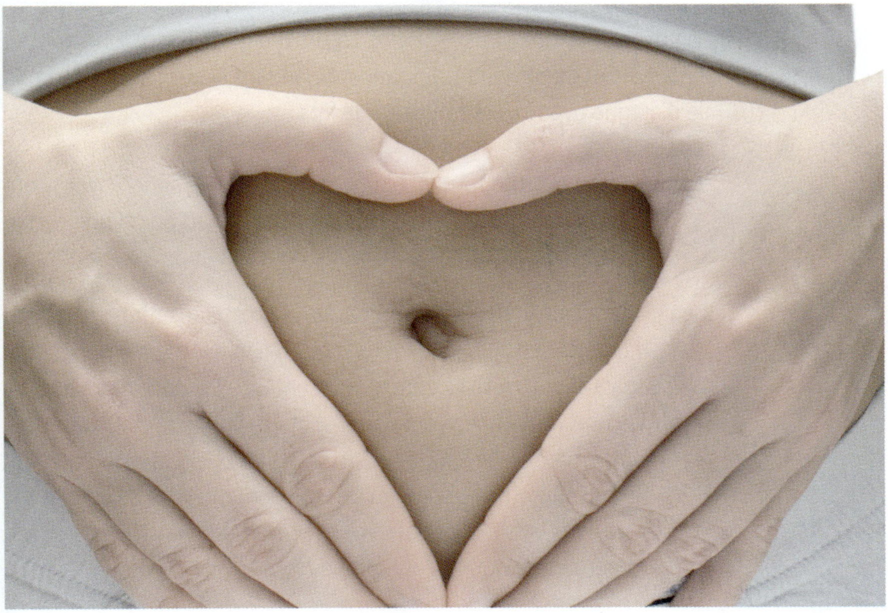

Comment faire face à certaines difficultés pendant la grossesse

Attendre un enfant est une période très importante dans votre vie. Se préparer à être mère ou à être père prend du temps et nécessite de passer par différentes étapes dans la prise de conscience de votre futur statut de parent.

Comprendre

La grossesse est un moment de rêveries, de fantasmes, d'idéalisations, de craintes… C'est une période durant laquelle des sensations nouvelles apparaissent ou se décuplent. Tout d'abord, apprendre que vous êtes enceinte génère des sentiments de complétude, de toute puissance et de fierté à pouvoir donner la vie, même si vous ne vous attendiez pas à être enceinte. D'autre part, aux alentours du 4ème mois, votre enfant commence à bouger, concrétisant l'idée que vous allez donner naissance. Cette période va de pair avec la 1ère échographie,

première fois que vous le voyez. La proximité de l'accouchement et l'idée d'avoir un enfant prédominent pendant la dernière période où le dialogue avec lui est très présent.

La grossesse est une formidable occasion de vous enrichir vous rendant davantage capable d'ouverture à l'autre au prix d'une certaine dépendance qui se transforme dans le temps à votre enfant.

Sans que vous y soyez préparée, la grossesse entraîne une très grande sensibilité qui vous met en lien avec vos émotions du passé : vous revivez votre propre enfance (ce que vous avez été, ce que vous auriez voulu être…) et vos premières relations avec votre mère et l'environnement. Il s'agit d'une régression dans un sens positif qui vous permet de vous sentir proche de votre bébé et de vous laisser aller dans vos pensées pour construire progressivement votre nouvelle identité de mère.

Cette reviviscence n'apparaît pas sous la forme de « *je me souviens quand j'étais bébé* » mais est synonyme de sentiments envahissants d'amour, de passion mais aussi d'anxiété, de haine… Et ce sont toutes ces émotions qui vous permettent d'être dévouée et de vous identifier à votre enfant lorsqu'il naît. En effet, vous êtes captée par lui : vous répondez et vous vous adaptez à ses besoins de chaque instant. C'est aussi ce qu'on appelle l'état de folie normale apparaissant au cours des derniers mois de grossesse et présent les premiers mois de sa vie. Cet état est réversible et s'estompe en même temps que votre enfant grandit et que vous acceptez la séparation. Cette dernière est un vécu corporel important : c'est une partie de vous qui s'en va. Le lien d'amour qui vous unit à lui est très différent de celui d'une relation amoureuse. Vous êtes auprès de lui pour l'aider à créer son espace psychique, à grandir et à se séparer de vous : c'est spécifique de la fonction parentale.

Il y a une rupture entre la grossesse et l'accouchement. Donner naissance est un bouleversement parce que votre enfant existe de manière séparée de vous, il demande de l'attention et entraîne une responsabilité pour la vie. Généralement, cette responsabilité est positive mais elle peut aussi être vécue comme écrasante pouvant entraîner une incapacité à s'occuper de lui.

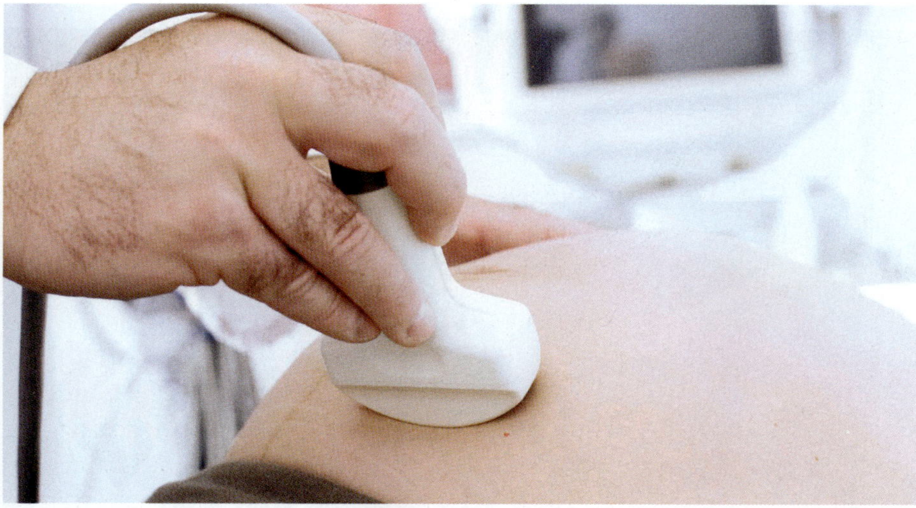

Evénements pouvant survenir pendant la grossesse

La première échographie

La première échographie peut dévoiler un doute sur une éventuelle anomalie chez votre enfant. Si pour vous elle est souvent une première photographie de votre bébé souvent ajoutée à l'album de famille, pour le médecin elle est un document professionnel. Les périodes de doute sont difficiles à vivre et suscitent des sentiments douloureux envers lui : sentiment de rejet, voire de haine. Très souvent, ce doute n'est pas confirmé au cours de la grossesse. Cependant, cette période vécue dans l'incertitude et la peur reste présente dans votre esprit même après la naissance. Cet événement met à l'épreuve votre féminité, autrement dit, votre capacité à procréer. Il est important que vous puissiez parler de vos angoisses à des professionnels pour vous permettre de mieux appréhender votre relation avec votre enfant.

Interruption Volontaire de Grossesse (IVG)

Une interruption volontaire de grossesse n'est jamais anodine et est un traumatisme, même si cela reste un choix. La banalisation de cet acte risque de faire resurgir les questions identitaires non résolues, alors que la question de votre maternité se reposera. Il est important de ne pas banaliser cet acte. C'est un événement dont les conséquences ne sont pas forcément visibles ; il laisse des traces dans votre esprit. Pour

certaines femmes, cette grossesse interrompue vient les rassurer dans leur capacité à procréer.

Interruption Médicale de Grossesse (IMG)

Lorsqu'un doute sur la santé de votre enfant se concrétise au cours de la grossesse, la question « *vais-je interrompre la grossesse ?* » peut survenir. En effet, l'interruption médicale de grossesse, en France, est autorisée jusqu'à la naissance de votre enfant. C'est une décision difficile, toujours violente, d'autant plus si le diagnostic est tardif parce qu'il ne s'agit plus seulement d'un fœtus mais d'un enfant en maturation. En effet, décider de donner la mort et d'assumer cette responsabilité sont difficiles. Cet acte génère des sentiments de culpabilité qui fixent le traumatisme pouvant entraîner une idéalisation du passé, pouvant vous empêcher d'envisager votre avenir de mère et de femme. Il peut vous arriver de vous identifier à cet enfant malade et de vous sentir envahie par des sentiments très violents. Ces derniers sont vécus au niveau de votre corps, il est difficile d'y mettre des mots.
Il est très important d'être accompagnée par des professionnels lors des doutes et des questionnements liés à une IMG.

Mais parfois, les parents qui ont pratiqué cette intervention attendent rapidement un autre enfant. Une fois passée la date anniversaire de l'échographie, la grossesse reprend son cours harmonieusement. L'IMG a une incidence sur le vécu de la grossesse suivante, pouvant parfois sidérer la capacité à imaginer de devenir parent. Afin de mieux vous préparer à avoir un autre enfant, n'hésitez pas à consulter un spécialiste. En effet, il arrive que ce nouvel enfant porte les angoisses de la grossesse précédente, par exemple, l'idée d'une anomalie alors qu'il est en bonne santé, ce qui peut avoir un impact sur son développement.

L'accouchement prématuré

Un bébé qui naît prématurément entraîne des sentiments d'incompétence maternelle et paternelle souvent cachés car peu écoutés par l'entourage. En tant que mère, vous avez l'impression de ne pas avoir accompli votre travail de femme. Vous avez également un sentiment d'étrangeté. C'est au cours des derniers mois de votre grossesse que vous rêvez et imaginez votre enfant et votre vie avec lui. Ces derniers mois n'ont pas pu être vécus. L'arrivée précoce de votre enfant est aussi très difficile pour le père. Cela vous renvoie à une incompétence et à un sentiment de culpabilité par rapport à la mère : impression de ne pas l'avoir suffisamment aidée. L'arrivée d'un bébé « non fini » et d'apparence fragile qui de surcroît vous est enlevé pour être confié aux spécialistes, cela ne peut pas vous être indifférent.

La prématurité est de plus en plus fréquente. Le désir d'enfant est plus important aujourd'hui qu'auparavant et les méthodes pour en avoir (la procréation médicalement assistée, les fécondations in vitro...) amènent à un suivi médical non dénué d'inquiétudes. Ces grossesses entraînent des angoisses supplémentaires qui peuvent avoir un impact sur le développement de l'enfant. Ces peurs ont besoin d'être parlées afin d'éviter qu'elles persistent à long terme.

Fausse couche

Les causes d'une fausse couche sont multiples. Elles peuvent être organiques, infectieuses, psychologiques... mais peuvent aussi être inconnues. Une fausse couche donne lieu, là aussi, à un sentiment d'incompétence à être mère avec une impression de ne pas être capable de garder votre bébé. Cela touche directement votre corps dans votre féminité la plus profonde, c'est-à-dire, votre identité et les éléments inconscients qui vous ont construite.

La culpabilité est un sentiment très présent du fait de la responsabilité que vous découvrez. Il ne faut pas hésiter à consulter pour mieux comprendre vos sentiments et les penser. Votre vécu psychologique dépend de votre propre histoire et de ce que cela fait raisonner en vous.

Comme pour les situations précédentes, les grossesses suivantes peuvent être accompagnées d'angoisses, au moins jusqu'à la première échographie. S'il n'y a aucun doute, comme dans la plus grande majorité des cas, la grossesse prend un cours normal. Vous êtes libérée de vos craintes.

Dépression

Attendre un enfant vous place dans la position de future mère faisant resurgir vos souvenirs d'enfance. En fonction de votre histoire, cet événement peut entraîner une dépression. 20 % des femmes enceintes sont touchées, cependant certaines n'en ont pas conscience. Il vous est difficile d'en parler à votre entourage par crainte de ne pas être comprise et à cause de l'idée très forte que « lorsque l'on est enceinte, on doit être heureuse ». Si la grossesse est toujours empreinte de sentiments de tristesse, de bizarreries, de joie mêlée, de rêves et de cauchemars plus fréquents, lorsque ces sentiments prennent une trop forte importance et vous empêchent de penser au bébé, il est important de les prendre en compte.

La dépression se manifeste par beaucoup de tristesse, un sentiment d'étrangeté, l'envie de ne rien faire, de ne parler à personne, voire une indifférence. Et comme cela ne peut être parlé, vous l'exprimez avec votre corps : une grande fatigue, des vomissements, le sentiment d'être lourde, une menace d'accouchement prématuré (MAP), des cauchemars, des rêves... Vous tentez de lutter contre ces idées dépressives afin de vous rassurer, par exemple par un comportement hyperactif.

Exprimer votre souffrance peut vous soulager. Il est important de ne pas rester dans le mutisme parce que la dépression peut sidérer vos capacités psychiques de mère et peut avoir des effets sur votre relation avec votre enfant et sur son développement.

Ce qu'il faut retenir...

✔ La mise en place du lien mère-enfant se prépare psychiquement dès la grossesse.

✔ Au cours de la grossesse, vous construisez progressivement au niveau imaginaire votre identité de mère et de père en référence à votre histoire.

✔ La grossesse entraîne des sentiments auxquels vous n'êtes pas forcément préparée, notamment une hypersensibilité émotionnelle. Ces sentiments sont normaux et vous permettent de vous identifier à votre enfant et à ses besoins.

✔ Il y a une rupture entre la grossesse et l'accouchement.

✔ Tous traumatismes (IVG, IMG, fausses couches, prématurité, doutes, dépression...) survenant pendant la grossesse ont besoin d'être parlés. Mettre des mots sur vos souffrances vous permet de les surpasser afin qu'elles n'interfèrent pas sur votre relation avec votre enfant et sur son développement. N'hésitez pas à consulter un spécialiste.

Comment faire face aux premières séparations

Durant les premiers mois de vie de votre enfant, vous faîtes connaissance. Vous apprenez à reconnaître ses besoins physiques, affectifs, intellectuels... Lui, de son côté, découvre les réponses que vous lui apportez en fonction de ses demandes. C'est aussi durant les premiers mois que des séparations peuvent survenir...

Comprendre

Votre enfant s'attache à vous progressivement. En fait, il s'attache principalement aux personnes qui prennent soin de lui et qui lui répondent de la manière la plus ajustée. Dans les situations de détresse, il cherche à obtenir de la proximité et du réconfort. Il va apprendre au fur et à mesure à connaître les personnes qui l'entourent et à savoir sur qui il peut compter. Lorsqu'il n'est pas satisfait, il proteste (colère, pleurs...). Plus un enfant se sent en sécurité plus il va découvrir le monde qui l'entoure. De votre côté, vous allez, plus ou moins rapidement, avoir le sentiment d'être son parent, unique pour lui, celui qui va le protéger, bref d'être responsable de lui.

Tout ce qui est familier pour votre enfant est capital pour le développement du lien d'attachement qu'il vous manifeste. De la naissance à 2-3 mois, il est prédisposé à reconnaître plus vite ce qui est connu (voix, odeurs, bruits...), notamment ce qui vient de sa maman. Il a une nette préférence pour le contact social et ce qui est animé. Ainsi, dès qu'il est face à une personne stimulante, même inconnue, il va réagir en souriant.
Puis, entre 3 et 8 mois, votre bébé commence à distinguer ce qui est familier de ce qui ne l'est pas. Il va être plus sensible au fait que ce soit une personne connue qui s'occupe de lui. Si c'est une personne étrangère, il aura une petite raideur et il va vous regarder en se disant *« t'es bien là toi, je suis rassuré »*. Il continue aussi d'expérimenter vos réactions lorsqu'il a un comportement de détresse tel que cris, pleurs ou encore tendre les bras.

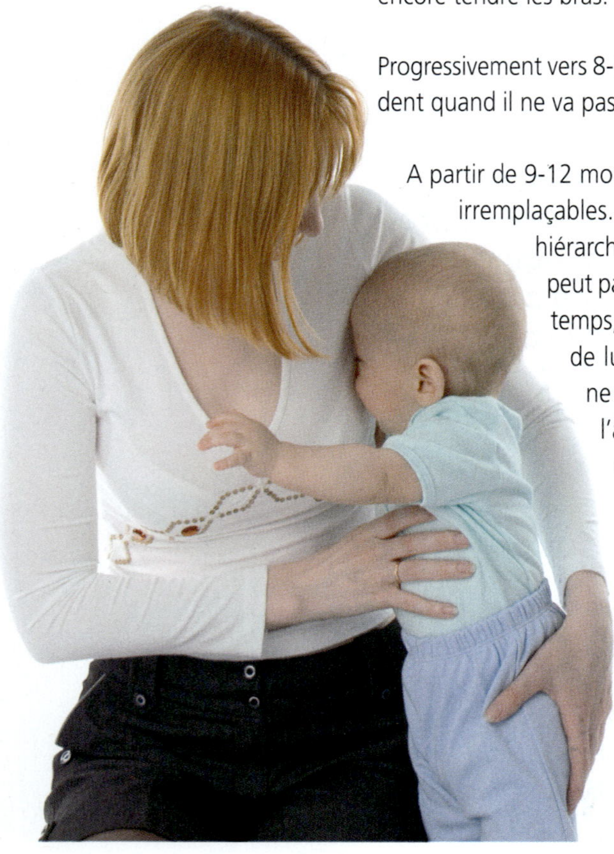

Progressivement vers 8-9 mois, il distingue les personnes qui lui répondent quand il ne va pas bien et comment elles le font.

A partir de 9-12 mois, il différencie bien les personnes uniques et irremplaçables. Il peut s'attacher à plusieurs personnes et il hiérarchise ces attachements. En cas de danger, il ne peut pas se tourner vers plusieurs personnes en même temps, il choisit donc la personne qui s'occupe le plus de lui. Attention, s'il ne vient pas vers vous, cela ne signifie pas qu'il ne vous aime pas. L'amour et l'attachement sont deux choses différentes. Prenez l'exemple du bain : si tous les soirs, c'est vous qui donnez le bain à votre enfant mais qu'un soir, cela ne vous est pas possible et que c'est une autre personne qui le fait, il peut réagir en pleurant même en hurlant. Vous ne comprenez pas ce qui se passe. Votre enfant est fatigué de sa journée et il veut le bain avec vous. Il ne comprend pas pourquoi ce n'est pas le cas. Il recherche la proximité et la sécurité qui est associée à certaines situations.

Les premières séparations

Pour beaucoup d'entre vous, mettre son enfant à la crèche ou chez une nourrice n'est pas un choix mais une obligation liée à vos contraintes professionnelles. Cela peut vous être difficile, et c'est normal, parce que vous avez l'impression de ne pas pouvoir le protéger. Cette séparation doit se préparer et se faire progressivement. Contrairement aux idées reçues, lui imposer une séparation ne lui permet pas de se détacher de vous plus facilement et ne le rend pas plus autonome. Il a besoin de sécurité. Ainsi, en votre absence, il a besoin d'avoir à proximité un objet qui lui rappelle votre présence (son « doudou »). Et une personne référente (auxiliaire de puériculture ou nourrice) est là pour répondre à ses besoins affectifs.

Il est bien de prendre le temps pour lui parler, le rassurer, le prendre dans vos bras et reconnaître ses émotions avec empathie, tout en adaptant votre parole et votre comportement en fonction de son âge : « *Je sais que ça va être un peu dur, tu vas être un peu triste mais je dois partir. Qu'est-ce qu'on peut faire pour que tu te sentes mieux ? Est-ce*

que tu veux me dire au revoir par la fenêtre ? Tu veux un câlin ?». Son comportement n'est pas du cinéma, il a besoin d'être rassuré. Parfois, il suffit juste de quelques minutes, de quelques mots pour qu'il se sente mieux. N'hésitez pas à demander de l'aide à la personne référente.

L'entrée à l'école maternelle est une nouvelle étape à laquelle il faut le préparer. Il arrive dans un nouvel endroit avec de nouvelles personnes. Là encore, il a besoin d'être rassuré : « *Je ne peux pas faire autrement, il faut que j'aille travailler, je sais que ça va être long pour toi, qu'est-ce qu'on peut faire pour que cela te soit plus facile ?* ». N'hésitez pas à évoquer avec lui la difficulté de se quitter et de découvrir ce nouveau lieu, et terminez sur une touche positive : « *Tu vas voir, ça va être super, tu vas faire plein de choses, tu vas rencontrer d'autres enfants et on va se retrouver ce soir* ». Au fur et à mesure, il se sentira mieux car ce qui est nouveau devient familier. Certains jours votre enfant semblera avoir plus de difficulté à vous quitter, rassurez-vous c'est normal. Comme nous tous, ses humeurs sont variables. Ce matin-là, il peut avoir un peu de fièvre ou tout simplement avoir mal dormi.

De même, lorsque votre enfant rentre à l'école primaire ou en 6ème, il est content mais a peur. Il faut être attentif à ce qu'il ressent parce que ce changement est une pression pour lui.

Ne lui dites pas que « *ce n'est rien !* » en banalisant la situation. Pensez à vous quand vous commencez un nouveau travail, à ce que vous ressentez. Sachez que plus vous lui parlez de son anxiété et plus vous y attachez de l'importance, plus votre enfant se sentira en sécurité, autonome, prêt pour les apprentissages et les relations sociales.

Quel que soit son âge, si vous devez être séparés de votre enfant, il est nécessaire de lui expliquer ce qui va se passer et où il va aller. Ce qui est déterminant pour son avenir, c'est la manière dont vous allez vivre cette séparation. Il ressent vos émotions, les intériorise et réagit en fonction de celles-ci. Si vous ne contrôlez pas vos émotions, vous n'aurez pas les mêmes compétences et la même liberté pour l'aider à contrôler les siennes.

Ce qu'il faut retenir...

- ✓ Votre bébé a besoin de se sentir en sécurité affective et d'avoir une stabilité émotionnelle surtout lorsque vous n'êtes pas ensemble : avant de partir rassurez-le sur votre amour, votre retour et faites-lui des câlins, c'est ce qui lui permettra d'aller explorer ce qui l'entoure.
- ✓ Le rassurer, c'est aussi lui expliquer ce qui se passe et ce qui va se passer.
- ✓ Il a besoin d'un objet (peluches, photo...) qui lui rappelle votre présence, votre odeur.
- ✓ Soyez attentifs à ses besoins affectifs, votre comportement l'aidera à se sentir bien, en sécurité et à faire face aux apprentissages sereinement.
- ✓ Soyez attentifs aux comportements de votre enfant, c'est une manière pour lui de manifester sa souffrance. Si ce comportement perdure dans le temps, n'hésitez pas à consulter un spécialiste.

Comment réagir en cas de décès d'un parent

Perdre une personne proche est un événement difficile et douloureux. Le jeune enfant, lorsqu'il est confronté à la mort, n'a pas la possibilité d'appréhender seul cette réalité. Aussi, il semble important qu'un adulte (parent, tante…) accompagne l'enfant, à son rythme, dans sa compréhension de cet événement familial. Avant 4-5 ans, votre enfant n'a pas encore acquis le caractère définitif et irréversible de l'absence.

Comprendre

N'hésitez pas à parler à votre enfant « *papa/maman est mort(e), et il/elle ne reviendra plus* ». Evitez les expressions telles qu'il/elle est parti(e), il/elle dort et ne se réveillera pas. Celles-ci peuvent générer une attente, un sentiment d'abandon, des difficultés d'endormissement et de sommeil.

Pensez, à mettre des mots sur ce qui se passe, à inviter votre enfant à vous poser des questions au moment où il le souhaitera. Rassurez-le sur le fait

que personne n'oubliera le défunt, qu'il/elle sera « *toujours présent dans votre tête et dans votre cœur* ». Dites-lui bien qu'« *il/elle ne voulait pas mourir, il/elle voulait être avec toi, il/elle t'aimait* ». Parfois, l'enfant aura besoin d'être rassuré sur le fait que rien de ce qu'il a pu dire ou faire n'a pu provoquer la mort, « *ce n'est pas de ta faute…* ». Enfin, lui donner la possibilité de choisir un objet ayant appartenu au défunt va aider votre enfant à prendre conscience de cette irréversibilité de la mort. Aujourd'hui cet objet lui appartient puisqu'il/elle ne reviendra plus jamais. Ces explications sont nécessaires pour ne pas donner l'espoir de revoir cette personne.

De ses deux premières années, l'enfant conserve peu de souvenirs. Aussi, il est souhaitable de préserver le souvenir du lien qui l'unissait au défunt. Lui parler de l'amour qu'il /elle lui portait, des petites anecdotes vécues ensemble, ou encore prendre le temps tout simplement de regarder avec lui les photographies.

La mort d'un proche suscite beaucoup d'émotions et de chagrin. Ce vécu est différent d'une personne à l'autre, plus particulièrement encore chez l'enfant. Dans un premier temps, l'enfant acquiert sa compréhension de la mort et du deuil au contact des adultes. Aussi est-il amené à calquer son comportement sur celui des personnes qui l'entourent. Acceptez que votre enfant exprime ses émotions, c'est aussi vous autoriser à vivre les vôtres. Cependant, votre enfant vivra ses émotions de façon discontinue. Il peut éprouver un grand moment de tristesse, voire même de colère, et ensuite retourner à un jeu ou une activité qui lui procure beaucoup de plaisir.

Certains de ses comportements peuvent vous surprendre : colère, irritabilité, pleurs, instabilité, difficultés d'endormissement, refus d'entendre parler de la mort de l'être cher… Son comportement familial et scolaire peut se trouver modifié. Pensez, si vous et votre enfant l'estimez souhaitable, à prévenir l'enseignant. Enfin si vous vous sentez débordés par la situation, n'hésitez pas à consulter un spécialiste qui vous permettra de comprendre et de parler plus facilement avec lui.

Concernant l'enterrement, il est essentiel de demander à l'enfant ce qu'il souhaite en sachant que toute réponse est bonne. Souvent l'enfant cherchera à savoir si vous souhaitez sa présence ou pas. Son avis est important pour que vous puissiez décider au mieux pour lui. S'il ne veut pas être présent, cela ne signifie pas qu'il n'aime pas la personne décédée, mais qu'il veut peut-être se protéger des émotions des adultes qu'il ne comprend pas. Mais sa présence peut être importante, même quelques minutes, pour qu'il puisse mettre des images et comprendre la situation, parce qu'il y a beaucoup d'émotions et qu'il veut les partager. Il doit être accompagné d'un adulte. Sa présence au cimetière n'est pas nécessaire mais il est important que le moment venu, il voit la tombe.

Ce qu'il faut retenir…

✔ S'il perd un de ses parents ou une personne proche, l'enfant n'a pas la possibilité d'appréhender seul la réalité de la mort et son caractère définitif. Il conviendra de prendre le temps pour mettre des mots sur ce qui se passe, sur vos émotions et les siennes.

23
SAODEMA

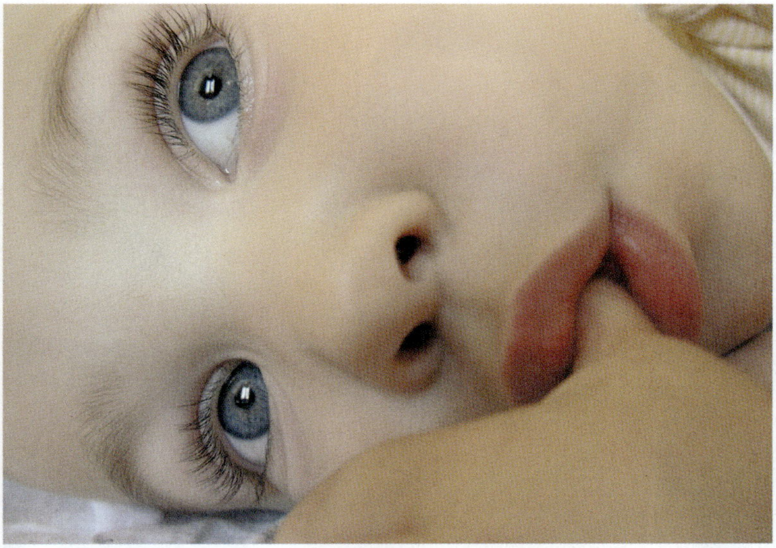

Comment faire face à une situation de divorce

Divorce et séparation se sont banalisés : cela concerne un couple sur deux en Ile-de-France, et un sur trois dans les autres régions. Tous ces divorces ou séparations ne mettent pas en jeu des enfants.

Comprendre

Le divorce ou la séparation entraînent une souffrance qui n'est pas vécue de la même manière selon l'âge de l'enfant. Le bébé a une relation de dépendance vis-à-vis de vous puisqu'il a besoin de vous pour se nourrir, pour se déplacer… Et c'est un lien charnel qui vous unit. Votre bébé est très sensible à ce qui se passe autour de lui et il ressent vos émotions, qu'elles soient positives ou négatives. Un peu plus tard, votre enfant peut se sentir coupable de la séparation de ses parents parce qu'il peut penser être la cause de ces bouleversements. Selon les situations, il projette son imagination et ses ressentis pour trouver une explication.

Prévenir les risques

Il ne faut pas croire que d'annoncer un divorce ou une séparation à votre enfant soit une surprise pour lui. Dans la plupart des cas, il l'a pressenti, il se rend compte des conflits et des malentendus entre ses parents, et même des indifférences. L'annonce doit être progressive, de façon à ce que vous puissiez vous adapter aux réactions de votre enfant et lui permettre d'intégrer la nouvelle doucement. Vous devez le dire seulement lorsque la décision définitive est prise et si cela est possible en présence de l'autre parent.

Une annonce doit comporter des éléments de ré-assurance pour votre enfant. Autrement dit, il est important que vous lui expliquiez que ses deux parents ne formeront plus un couple (homme/femme) mais que vous resterez ses parents, en tant que père et mère, et qu'il sera autant aimé. Lui expliquer qu'il n'est pas responsable de la situation est primordial.

Par ailleurs, il faut lui apporter des réponses concrètes quant à ce qui va se passer, autrement dit, il va vous demander : *« Où est-ce que je vais dormir ? », « qui va m'emmener à l'école ? »*... Il a besoin de se faire sa propre représentation de la séparation.

Votre enfant doit sentir qu'il y a une cohésion entre vous, ses parents, et que, malgré le divorce ou la séparation, vous continuerez à vous parler de lui et de vous soucier ensemble de lui. Le rassurer, c'est aussi lui permettre d'exprimer son ressenti par rapport à cette nouvelle organisation, c'est reconnaître qu'il peut en souffrir. Vous pouvez également lui dire que c'est une situation difficile et qu'il a le droit d'avoir du chagrin. Certains enfants ne réagissent pas à l'annonce, cela ne veut pas dire pour autant qu'ils ne ressentent rien et qu'ils ne se rendent pas compte des changements.

Lorsqu'il existe des conflits entre les parents concernant la garde de l'enfant, il est nécessaire de se reporter à la décision du juge, quand il y en a un, qui est là dans le seul intérêt de l'enfant. Dans ce cas, ce n'est ni le père, ni la mère qui ont décidé du mode de garde, mais c'est le juge.

Une décision de justice peut être durement vécue par tout le monde mais elle est, à terme, plus confortable parce qu'elle ne favorise pas un parent plus que l'autre. Vous devez garder pour vous ce qui appartient à l'histoire du couple homme-femme. Le mal que vous pouvez penser de votre ex-conjoint(e) n'implique pas qu'il soit un mauvais parent, et en tous les cas, n'a pas à être partagé avec votre enfant. Il ne connaît que son père ou sa mère. Votre histoire de couple ne le regarde pas et le prendre à témoin, voire lui demander de choisir entre vous, ne fera que le déstabiliser un peu plus.

Ne pas hésiter à demander des conseils ou de l'aide à des professionnels qui sont là pour vous écouter et vous aider.

Reconnaître les signes

Lorsque vous divorcez ou que vous vous séparez de votre conjoint(e), cela peut être vécu de manière douloureuse par votre enfant, et parfois même comme un abandon. L'amour qui se défait dans un couple homme-femme n'est pas de même nature que l'amour d'un parent pour un enfant. Lui faire comprendre cela le rassurera. Votre enfant voit tous ses repères s'envoler et il se retrouve face à une souffrance et à des interrogations, mais qui peuvent n'être que transitoires.

Restez attentifs à votre enfant parce qu'il peut manifester de l'anxiété face à cette nouvelle situation. En effet, la rupture du cadre de vie,

l'éloignement d'un des parents, l'incertitude face à l'avenir, notamment financière, peuvent faire émerger cette anxiété. Il est important de laisser votre enfant à sa place d'enfant et de régler « vos comptes » entre adultes, sans lui et sans lui en faire part.

Ses inquiétudes et ses souffrances se traduisent par des symptômes. Chez les nourrissons, il n'est pas toujours évident de se représenter l'impact de la séparation. Votre bébé est très sensible à votre état psychologique, à vos changements de comportement et de votre rythme de vie. Il exprime alors par son corps ce qu'il ne peut verbaliser : des troubles du sommeil, des troubles de l'alimentation, des agitations, des coliques…

Entre 1 et 3 ans, votre enfant peut rencontrer des difficultés ou des régressions (c'est une manière pour lui de revenir en arrière, avant la séparation) dans l'acquisition des apprentissages : la marche, la propreté, le langage... Il peut également manifester une anxiété de séparation, de la tristesse, des troubles du sommeil, des craintes phobiques...

Pour les enfants d'âge scolaire confrontés à un divorce ou une séparation, des mouvements de culpabilité et de « conflits de loyauté » (l'enfant se sent coupable de préférer un parent, ou se sent coupé en deux) peuvent apparaître et entraîner l'apparition de symptômes. Ces derniers sont de plusieurs types : une baisse des résultats scolaires, un refus scolaire, un perfectionnisme scolaire, l'autopunition, un état dépressif, le sentiment d'être vulnérable voire des phases agressives.

Tout changement de comportement chez l'enfant doit être reconnu comme un signe de souffrance et ce changement a pour but d'attirer l'attention des parents.

Ce qu'il faut retenir...

✔ Annoncez doucement votre séparation ou votre divorce à vos enfants et faites-le seulement lorsque la décision est définitive.

✔ Essayez d'être attentifs aux réactions de votre enfant et permettez-lui de s'exprimer.

✔ Rassurez votre enfant sur le rôle des deux parents, sur la pérennité de l'amour que vous lui portez et qu'il vous porte, et sur son avenir.

✔ Soyez vigilants aux changements de comportement.

✔ N'hésitez pas à demander des conseils à votre entourage et à des professionnels.

✔ Laissez-le à sa place d'enfant, n'en faites pas votre ami-confident.

✔ Ne lui demandez pas qui il préfère et avec qui il veut vivre.

✔ Veillez à ce que votre enfant ait des objets qui le suivent entre ses deux lieux de vie lui permettant de garder des repères.

✔ Si vous vous sentez obligé(e) de haïr votre ex-conjoint(e), dites-vous que ce n'est pas pour autant un mauvais parent. Distinguez bien le couple homme-femme du couple père-mère.

✔ Si des questions se posent quant à la garde de votre enfant et à la pension alimentaire, confiez cette responsabilité à un juge.

✔ Ne prenez pas votre enfant à témoin.

Comment faire face à des difficultés de comportement

Certaines étapes du développement de votre enfant peuvent être difficiles à comprendre. Les connaître constitue un atout pour mieux le comprendre et réagir de manière adaptée.

Comprendre

La période de la naissance à 4-5 ans est cruciale pour le développement de la personnalité. Elle est aussi la période de l'apprentissage de la socialisation. Il s'agit du moment où votre tout-petit sort de son monde, et où justement il apprend à prendre en considération les autres et à s'exprimer de manière compréhensible. Votre enfant peut alors avoir des comportements qui vous désorientent.

La colère

La colère, comportement normal dans le développement de votre enfant. C'est une émotion qui se manifeste souvent lorsqu'un enfant ressent une frustration et ne sait pas la gérer. Vous pouvez l'aider à contenir cette colère en lui parlant tout en restant sur vos positions par rapport aux interdictions posées.

L'opposition

Vers 12-18 mois, votre enfant apprend progressivement à s'affirmer et à se distinguer de son entourage, il dit « *non* » à tout et commence à dire « *je* ». En s'opposant, il se confronte aux limites que vous lui fixez, et c'est justement en s'y heurtant sans les dépasser qu'il peut évaluer jusqu'où il peut aller et se sentir en sécurité. Cette étape est essentielle à son développement. Il est normal que l'opposition soit plus forte vis-à-vis de ses parents qu'à l'égard des personnes extérieures.

L'agressivité

L'agressivité chez le très jeune enfant fait également partie du développement normal et celle-ci n'a pas pour but de faire du mal délibérément à quelqu'un d'autre. Ce comportement a une valeur de communication. Il s'agit souvent pour votre enfant d'obtenir un objet convoité (un jouet, par exemple). L'apprentissage des mots pour remplacer les gestes agressifs doit être géré par les adultes et nécessite toujours du temps et de la patience. L'agressivité devient plus troublante quand le but est de faire du mal et que ce comportement est fréquent et souvent dangereux. On peut alors parler de violence. Si les comportements agressifs sont relativement fréquents en bas âge et normaux, les comportements violents ne le sont pas. Tous les enfants ont besoin de bouger, de se défouler, surtout après une journée d'école.

L'hyperactivité

L'hyperactivité est une agitation extrême qui apparaît à partir de 7 ans et qui a deux composantes. D'une part, elle désorganise le comportement de votre enfant dans sa vie de tous les jours, par exemple s'habiller, attendre son tour, écouter et

apprendre… D'autre part, l'hyperactivité perturbe l'attention : votre enfant a beaucoup de peine à suivre les consignes, à se concentrer, et pas nécessairement parce qu'il est désobéissant. Lorsqu'un enfant est hyperactif, il est très vite en opposition avec son entourage. Demandez-vous s'il bouge beaucoup seulement à la maison ou si c'est aussi le cas à l'école, s'il se défoule suffisamment, comment il est reconnu dans la famille, s'il est valorisé mais sans excès…

La fréquence, l'intensité, la durée et la raison d'un comportement difficile sont à surveiller. Rappelez-vous que ces comportements sont nécessaires aux premières étapes du développement et posez-vous la question « *est ce que le comportement de mon enfant met en jeu son développement intellectuel, affectif, social…?* ». Vous devez être attentifs à la vie quotidienne de votre enfant en famille, aux apprentissages qu'il fait, à son comportement à l'école, aux relations qu'il a avec ses camarades… Si ses progrès sont satisfaisants dans chacun de ces domaines, il y a probablement peu de soucis à avoir.

Comment réagir

Si vous avez le sentiment de ne plus être capable de faire face aux comportements agressifs ou hyperactifs de votre enfant au point de vous sentir démuni, parlez-en autour de vous (famille, médecin, enseignant). L'important dans ce cas-là est de réussir à prendre du recul pour ne pas se mettre en colère contre lui, cela ne ferait qu'aggraver la situation. Essayez de ne pas vous résigner, sinon cela aura tendance à vous rendre incohérents à ses yeux (un jour vous dites « *oui* » et le lendemain vous dites « *non* ») et de créer un climat d'instabilité pour votre enfant. Votre enfant a besoin de limites, de cohérence et de stabilité pour se développer et le soutien de votre entourage peut grandement vous faciliter la tâche.

Ainsi, lorsque vous pensez qu'il souffre de ces comportements et lorsque vous sentez que vous n'arrivez plus à gérer la situation, il est important de demander une aide extérieure. Il ne faut pas attendre que la situation s'aggrave pour en parler à un médecin ou à un psychologue.

La disponibilité

La disponibilité de l'adulte est primordiale. Votre enfant ne « pousse » pas tout seul comme une plante, il a besoin que l'on s'occupe de lui, il a besoin de votre disponibilité affective et de votre temps. Pendant les premières années et au-delà, il est important que vous parliez à votre enfant, que vous vous souciiez de ce qu'il fait, que vous lui racontiez ou lisiez des histoires afin de lui donner le sentiment et l'envie d'exister. Toutes ces marques d'attention tissent les liens profonds d'affection et font émerger des émotions positives permettant à l'enfant de savoir qu'il a quelqu'un sur lequel, quoiqu'il arrive, il peut compter.

La cohérence du cadrage

Il faut aussi que vous ayez, en tant que parents, des attentes précises et des repères fixes pour que votre enfant, très jeune déjà, sache à quelles consignes il doit obéir, qu'elles sont les limites à ne pas dépasser. Les problèmes d'opposition et parfois d'agressivité ont pour cause l'incohérence ou le changement trop fréquent des règles.

A tout âge, lorsque nous ne savons pas où sont les limites, nous les poussons à leurs maximums. A titre d'exemple, on préfère en général rouler sur une route bien goudronnée limitée par des lignes blanches bien visibles, plutôt que sur une route mal délimitée. Les lignes blanches sont les garde-fous : « *Attention il y a les accotements, tu risques de tomber dans le ravin ou si tu dépasses la ligne médiane, tu risques d'aller sur la voie du voisin* ». Les limites sont sécurisantes. Bien comprises, elles guident l'enfant dans son développement et lui permettent de dépenser son énergie, non pas pour voir jusqu'à quel point il peut vous pousser, mais pour découvrir le merveilleux dans lequel il habite.

La culpabilité

Face à un comportement difficile, il peut vous arriver de vous demander : « *Est-ce que c'est de ma faute ?* ». Vous culpabilisez amène davantage de frustration. La bonne question est « *on est dans cette situation ensemble, toi et moi, qu'est ce qu'on va faire ?* ». Il faut aller de l'avant parce que chercher à savoir qui est responsable, voire coupable, revient à s'attacher surtout au passé, comme si l'on ne pouvait imaginer la suite de l'histoire. Pour ne pas vous décourager, il est important que vous ne vous sentiez pas seul face à des situations difficiles. En demandant de l'aide à des personnes extérieures, les difficultés pourront être exprimées et tendre vers une amélioration du comportement. Il ne faut pas attendre la fin de l'enfance pour réagir.

Ce qu'il faut retenir…

✔ Certains comportements, tels que le refus, l'opposition, la colère et l'agressivité, sont des étapes normales dans le développement de l'enfant. Restez attentifs à la fréquence et à l'intensité de ces comportements, qui ne sont sains qu'à moindre dose.

✔ Posez des limites claires et cohérentes à votre enfant, il en a besoin pour se construire.

✔ Expliquez-lui les raisons de vos interdictions.

✔ Tentez de garder votre calme. Les parents agités et qui hurlent font peur à leurs enfants, qui s'agitent eux-mêmes et désobéissent alors encore plus.

✔ Essayez de comprendre pourquoi votre enfant a parfois des comportements perturbateurs et, lorsqu'il est calme et que vous aussi vous l'êtes, parlez-lui pour l'aider à s'exprimer et à trouver des moyens plus propices de s'exprimer.

✔ Faîtes appel à une aide extérieure si nécessaire, une personne proche ou un professionnel (grands-parents, professeur, psychologue, médecin…).

✔ Soyez disponibles et cohérents, tentez de ne pas vous culpabiliser et dites souvent à votre enfant que vous l'aimez, même si parfois vous n'aimez pas son comportement.

Comment réagir face à des troubles du sommeil

Le sommeil est un élément majeur de la qualité de vie de votre enfant. Il peut arriver qu'il ait des difficultés de sommeil dès son jeune âge. Certaines sont banales mais si ces perturbations sont trop fréquentes, elles peuvent avoir des répercussions importantes pour lui comme pour vous.

Comprendre

Les troubles du sommeil peuvent avoir plusieurs origines : une maladie, des repas insuffisants ou trop abondants, une suppression prématurée du repas de la nuit, un temps de succion insuffisant, des horaires non adaptés, du bruit, des conflits entre les parents… Ils peuvent aussi être liés à une perturbation de la relation que vous avez avec votre enfant ou liés à votre anxiété : « Est-ce qu'il respire bien ? »,

« est-il toujours en vie ? »... Les conflits au sein de votre couple peuvent également être à l'origine de ces troubles. Il peut craindre d'être séparé de ses parents. Dans ces cas-là, il va rester éveillé pour vous rassurer et se rassurer.

L'apparition de la régularité des cycles de veille et de sommeil chez votre bébé ne se fait souvent pas avant le deuxième mois. Et il est normal qu'il ne fasse ses nuits complètes qu'après 3 mois. Ce cycle est régulé par la faim, qui le réveille, et la satiété, qui l'endort.
Votre bébé a peu de moyens d'exprimer son malaise et sa souffrance. Il les manifeste essentiellement par son corps, en particulier à travers le sommeil et l'alimentation. Les enfants n'ont pas tous besoin du même nombre d'heures de sommeil.

En grandissant, l'endormissement est un moment crucial et difficile parce qu'il doit se séparer de vous alors qu'il aimerait retrouver la sécurité qu'il avait lorsqu'il était bébé. Il est important de lui dire que vous n'êtes pas loin et qu'il ne risque rien. Un objet, un doudou (qui assure votre présence symbolique) par exemple, peut lui permettre de mieux assumer cette distance sans la vivre comme une rupture.

Les phobies sont normales entre 2 et 5 ans (la peur du noir, des voleurs, des monstres...) mais elles peuvent être sources de difficultés d'endormissement. Il est alors important de le rassurer, vérifier avec lui qu'il est en totale sécurité et allumez une veilleuse si besoin.
L'opposition au coucher est fréquente entre 2 et 4 ans, à un moment où se négocie la propreté. L'enfant refuse d'aller au lit ou se relève, il crie, il pleure et veut rester avec vous. C'est une manière de s'opposer. Rassurez-le tout en étant ferme, évitez de céder. N'hésitez pas à instaurer des rituels au coucher (raconter une histoire, chanter une chanson...).

Les principaux troubles du sommeil

L'insomnie du bébé est banale et fréquente avant 6 mois. Le plus souvent, il se réveille, pleure et crie. Mais attention, il peut aussi s'agiter et se cogner les poings et/ou la tête contre le mur ou les barreaux du lit. Il existe aussi les insomnies calmes : votre bébé éveillé reste immobile, sans

crier ou se manifester, à simplement explorer le plafond. Soyez vigilants à la fréquence de ces comportements et n'hésitez pas à consulter un spécialiste (pédiatre ou psychologue) si nécessaire.
En grandissant, le sommeil va s'améliorer mais il peut parfois être troublé.

Les terreurs nocturnes

Les terreurs nocturnes surviennent entre 18 mois et 15 ans et touchent de 1 à 3 % des enfants. Elles apparaissent dans les trois premières heures après le coucher. Votre enfant est assis dans son lit en criant, les yeux grands ouverts, il a l'air terrorisé. Il ne vous reconnaît pas et vos paroles rassurantes n'ont aucun effet. Au bout de quelques minutes, il retrouve son calme et se rendort. Il ne se souvient de rien le lendemain matin. Ces terreurs peuvent être uniques ou répétitives et sont sans gravité.

Les cauchemars

Les cauchemars sont fréquents entre 2 et 5 ans. Votre enfant, réveillé vers la fin de la nuit, pleure, gémit, vous appelle, vous reconnaît et est capable de raconter précisément son rêve effrayant, contrairement aux terreurs nocturnes. Ils surviennent le plus souvent suite à une émotion intense ou lors d'un changement dans sa vie (déménagement, problème de santé, dispute…). Ils sont très angoissants pour lui et peuvent entraîner des difficultés d'endormissement par crainte de refaire des cauchemars.

Le somnambulisme

Le somnambulisme peut toucher les enfants entre 5 et 12 ans. Votre enfant déambule chez vous, semble indifférent à ce qui se passe autour de lui, le visage inexpressif, le regard vide. Ce comportement n'est pas

grave, il faut faire en sorte qu'il ne se retrouve pas dans une situation de danger, par exemple les escaliers. Au réveil, votre enfant ne se souvient de rien.

Les rythmies d'endormissement

Les rythmies d'endormissement sont des mouvements de la tête ou du corps, avec parfois des vocalises et des bruits de heurts plus ou moins violents, qui surviennent pendant le sommeil. Ces comportements peuvent apparaître dès l'âge de 4-5 mois. Rassurez-vous, ces comportements peuvent vous paraître effrayants, mais il s'agit d'une activité qui lui procure du plaisir et l'aide à s'endormir.

Comment réagir

Si votre bébé a des troubles du sommeil, essayez de savoir si le rythme que vous lui proposez est en adéquation avec ses besoins. Soyez attentif aux conditions d'endormissement (lumière, doudou...), à l'excès de liquide ingéré avant le coucher, aux éventuelles coliques qu'il peut avoir. Ne dramatisez pas ces difficultés, parce que votre angoisse suffit à perpétuer le symptôme. Quelques consultations thérapeutiques sont parfois utiles dans un trouble persistant. L'attention se portera sur l'histoire de l'enfant au sein de la famille et sur ses habitudes de vie afin d'identifier le problème, s'il y en a un.

Si votre enfant a des troubles du sommeil, la conduite est variable en fonction de la difficulté, de la répétition et de l'importance du comportement.

Les terreurs nocturnes

Les terreurs nocturnes sont spectaculaires, elles peuvent vous inquiéter. Pourtant elles sont banales et sans conséquence pour la santé de votre enfant. Ne le réveillez surtout pas, il se sentirait perdu, incapable de comprendre ce qui lui arrive et cela risquerait d'augmenter sa peur. Restez près de lui le temps qu'il se calme et se rendorme. Ces terreurs peuvent survenir par manque de sommeil. Couchez-le alors un peu plus tôt. Si elles persistent, n'hésitez pas à consulter un spécialiste.

Les cauchemars

Lorsque votre enfant fait un cauchemar, apaisez-le, consolez-le et écoutez-le s'il souhaite décrire ce qu'il vient de vivre. Une fois rassuré, il devrait se rendormir sans problème. Le lendemain, vous pouvez l'aider à parler pour le rassurer et essayer de comprendre l'origine de ses angoisses. Rappelez-lui que les monstres n'existent pas, regardez, avec lui, les livres ou les films qui les montrent pour l'aider à dépasser ses peurs. Ne laissez pas votre enfant seul, et sans commentaires, devant la télévision.

Le somnambulisme

Si vous découvrez que votre enfant est somnambule, veillez à être à ses côtés lors de ces manifestations, afin qu'il ne se fasse pas mal. Raccompagnez-le dans son lit sans le réveiller, vous verrez qu'il se laissera sagement faire. Si vous constatez que ces épisodes sont fréquents (2 à 3 fois par semaine), n'hésitez pas à consulter votre médecin.

Notez toutefois que quel que soit le trouble du sommeil auquel vous avez à faire face, il est facile de créer rapidement une mauvaise habitude en invitant votre enfant dans votre lit. C'est vrai que cela le rassure ou vous rassure. Cependant, il est possible que par la suite, à chaque fois qu'il se réveillera la nuit, peu importe la raison, il voudra vous rejoindre. De toutes les façons, dans votre lit, il n'est pas à sa place.

Ce qu'il faut retenir…

- ✔ Certains troubles du sommeil sont banals mais soyez vigilants à leur fréquence et leur intensité.
- ✔ D'autres troubles sont préoccupants, n'hésitez pas à consulter un spécialiste : pédiatre ou psychologue.
- ✔ Quel que soit le trouble, votre enfant a besoin d'être rassuré pour surmonter ses peurs.
- ✔ Préparez-le au coucher pour qu'il se sépare de vous en douceur avec des rituels (histoires, chansons), avec une lumière, en lui disant des mots affectueux…
- ✔ Evitez qu'il ne vienne systématiquement dans votre lit dès qu'il a peur ou se réveille.

Comment réagir en cas de difficultés liées à l'alimentation

Les troubles du comportement alimentaire chez l'enfant sont générateurs de beaucoup d'inquiétudes pour les parents. Leur gravité est variable : de la simple fluctuation de l'appétit à un refus alimentaire avec risque vital.

Comprendre

L'alimentation répond à des besoins physiologiques et affectifs. La faim crée un état de tension qui est apaisé par le repas. Manger peut être source de plaisir lorsque le repas est une expérience relationnelle privilégiée entre vous et votre enfant, à travers l'échange de regards, de paroles, de touchers… En le nourrissant, vous lui faites don de vous-même et d'amour. De son côté, en acceptant votre nourriture, il vous accepte, et en retour, vous vous sentez aimé(e) et reconnu(e). Par contre, ce n'est pas parce qu'il ne mange pas qu'il ne vous aime plus.

S'il a des difficultés à terminer son assiette, c'est que, peut-être tout simplement, il n'a plus faim. Ne perdez pas de vue qu'il peut très bien manger un jour, puis presque plus rien les jours suivants. A partir d'un an, il s'implique beaucoup dans l'acquisition de la marche et il peut donc un peu moins s'intéresser à ses repas. Une baisse d'appétit à cette période est parfaitement normale car sa croissance ralentit et ses besoins nutritionnels sont moins importants.

Refuser de manger peut aussi être une manière de s'opposer : votre enfant cherche à affirmer sa personnalité. Il n'accepte plus tout ce que vous décidez pour lui et veut être maître de ses choix alimentaires. Vers 18 mois, il apprécie de manger seul à la cuillère et parfois refuse d'ouvrir la bouche si c'est vous qui lui proposez.

Bien le nourrir dès son plus jeune âge est essentiel et le mode d'alimentation peut influencer sa santé à l'âge adulte. Vous pouvez demander les proportions, variables selon l'âge, à votre médecin ou pédiatre. Sachez que les erreurs nutritionnelles commises pendant l'enfance sont en relation avec le développement de certaines maladies de l'adulte : obésité, hypertension artérielle, maladies vasculaires, allergie...Aussi, il est important de veiller à ne pas lui donner de trop grosses quantités de nourriture.

Les principaux troubles de l'alimentation

Votre bébé parle avec son corps, ses mouvements, ses oppositions, ses cris, ses pleurs, c'est un langage corporel. L'enfant plus grand, même s'il parle, s'exprime aussi par son corps. C'est sa manière de provoquer et de dire que quelque chose ne va pas. Si un enfant ne mange pas comme d'habitude, il existe des raisons. Il est important de repérer ces troubles pour remédier à ce qui peut être une souffrance. En dehors des troubles d'origine physique (poussée dentaire, accident de fausse route) ou médicale (gastro-entérite, muguet,...) on peut distinguer :

L'anorexie

Il s'agit d'une perte d'appétit. Elle peut revêtir différentes formes. La plus fréquente, l'anorexie d'opposition, survient entre 6 mois et 3 ans. Le début coïncide souvent à un changement dans l'environnement de votre enfant ou à un événement vécu par lui

comme traumatique : le sevrage, le passage à la cuillère, la diversification alimentaire, un déménagement... Il s'agit plus d'une conduite de refus que d'une absence d'appétit. La lutte pour le faire manger est quotidienne et chaque repas devient pénible. Il peut vous arriver d'être angoissé(e), inquiet(e) quant à sa survie, de douter de vos compétences et de vivre son refus de nourriture comme un rejet de votre personne. Ce refus peut parfois être accompagné de vomissements. Curieusement, la plupart du temps, il n'est pas abattu mais se montre au contraire gai, vif et joueur.

A l'opposé, dans les formes les plus graves, mais plus rares, pouvant apparaître dans les 3 premiers mois, il perd du poids de manière constante. Il ne semble pas avoir faim, a peu de mouvements de déglutition et de succion. Il observe beaucoup son entourage mais interagit peu avec. Il est passif, indifférent, son regard est fixe et semble vide.

Autre trouble : les vomissements

Ils apparaissent souvent à partir de 6 mois. A ne pas confondre avec les régurgitations des premiers mois, ils peuvent être spontanés ou provoqués, isolés ou associés à une anorexie. L'enfant avale des aliments, puis vomit. Plus l'enfant est petit, plus les risques de déshydratation sont grands.

Comment réagir

Si votre enfant mange peu, il n'y a pas de raison de s'inquiéter, de faibles besoins alimentaires peuvent aller de pair avec un bon développement et une bonne santé. Il y a des gros et des petits mangeurs.

Si votre enfant ne mange pas, n'essayez pas de le forcer. Votre attitude risquerait d'entretenir son opposition. Plus vous le forcez, plus la nourriture le dégoûte et plus vous allez avoir tendance à développer des stratagèmes pour obtenir qu'il mange, par exemple en le prenant par surprise, ou lorsqu'il dort. C'est un cercle vicieux dont il faut apprendre à sortir. Tentez de ne pas faire durer le repas trop longtemps.

S'il ne termine pas son assiette, ne lui proposez pas de grignotages pour compenser ce qu'il n'a pas mangé. Il risquerait d'en prendre l'habitude et de ne plus vouloir s'alimenter correctement. Il comprend très vite que de ne pas manger vous bouleverse et peut vite avoir envie de prendre ce pouvoir sur vous : il lui suffit de ne pas manger pour obtenir ce qu'il veut !

Par ailleurs, il est important de ne pas le féliciter. Il mange pour se nourrir, pas pour vous faire plaisir. Ainsi, ne donnez pas de punition s'il n'a pas d'appétit, et pas de récompense s'il mange. Il est préférable de ne pas faire de commentaires, ni d'observations devant lui à propos de son appétit afin de ne pas dramatiser la situation. Il se rend compte de l'importance que l'alimentation a pour vous. S'il voit que vous y portez moins d'attention, il prendra moins de plaisir à refuser de s'alimenter.

Pour lui donner ou redonner le goût de manger, vous pouvez aller au marché ensemble, vous pouvez lui demander de vous aider à préparer les aliments et lui proposer des plats appétissants et drôles dans un cadre familial détendu et agréable. Il est certain qu'un repas pris devant la télévision ne favorise pas les échanges dont il a besoin.

Quelles que soient les difficultés alimentaires que rencontre votre enfant, il est important d'y être attentif. Si vous considérez que les difficultés sont trop importantes et perdurent, consultez un spécialiste. En effet, il peut arriver que ces difficultés alimentaires soient liées à des troubles digestifs (diarrhées, coliques, vomissements…) voire un début de maladie. Si ce n'est pas le cas, il faudra tenter de mieux comprendre ce qui se passe.

Ce qu'il faut retenir…

- ✔ L'enfant exprime avec son corps ce qu'il ne peut dire avec des mots.
- ✔ Si votre enfant refuse de manger, ne le forcez pas, tentez de comprendre pourquoi il réagit de cette manière.
- ✔ Tentez de savoir si ces troubles sont d'origine physique ou psychologique en consultant un spécialiste (médecin, pédopsychiatre ou psychologue).
- ✔ Dédramatisez la situation et restez patient(e) pour éviter qu'il soit encore plus opposant.
- ✔ Essayez de faire en sorte que les temps de repas soient des moments agréables et en famille.

Comment faire face aux accidents domestiques et de la voie publique

Les accidents de la voie publique liés à la circulation, et les accidents domestiques, regroupant les brûlures, les chutes, les plaies... sont encore beaucoup trop nombreux aujourd'hui chez les enfants.

Comprendre

Avant 6-7 ans, le monde imaginaire de votre enfant est très présent. Il tient peu compte de la réalité des choses, ne perçoit pas le danger lorsqu'il joue dans la rue ou prend un objet coupant. Par ailleurs, il ne distingue pas forcément sa droite de sa gauche et a une appréciation moins fine que celle de l'adulte concernant la vitesse d'un véhicule. Ainsi, avant 6-7 ans, votre enfant est principalement une victime passive parce qu'il ne peut pas prévoir et subit les situations, comme recevoir de l'eau bouillante sur lui, sans pouvoir réagir. Après 6-7 ans,

il est acteur mais aussi prend plus de risques. A cet âge, correspondant à l'entrée au cours préparatoire, l'enfant commence à raisonner et à mieux évaluer les situations. Il arrive à prendre du recul pour percevoir le monde qui l'entoure. Mais pour que votre enfant puisse mieux évaluer les situations et devenir progressivement autonome, il a besoin que vous l'entraîniez et le stimuliez. Attention, cela ne signifie pas pour autant que votre enfant soit capable de se prendre en charge tout seul. Il a encore bien besoin de vous.

Prévenir les accidents

Un jeune enfant n'est pas en mesure d'avoir une vision totalement réaliste et ses capacités d'évaluation des risques sont moins développées que celles de l'adulte. De ce fait, c'est vous qui êtes responsable de sa sécurité. Pour assouvir une envie, votre enfant réagit de manière impulsive. Vous pouvez lui apprendre les limites à ne pas dépasser en lui posant des interdits et en lui expliquant les raisons pour lesquelles ces limites existent (« *Non tu ne dois pas faire ça, c'est dangereux parce que…* »). Vous pouvez également lui apprendre à reconnaître les dangers et à vivre avec.

Une surveillance attentive, une grande vigilance et une pédagogie du risque sont les comportements les plus préventifs concernant les accidents de la voie publique et domestiques.

En cas d'accident et d'hospitalisation

Certains accidents nécessitent une hospitalisation, et, dans les premiers temps, celle-ci peut être vécue comme un traumatisme pour votre enfant : il a mal, il a peur d'être séparé de vous, il est entouré de personnes étrangères dans un nouveau lieu. Cela peut également être un traumatisme pour vous : la blessure vous inquiète, vous vous demandez « *est-ce grave ?* », « *que va-t-il se passer ?* ». L'hospitalisation peut vous donner l'impression d'être dépossédés de votre enfant, dépossédés de votre rôle de parents protecteurs parce qu'on vous le prend. Et pour vous aussi, le personnel hospitalier vous est inconnu et il va falloir lui faire confiance. Il peut vous arriver de vous sentir débordés par la situation.

Ainsi, l'imaginaire chez les enfants et leurs parents est sollicité. Au départ, l'accident peut être un traumatisme mais s'il est bien géré, l'anxiété s'estompe.

Lorsque votre enfant subit une intervention chirurgicale, même sans gravité, cela lui cause et vous cause des moments d'anxiété. Jusqu'à 7 ans, avec son imagination débordante, il a de nombreux fantasmes autour de l'acte chirurgical parce qu'il n'a pas conscience de son anatomie. Il peut avoir la crainte que l'on va lui ouvrir la peau et que tout son sang va s'écouler. L'anesthésie est également source de craintes, qui peut se manifester pour lui par la peur de mourir et pour vous de le perdre. Vers 7 ans, il vous est plus facile de raisonner votre enfant parce qu'il arrive à mettre une certaine distance entre la réalité de l'intervention et toutes les peurs ayant été réveillées par cette dernière. Mais il est certain que vous rassurerez mieux votre enfant si vous avez vous-même un certain recul.

Reconnaître les signes d'une souffrance

Prévenir votre enfant de ce qui va lui arriver est important pour le rassurer, cependant dans certaines situations d'urgence, cela n'est pas possible. Ainsi, il peut être pris par des peurs, des crises d'anxiété ou des moments de tristesse et de repli. Du fait de son immobilisation, il est dépendant de l'adulte. Cela peut entraîner des comportements de régression tels que parler comme un bébé, ne plus être propre… Il est nécessaire que vous soyez près de lui pour le rassurer et le soutenir. Vous avez le droit d'exiger d'être auprès de lui, sauf au moment des soins et de l'opération.

Après l'hospitalisation, votre enfant peut être aussi en situation de souffrance et celle-ci se manifestera de différentes manières : des cauchemars, des troubles du sommeil, des colères, une angoisse de séparation. Votre enfant a très peur d'être séparé de vous ou de l'autre parent ou il a peur de retourner à l'école. Chez l'enfant d'âge scolaire, la souffrance peut apparaître sous la forme d'agressivité, de repli sur soi, de crises de colère à votre égard ou/et à l'égard des autres. Pour accompagner votre enfant, il est important que vous continuiez à vous sentir parents et suffisamment contenant pour lui.

Lors de l'hospitalisation, l'enfant a une place particulière parce qu'il est au centre de vos préoccupations, il est donc important que, de retour à la maison, chaque membre de la famille retrouve sa place et que la vie quotidienne reprenne progressivement son cours. S'il y a des séquelles esthétiques et/ou fonctionnelles (cicatrices, amputation…), du temps sera nécessaire pour qu'il accepte son nouveau corps et le regard des autres. Vous aussi, il vous faudra du temps. N'hésitez pas à demander une aide pour exprimer vos angoisses parce que pour rassurer votre enfant il faut que vous le soyez vous aussi.

Il est normal qu'un enfant ressente de la colère et de l'agressivité quand une partie de son corps est abîmée, et il faut que vous acceptiez ces comportements, s'ils ne sont pas trop débordants. Permettez à votre enfant de s'exprimer, tentez d'être à son écoute et n'hésitez pas à lui dire « *je comprends, c'est une situation difficile pour toi* ». Il faut également que votre enfant fasse le chemin qui consiste à s'accepter.

Il n'est pas toujours facile de gérer de telles situations, émotions, angoisses et comportements que vous et votre enfant avez. N'hésitez pas à consulter un psychologue ou un pédopsychiatre, que ce soit pendant la durée de l'hospitalisation ou après. Cette rencontre pourra vous permettre, ainsi qu'à votre enfant, de vous débarrasser de votre culpabilité et de mieux gérer vos angoisses afin que le traumatisme physique n'entraîne pas un traumatisme psychique.

Ce qu'il faut retenir…

- ✓ Votre enfant n'a pas conscience des dangers tels que vous vous les percevez, vous êtes donc responsables de sa sécurité et de la pédagogie du risque.
- ✓ Imposez-lui des limites et expliquez-les.
- ✓ Soyez attentifs et vigilants aux gestes et aux envies de votre enfant pour éviter les accidents.
- ✓ Lorsque votre enfant est hospitalisé, restez, si possible, auprès de lui pour le rassurer et expliquez-lui ce qui s'est passé et ce qu'on va lui faire. Parlez-lui de sa guérison et positivez l'hospitalisation.
- ✓ Soyez à l'écoute de votre enfant lorsqu'il exprime ses angoisses, ses peurs, ses doutes.
- ✓ N'hésitez pas à contacter un psychologue ou un pédopsychiatre.

Comment réagir face à une maladie ou un handicap

Il arrive parfois qu'un jour, pendant votre grossesse, après la naissance de votre enfant ou au cours de son développement, l'annonce d'une maladie ou d'un handicap survienne. Vous n'aviez pas forcément été préparés à un tel événement, qui va changer votre vie et celle de votre enfant.

L'annonce d'une maladie ou d'un handicap

Apprendre que votre enfant est malade ou handicapé est vécu comme un traumatisme pour lui ainsi que pour vous. Il est préférable que ce soit le médecin qui l'annonce à votre enfant en votre présence, parce que vous n'avez pas à prendre seuls la responsabilité de la maladie. Il est difficile d'être à la fois celui ou celle qui lui apporte une mauvaise nouvelle, et en même temps celui ou celle qui le protège. Il ne faut pas confondre le rôle de chaque personne. D'ailleurs, très souvent, l'annonce n'a pas besoin de lui être faite. Votre enfant sait qu'il est malade, il le ressent

dans son corps et cela est renforcé par votre regard et vos comportements. Il a besoin d'être accompagné, que vous expliquiez ce qui se passe et se passera dans sa vie. Dans la plupart des cas, progressivement, la maladie ou le handicap deviendra pour lui un partenaire.

Certains enfants naissent avec une maladie ou un handicap. Ils s'habituent à vivre avec. Ceux qui l'apprennent au cours de leur enfance et n'y sont pas préparés peuvent le vivre comme un violent traumatisme.

Certaines maladies et handicaps nécessitent une hospitalisation. Votre enfant doit savoir ce qui va lui arriver et cela doit, encore une fois, lui être annoncé par le médecin. Il est important que votre enfant soit prévenu suffisamment à l'avance pour qu'il puisse s'y préparer avec vous. L'hospitalisation, quelle que soit sa durée, est signe de rupture pour lui : rupture avec la maison, avec sa vie d'avant, avec sa famille, avec ses parents, avec ses copains. Ainsi, pour le rassurer, pour le sécuriser, vous pouvez lui apporter des repères (doudou, photographie...).

Lorsque l'on vous annonce que votre enfant est malade ou handicapé, cela peut être très difficile à vivre et à entendre. Il peut vous arriver que vous vous posiez des questions sur votre responsabilité dans la transmission de cette maladie. Cette situation est difficile à gérer parce que vous devez le soutenir et être présents auprès de lui tout en acceptant la nouvelle. Il est tout à fait normal d'avoir l'impression d'être dépossédés de votre enfant, de se sentir impuissants et en colère.

Malgré ce que vous pensez, vous pouvez aider votre enfant en étant auprès de lui. Il a besoin de votre présence et de votre soutien. Des chambres « mère-enfant » à l'hôpital pédiatrique permettent aujourd'hui aux parents de dormir auprès des enfants.

Comment réagir

Savoir que votre enfant est atteint d'une maladie ou d'un handicap peut générer, chez vous, de l'anxiété et des inquiétudes. Le fait de parler de votre souffrance à un psychologue peut vous aider parce que vous allez pouvoir mettre des mots sur ce que vous ressentez. « Formuler », « verbaliser » c'est mettre de l'ordre dans ses idées.

Pour que votre enfant s'accepte comme il est, il faut que ses angoisses soient « contenues » et elles le seront mieux si les vôtres sont contrôlées. Nier ou ignorer vos angoisses et les siennes ne fera qu'aggraver votre état et le sien. Il a besoin que vous soyez à son écoute et que vous restiez ses parents.

La présence d'une maladie ou d'un handicap procure à votre enfant un statut à part dans la famille étant donné que tout se focalise autour de lui et de sa particularité. Il faut respecter, autant que cela vous est possible, ce qu'il était avant cette annonce, c'est-à-dire un enfant, tout en prenant en compte sa différence. La place des frères et sœurs doit aussi être respectée : il reste un enfant à sa place dans la fratrie.

Répercussions psychologiques

Face à une maladie ou un handicap, les répercussions psychologiques sont variables. Elles dépendent de la nature de la souffrance et de son entourage. Cependant, il est vrai que la maladie ou le handicap, et le traitement qui en découle, peuvent gêner son équilibre psychologique et le perturber dans ses relations avec les autres. Un enfant malade ou handicapé n'est pas tout à fait un enfant comme les autres, mais attention à ne pas dramatiser la situation, ou à l'inverse, à la banaliser.

Plus la maladie ou le handicap est grave, plus il se sent envahi par ses difficultés, et cela peut entraîner une baisse de ses centres d'intérêt, par exemple pour l'école, le sport ou les copains. Il est important de ne pas le laisser baigner tout seul dans ce sentiment. Si vous ressen-

tez qu'il en a besoin ou si, lui-même ressent le besoin de parler, n'hésitez pas à consulter un professionnel. Il est important qu'il puisse lutter contre ses angoisses. Cependant, l'accompagnement psychologique n'est pas toujours nécessaire. Beaucoup d'enfants s'en sortent très bien et s'adaptent à la situation, cela dépend de leur histoire, de leur personnalité, de leur environnement.

Il ne faut pas négliger les risques éventuels de manifestations de décompensation longtemps après.

Maladie ou handicap d'un parent

Il arrive aussi que ce soit le parent qui soit touché par la maladie ou le handicap et il est important que votre enfant le sache, car de toute façon, il le perçoit inconsciemment. Il ne s'agit pas de tout lui dire. Il ne peut pas tout comprendre mais il doit savoir pourquoi il y a des changements dans son entourage. Il doit savoir pourquoi il vous arrive d'être tristes, surtout s'il s'imagine qu'il pourrait en être responsable. Même si vous ne lui parlez pas, il ressent vos émotions.

Si vous ou votre conjoint êtes hospitalisé(e), il est nécessaire de le lui dire. Un départ sans explications entraîne dans l'imaginaire de votre enfant la peur d'être abandonné, voire « trahi », ou de se sentir coupable.

Ce qu'il faut retenir...

- ✓ Ne pas cacher la vérité à votre enfant sur son état de santé ou le vôtre (dans la mesure de ce qu'il peut entendre).
- ✓ En cas d'hospitalisation, soyez auprès de lui et apportez-lui des objets connus tels que son doudou, ses jouets, des photos.
- ✓ Soyez à son écoute et restez ses parents.
- ✓ Prévenez toujours votre enfant de ce qui va lui arriver, où il va, où vous allez et dites lui bien que vous allez toujours revenir.

Comment faire face à une situation de maltraitance

La maltraitance est un terme récent, mais elle existe depuis très longtemps. En France, environ 21 000 enfants seraient repérés et aidés chaque année.

Comprendre

Quatre formes de maltraitance sont aujourd'hui décrites. Elles ne sont, cependant, pas à dissocier parce que la présence de l'une va souvent de pair avec l'autre. Par exemple, quand un enfant subit des violences physiques, elles sont très souvent associées à des mots humiliants. Les mauvais traitements peuvent causer de graves troubles de la croissance et du développement psychologique et affectif. La maltraitance n'est pas toujours intentionnelle.

Les maltraitances physiques sont les plus visibles parce qu'elles apparaissent sous forme de fractures, d'hématomes, de brûlures, d'hémorragies... Ces traces de coups sont parfois localisées dans des parties non visibles afin de ne pas éveiller les soupçons. La gravité des lésions

physiques ne dépend pas seulement de la violence des actes commis mais est fortement reliée à l'âge de l'enfant. Par ailleurs, chez les enfants en bas âge, la quasi-totalité des actes de violence laisse des traces sur le corps. Chez les enfants plus âgés, il est plus difficile de les détecter parce qu'ils les dissimulent.

La maltraitance psychologique, telle que les brimades, les humiliations répétées (« *tu es nul* », « *tu ne comprends jamais rien* »), les comportements de rejet, les punitions excessives, a un impact sur le développement psychologique de l'enfant. Les actes, les attitudes et les mots répétés lui donnent le sentiment d'être rejeté, d'être sans valeur. Ne pas être aimé peut entraîner le fait de ne pas s'aimer et de ne pas aimer les autres.

Un enfant doit être nourri, il a besoin de soins, d'hygiène, d'affection, de surveillance et de protection de la part des adultes. On parle de carences lorsqu'il ne reçoit pas, ou pas suffisamment, de soins indispensables à sa survie et à son bien être. Il vit dans une discontinuité de soins.

La maltraitance sexuelle concerne les abus sur les enfants qui n'ont pas atteint leur maturité et qui sont incapables de consentir de façon responsable à des actes dont ils ne comprennent pas la portée. Il s'agit de viols, d'attouchements, mais cela concerne aussi les regards, les mots.

Reconnaître les signes

Les signes de maltraitance sont divers, mais attention à ne pas porter de jugements trop rapidement.

Il est important d'être attentif aux manifestations physiques telles que les brûlures, les traces de coups, les plaies, un retard de développement (poids et taille) dû à un manque de soins.

Les manifestations psychologiques sont aussi repérables, mais il faut rester prudent dans l'interprétation des signes. Les enfants maltraités peuvent manifester un retard dans leur développement psycho-moteur (retard de langage, de motricité...) ou un changement de comportement, notamment un désintérêt scolaire, de l'agressivité, un repli sur soi, de la tristesse, un manque de confiance en soi... La souffrance peut également apparaître sous forme de troubles du sommeil (difficultés d'endormissement, cauchemars) ou de l'alimentation (anorexie, boulimie), de maux de ventre ou de tête, de changements de comportements comme l'utilisation de mots inhabituels...

Ces signes peuvent se manifester à l'occasion d'autres difficultés, telles que le divorce des parents, un déménagement... ; il est donc important de bien évaluer la situation en prenant en considération tous les signes que vous observez ainsi que le contexte de la vie de l'enfant. Confronter cette évaluation à celle d'autres personnes qui connaissent l'enfant est indispensable.

Répercussions physiques et psychologiques

Quelle que soit la forme de la violence, ses conséquences peuvent être durables sur la santé physique, psychologique et affective de la victime. Sur le plan physique, dans les cas les plus graves, la négligence d'un enfant en bas âge peut entraîner son décès par une sous-alimentation, une absence de protection ou de soins (dénutrition, non-assistance d'enfant malade...). Par ailleurs, des retards de croissance et des dommages physiques (fractures) peuvent se manifester.

Sur le plan psychique, les conséquences peuvent avoir un impact sur le développement de la personnalité de l'enfant. Il va avoir tendance à accepter cette souffrance en se disant qu'il l'a bien méritée, au point de considérer ce qu'il vit comme étant normal.

Le traumatisme, causé par l'acte de maltraitance, dépend de sa durée, de la précocité ou non de la révélation, de la proximité de la personne maltraitante par rapport à l'enfant... Attention, les enfants victimes ne seront pas automatiquement eux-mêmes des personnes violentes à l'âge adulte. La majorité d'entre eux arrive à dépasser ce qu'ils ont vécu.

Il est important de savoir que l'enfant ne demande qu'une seule chose, c'est que la situation cesse. Si la personne maltraitante est un proche (famille, école...), il ne cherche pas à ce qu'elle soit punie, il ne veut pas la trahir, voire même perdre son amour. Il est pris dans un « conflit de loyauté » : il continue d'aimer cette personne, lui trouve des excuses et en même temps il voudrait que cela s'arrête. Il est rare qu'il ose dénoncer son parent maltraitant. Il peut arriver qu'il le fasse plus tard, à l'adolescence.

La maltraitance peut avoir de multiples causes. Chaque situation est différente. Tout va dépendre de l'environnement, des événements que chaque personne traverse dans sa vie. Il faut distinguer la maltraitance de crise de la maltraitance chronique.

Comment réagir

Lorsque vous suspectez une maltraitance, il est primordial de ne pas rester seul(e) face à vos doutes. Parlez-en aux différentes personnes qui sont en contact régulier avec l'enfant telles que les professeurs des écoles, les infirmières scolaires... Les ressentis sont différents selon chaque personne, le partage des points de vue peut éclairer une situation. Une conclusion hâtive peut avoir de graves conséquences pour l'enfant et sa famille si les faits s'avèrent faux.

Si vous avez remarqué qu'un enfant était triste, qu'il semble avoir des soucis, n'hésitez pas à en parler aux parents, sans les accuser. Cela peut débloquer la situation. Vous pouvez également contacter le 119 ; des professionnels seront là pour vous aider à mieux comprendre la situation et vous aideront à savoir comment réagir.

Une personne maltraitante a conscience qu'elle fait du mal à l'enfant, cependant, il lui est difficile d'accepter qu'elle rencontre des difficultés et cela lui est compliqué de se tourner vers les autres pour avoir une aide. Ce n'est pas facile d'être parent. Aimer son enfant ne signifie pas que l'on soit exempté de fatigue, d'épuisement, d'énervement et de soucis... Il est important de connaître ses limites. N'hésitez pas à demander une aide extérieure si la situation est trop compliquée.

Dans le cas d'une confidence de la part de l'enfant, il est nécessaire de l'écouter, de le rassurer et de croire en sa parole.

Lorsqu'un enfant a vécu des situations douloureuses, il faut lui donner la possibilité d'en parler à quelqu'un sans forcément évoquer une psychothérapie. C'est lui permettre de rencontrer un adulte qui gardera le récit de sa souffrance. Cependant, ceci n'est pas à faire systématiquement ni à faire immédiatement. Il faut être attentif aux manifestations de souffrance (cauchemars, signes d'anxiété...).

Ce qu'il faut retenir...

- ✔ Soyez attentif aux manifestations de souffrance de l'enfant.
- ✔ Soyez à l'écoute de l'enfant.
- ✔ Ce n'est pas facile d'être parent.
- ✔ Ne restez pas seul, n'hésitez pas à demander de l'aide.
- ✔ L'enfant victime a besoin de savoir que vous croyez en lui et ce qu'il dit.

A qui vous adresser ?

Vous allez trouver normal de demander une aide lorsque vous êtes physiquement malade. Mais dès qu'il s'agit de vos émotions, de vos pensées, de vos relations aux autres, ou de celles de votre enfant, c'est tout autre chose. En effet, faire la démarche de consulter un « psy » (psychologue, psychiatre, psychothérapeute) est difficile, mais parfois nécessaire. Il est important que vous choisissiez une personne avec qui vous vous sentez en confiance pour aborder votre problème. Vous avez le choix parmi différents spécialistes.

Le psychologue.

Un psychologue est un professionnel qui a suivi une formation universitaire qualifiante (bac + 5) et, dans de nombreux cas, mais pas obligatoirement, une formation personnelle (développement personnel, psychanalyse, psychothérapie). Il étudie la façon de penser, de se sentir, de se comporter et applique ses connaissances en vue d'aider les personnes à comprendre, à expliquer et modifier leur fonctionnement psychique ou leur comportement. Il n'est pas un médecin et ne peut prescrire des médicaments. Son travail est avant tout un travail d'écoute.

Le psychiatre ou le pédopsychiatre.

Le psychiatre est un médecin ayant fait une spécialité en psychiatrie (bac + 12). Il peut prescrire des médicaments (psychotropes) agissant sur la biologie du cerveau pour induire une diminution ou une disparition des symptômes et, en conséquence, une amélioration des troubles psychiques et relationnels. Il n'est pas psychologue ni psychothérapeute, sauf s'il a suivi une formation dans ces disciplines et dans ce cas, il peut proposer un travail de psychothérapie.

Un pédopsychiatre est un psychiatre spécialisé dans les difficultés psychiques et relationnelles de l'enfant, de l'adolescent et de ses parents.

Le psychothérapeute.

Les psychothérapies sont des techniques de soins psychiques prenant appui sur l'expression (verbale ou non verbale) du patient, et réclamant sa participation active. Le psychothérapeute a reçu une formation en psychothérapie non sanctionnée par un diplôme universitaire. Cette activité est très peu réglementée et le choix de l'interlocuteur doit inciter à la plus grande vigilance. Cependant, un psychothérapeute peut être aussi un psychologue ou un psychiatre qui s'est spécialisé dans une méthode thérapeutique particulière. Les techniques de psychothérapie sont extrêmement variées ; les formations qui y préparent peuvent durer de quelques semaines à plusieurs années. Certaines pratiques psychothérapiques comme la psychanalyse sont plus encadrées et contrôlées que d'autres. La liste des professionnels reconnus est consultable dans les instituts de formation. Malheureusement les phénomènes de mode et l'appétence pour des résultats rapides et sans effort vulgarisent des pratiques insuffisamment éprouvées. La législation va évoluer et une réglementation est en cours.

Comment choisir ?

Le « contact » que vous aurez, la confiance que vous ferez à un praticien sont essentiels et déterminants dans la conduite d'un traitement psychothérapique. Mais avant cela, pour vous assurer de frapper à la bonne porte, il est nécessaire de recueillir l'avis de personnes en qui vous avez déjà confiance, qui connaissent votre enfant, et qui savent à qui s'adresser selon les difficultés présentées et selon les ressources de votre environnement géographique. Votre médecin généraliste, le pédiatre de votre enfant pourront soit vous aider à trouver les réponses efficaces, soit vous orienter vers les solutions adaptées: un spécialiste compétent, exerçant en libéral, ou une structure spécialisée. Le professeur des écoles, le directeur, l'assistante sociale scolaire, la psychologue scolaire, l'infirmière et le médecin scolaire peuvent être de bons conseils, si vous pensez pouvoir leur faire part de vos questions ; souvent ce sont eux qui attirent votre attention sur un symptôme présenté par votre enfant dans le cadre scolaire, et eux aussi qui vous conseilleront de vous adresser à tel ou tel spécialiste.

Vers qui pouvez-vous vous tourner ?

Un établissement :

• **Protection Maternelle et Infantile (PMI)** pour les très jeunes enfants.

• **Centre d'Action Médico-Sociale Précoce (CAMSP)** de 0 à 6 ans.

• **Centre Médico-Psychologique (CMP)**

• **Centre Médico-Psycho-Pédagogique (CMPP) :** http://ancmpp.free.fr/ANCMPP/annuaire.html

Ces différentes structures regroupent des pédiatres, des pédopsychiatres, des psychologues et d'autres spécialistes de l'enfance. Les consultations sont prises en charge à 100% par l'assurance maladie. Renseignez-vous auprès de l'hôpital le plus proche pour les CMP, et auprès de votre mairie pour les centres de PMI, les CAMSP et les CMPP. Ces différents centres accueillent les enfants et les parents.

Un praticien libéral :

• La consultation d'un psychiatre ou pédopsychiatre peut selon son conventionnement être totalement ou partiellement remboursée par l'assurance maladie.

• Les actes des psychologues libéraux et des psychothérapeutes qui ne sont pas médecins, ne sont pas remboursés.

Quelles sont les lignes d'écoute téléphonique que vous pouvez contacter ?

Vous avez aussi la possibilité de contacter des lignes d'écoute téléphonique pour répondre à une situation urgente ou difficile. Des personnes qualifiées vous apporteront aide, soutien et conseils, et vous orienteront vers les personnes adéquates. La plupart sont des numéros verts (appel gratuit).

- **Allô Enfance Maltraitée :** 119 (7j/7, 24/24).
- **Cellule « SOS Violences » en milieu scolaire :** 0 800 802 984 (du lundi au vendredi de 9h à 17h).
- **Croix-Rouge Ecoute :** 0 800 858 858 (du lundi au vendredi de 10 h à 22 h, samedi et dimanche de 12 h à 18 h)
- **Défenseur des enfants :** 01 53 63 58 51. Site internet : www.defenseur-desenfants.fr
- **Fil Santé Jeunes :** 32 24 (7j/7 de 8h à 24 h).
- **Inter Services Parents :** 01 44 93 44 93 (du lundi au vendredi de 9h30 à 12h30 sauf le jeudi matin et de 13h30 à 17 h).
- **Institut National d'Aide aux Victimes et de Médiation (INAVEM) :** 08 842 846 37 (du lundi au samedi de 10h à 22 h).
- **Jeunes Violences Ecoute :** 0 808 807 700 (7j/7 de 8 h à 23 h).
- **SOS Amitié :** 01 42 96 26 26 (7j/7).
- **Enfance et partage :** 0 800 05 12 34.

Sommaire

Comment traiter les petits bobos du quotidien

Comment traiter les petits bobos du quotidien

partie 5

Comment réagir aux bleus et aux bosses

L'essentiel tout de suite...

En cas de bleu ou de bosse, procédez comme suit :

- ✔ Posez un sac de glaçons, protégé par un linge, sur la zone douloureuse pendant au moins cinq minutes.
- ✔ Appliquez ensuite une pommade à base d'arnica.
- ✔ Si la bosse est située sur le crâne et vous semble importante, ou si le bleu est très étendu, consultez un médecin.

Comprendre

Courantes chez l'enfant, ces blessures sont souvent sans gravité, surtout lorsqu'elles sont de petite taille et situées sur les membres.

Restez néanmoins prudent en cas de bosse sur la tête. Méfiez-vous des traumatismes crâniens (reportez-vous si nécessaire à la page 237).

Il en est de même pour les bleus étendus sur le thorax ou l'abdomen. Le choc peut avoir provoqué des lésions internes méconnues initialement.

Réagir

Si vous soupçonnez la présence de lésions internes ou si le bleu est de taille importante, un avis médical est indispensable. Attention, en particulier, aux chutes de vélo avec choc sur le guidon.

Pour les petits bleus et les petites bosses, seule la glace est efficace. Elle permet de calmer la douleur et de diminuer la taille des bleus ou des bosses.

- Posez tout de suite un sac de glaçons, protégé par un linge, sur la zone douloureuse.
- Laissez-le pendant environ cinq minutes.
- Appliquez ensuite une pommade à base d'arnica.

Comment réagir aux griffures

L'essentiel tout de suite...

En cas de griffure, procédez comme suit :

- ✔ Lavez la plaie avec de l'eau savonneuse à deux ou trois reprises.
- ✔ Désinfectez la plaie soigneusement avec du chlorure de benzalkonium.
- ✔ Couvrez-la à l'aide de compresses stériles.
- ✔ Vérifiez que l'enfant est bien vacciné contre le tétanos.
- ✔ Surveillez la plaie dans les jours suivants, si elle devient rouge, chaude ou douloureuse, consultez un médecin.

Comprendre

Comme pour les ***morsures*** (reportez-vous à la page 379), les griffures peuvent être d'origine humaine ou animale. Le plus souvent, il s'agit d'un chien ou d'un chat.
Les griffures sont douloureuses et comportent aussi un risque infectieux. Lorsqu'elles sont situées sur le visage, il est préférable de consulter un médecin. Sinon, il faut les traiter de la même manière que les morsures.
Les chats transmettent parfois par leurs griffes une maladie, *la lymphoréticulose bénigne*, appelée aussi « maladie des griffes du chat ». Cette affection, en général sans gravité, entraîne de la fièvre et l'apparition d'un ou plusieurs ganglions. Elle guérit sans traitement.

Réagir

Procédez comme pour une morsure, en prévenant le risque infectieux.

- Lavez la plaie avec de l'eau savonneuse à deux ou trois reprises.
- Désinfectez la plaie soigneusement avec du chlorure de benzalkonium.
- Couvrez-la à l'aide de compresses stériles.

ATTENTION ! Si les vaccinations de votre enfant contre le tétanos ne sont pas à jour, sachez qu'une simple égratignure, une piqûre de rosier ou une écharde peut lui transmettre le bacille de Nicolaier, responsable de la maladie. En cas de plaie supposée « tétanigène », il est donc urgent de faire pratiquer rapidement un rappel du vaccin ou une injection de sérum antitétanique.

Comment faire s'il a été mordu

L'essentiel tout de suite...

En cas de morsure, procédez comme suit :

Pour une morsure animale (sauf les serpents) ou humaine...

- ✔ Lavez la morsure avec de l'eau savonneuse à deux ou trois reprises.
- ✔ Désinfectez soigneusement la plaie avec du chlorure de benzalkonium.
- ✔ Couvrez-la à l'aide de compresses stériles.
- ✔ Vérifiez bien que les vaccinations de votre enfant sont à jour. Assurez-vous aussi que l'animal est vacciné contre la rage, surtout en zone endémique.
- ✔ Consultez toujours un médecin.

Pour une morsure de serpent...

- ✔ Rassurez l'enfant.
- ✔ Immobilisez le membre mordu.
- ✔ Pratiquez une compression de la zone mordue. Pour cela, confectionnez un bandage compressif en dessous duquel il est possible d'insérer un doigt.
- ✔ Si c'est un doigt ou la main qui a été mordu, retirez tout ce qui peut serrer (montre, bracelet...).
- ✔ Allongez l'enfant et emmenez-le aux urgences sans le faire marcher.

Si l'enfant présente un malaise, des vertiges, ressent des difficultés pour respirer :

- ✔ Avertissez les secours (Samu-15 ou pompiers-18).
- ✔ Allongez-le et procédez comme décrit ci-dessus.
- ✔ En attendant les secours, surveillez les constantes vitales de l'enfant (rythme cardiaque et fréquence respiratoire). Si nécessaire, commencez le massage cardiaque et la ventilation artificielle (voir pages 148, 149 et 151).

Parfois, les morsures de serpents provoquent un gonflement impressionnant du membre atteint. Il devient froid, vire au blanc bleuté. C'est le signe d'une envenimation importante, qui nécessite une hospitalisation.

Comprendre

Pour la plupart d'entre nous, les morsures évoquent les chiens. Pourtant, les canidés ne sont pas les seuls à mordre, loin s'en faut. Un enfant peut être mordu par l'un de ses camarades, par exemple. De plus, contrairement à ce que l'on pourrait croire, les serpents ne piquent pas… ils mordent ! Leurs morsures nécessitent un traitement particulier, puisqu'elles peuvent entraîner l'inoculation de venin. Elles font dans ce chapitre l'objet d'une section spécifique.

Outre le risque d'envenimation pour les morsures de serpents venimeux (vipères), le risque des morsures réside principalement dans l'infection bactérienne de la blessure. Attention notamment au tétanos ! Vérifiez bien que les vaccinations de votre enfant sont à jour. Assurez-vous aussi que l'animal est vacciné contre la rage, surtout en zone endémique.

Enfin, bien que les morsures animales soient les plus fréquentes, sachez que les morsures humaines sont parfois plus graves. Elles véhiculent quantité de germes infectieux.

Attention à la rage !

Ne prenez aucun risque ! Chez l'homme, la période silencieuse (sans symptôme apparent) peut être très longue (jusqu'à plusieurs mois). Or la rage est une maladie mortelle.

- Téléphonez à un vétérinaire pour savoir si votre lieu de résidence est touché par la rage (zone « endémique »).

Si vous habitez dans une zone endémique :

- Demandez le carnet de vaccination de l'animal à son propriétaire. Vérifiez vous-même les dates des injections.
- Si cela se révèle impossible, contactez le vétérinaire de l'animal.

Si vous êtes dans une zone indemne de rage :

- Vérifiez que l'animal est bien vacciné contre la rage.
- S'il n'est pas vacciné, demandez au propriétaire s'il a effectué des voyages avec son animal dans des zones à risques ou des pays étrangers durant les derniers mois.
- L'animal doit être surveillé pendant dix jours. S'il ne présente aucun signe au bout de cinq jours, on peut le considérer comme non atteint. Votre enfant ne risque donc pas de contracter la rage.

Si vous n'avez aucune information sur l'animal (animal errant ou sauvage), il faut traiter l'enfant de manière préventive, comme si la bête était enragée.

- Nettoyez à grande eau la plaie puis conduisez l'enfant immédiatement chez le médecin pour qu'il reçoive un traitement spécifique antirabique (vaccination et sérum antirabique).

Méfiez-vous ! Certains petits animaux sauvages, même mignons et sympathiques, peuvent être atteints (écureuils, hérissons, souris, chauves-souris). Il en va de même pour le bétail.

Réagir

Les morsures d'animaux (à l'exception des serpents) ou d'humains

- Lavez la morsure avec de l'eau savonneuse à deux ou trois reprises.
- Désinfectez la plaie soigneusement avec du chlorure de benzalkonium.
- Couvrez-la à l'aide de compresses stériles.

ATTENTION ! Une consultation médicale s'impose quelle que soit la morsure. La fermeture de la blessure sera effectuée par un chirurgien. Si les cicatrices sont très visibles, elles pourront ensuite bénéficier de chirurgie réparatrice.

Les morsures de serpents

Les vipères sont les seuls serpents venimeux vivants sous nos climats, mais leur morsure est rarement mortelle. Il arrive que l'on sente une douleur au moment de la morsure sans que l'on ait eu le temps de voir le reptile. L'endroit de la blessure est souvent évocateur : pied, cheville ou main si cette dernière a été posée sur le sol…

Les traces des crocs de la vipère donnent deux petits points, souvent entourés d'une auréole rouge. Il faut y penser même si vous n'observez qu'une seule petite tache rouge, car il n'est pas rare que la vipère perde un croc.

Que faire ?

- Rassurez l'enfant.
- Immobilisez le membre mordu.
- Pratiquez une compression de la zone mordue. Pour cela, confectionnez un bandage compressif en dessous duquel il est possible d'insérer un doigt.
- Si c'est un doigt ou la main qui a été mordu, retirez tout ce qui peut serrer (montre, bracelet...).
- Allongez l'enfant et emmenez-le aux urgences sans le faire marcher.

Les morsures de serpents peuvent entraîner un malaise, accompagné de sueurs, pâleur, vertiges, troubles respiratoires. Si c'est le cas :

- Avertissez les secours (Samu-15 ou pompiers-18).
- Allongez le blessé. Procédez comme décrit ci-dessus.
- En attendant les secours, surveillez les constantes vitales de l'enfant (rythme cardiaque et fréquence respiratoire).

Parfois, les morsures de serpents provoquent aussi un gonflement impressionnant du membre atteint. Il devient froid, vire au blanc bleuté : c'est une envenimation massive, heureusement rare. Le retour à la normale risque de prendre plusieurs semaines. L'hospitalisation est nécessaire car il peut exister un risque vital.

Comment réagir en cas de piqûre

L'essentiel tout de suite...

En cas de piqûre, procédez comme suit :

- ✓ Calmez l'enfant et assurez-vous qu'il ne présente pas de nombreuses piqûres.
- ✓ Désinfectez la piqûre, après avoir retiré le dard avec une pince à épiler à bouts crochetés s'il s'agit d'une piqûre d'abeille.
- ✓ S'il s'agit d'une piqûre de méduse, rincez sans frotter la zone douloureuse à l'eau savonneuse froide.
- ✓ Appliquez sur la piqûre une compresse froide ou de la glace dans un gant.
- ✓ Si l'état de l'enfant ne vous inspire pas d'inquiétude, mais qu'il se plaint de douleurs, donnez-lui du paracétamol.
- ✓ Si l'état de l'enfant semble grave (malaise, perte de connaissance...), appelez le Samu-15 et appliquez la procédure décrite page 283.

Comprendre

Le printemps et surtout l'été, les piqûres sont légion. Les plus fréquentes sont évidemment les piqûres d'hyménoptères, c'est-à-dire de guêpes, d'abeilles et de frelons, ainsi que celles de moustiques et de taons.

Au bord de la mer, il ne faut pas pour autant oublier un autre type de piqûres, celles des méduses, particulièrement douloureuses.

Réagir

Les piqûres d'insectes

- Calmez l'enfant et assurez-vous qu'il ne présente pas de nombreuses piqûres.
- S'il s'agit d'une piqûre d'abeille, enlevez le dard, s'il est visible, à

l'aide d'une pince à épiler à bouts crochetés nettoyée à l'alcool (les guêpes et les frelons ne perdent pas leur aiguillon). Veillez bien à ne pas casser le dard en le retirant.

- Nettoyez à l'eau et au savon puis désinfectez la piqûre.
- Appliquez dessus une compresse froide ou de la glace dans un gant.
- Si l'enfant a mal, donnez-lui du paracétamol pour apaiser la douleur.

Sachez par ailleurs que pour les piqûres de moustiques, un coton imbibé de vinaigre permet de faire dégonfler rapidement la zone irritée.

Les piqûres de méduses

Courantes l'été, les piqûres de méduses entraînent des lésions urticantes très douloureuses.

- Toutes les piqûres de méduses doivent êtres lavées avec une grande quantité de vinaigre pour éviter la progression de l'envenimation.
- A défaut de vinaigre, protégez-vous avec des gants à usage unique et retirez avec vos doigts les tentacules collés, puis rincer la zone touchée avec de l'eau de mer pour retirer les cellules piquantes encore visibles. Recouvrez ensuite de sable les éventuels filaments sans les frotter. Laissez sécher puis retirez-les délicatement.
- En cas de réaction allergique, consultez votre médecin.

Quand s'inquiéter ?

Si l'enfant se sent mal, présente des piqûres multiples ou a été piqué à l'intérieur de la bouche, il y a **URGENCE**. Il peut en résulter un malaise, accompagné d'une chute de la pression artérielle et d'une perte de connaissance (choc anaphylactique ou phénomène provoqué par la libération massive d'histamine dans le sang).

On peut aussi observer un œdème très volumineux qui s'étend rapidement. S'il concerne la face et gagne le larynx, il s'agit du fameux « œdème de Quincke » que l'on traitera d'abord avec des corticoïdes et, en cas d'échec, par des injections d'adrénaline et une intubation (pour éviter l'asphyxie).

Dans tous les cas :

- Appelez le Samu-15 en urgence.
- Appliquez la procédure décrite dans le chapitre consacré au *choc allergique* (page 163).

Comment réagir aux plaies et aux écorchures

L'essentiel tout de suite...

En cas de plaie ou d'écorchure, procédez comme suit :

Pour une écorchure superficielle...

- ✔ Lavez la plaie à l'eau, puis avec de l'eau savonneuse simple. Séchez la plaie avec une compresse propre.
- ✔ Désinfectez avec un antiseptique non alcoolisé.
- ✔ Vérifiez que la plaie est propre et ne contient aucun corps étranger.
- ✔ Appliquez un pansement.

Pour une plaie située au niveau d'une articulation...

- ✔ Nettoyez et protégez la blessure.
- ✔ Rendez-vous avec l'enfant aux urgences de l'hôpital le plus proche.

Pour une plaie du visage...

- ✔ Désinfectez et protégez la plaie.
- ✔ Emmenez systématiquement l'enfant aux urgences (la blessure peut nécessiter la pose de points de suture, de Stéristrips® ou de colle chirurgicale).

Pour une plaie oculaire...

S'il s'agit d'une projection chimique :

- ✔ Maintenez l'œil de l'enfant paupières écartées et rincez-le avec un filet d'eau continu pendant une quinzaine de minutes au moins, ou jusqu'à disparition de la douleur.
- ✔ Appliquez sur l'œil une compresse de gaze ou de tissu, et fixez-la, sans comprimer, à l'aide d'un bandage.
- ✔ Conduisez l'enfant en urgence chez un ophtalmologiste, ou appelez les secours (Samu-15 ou pompiers-18).

En cas d'égratignure, coupure ou incrustation d'objet dans l'œil :

✓ Ne tentez pas d'enlever l'objet incrusté dans l'œil.
✓ Couvrez l'œil de compresses stériles, sans comprimer.
✓ Consultez un ophtalmologiste en urgence ou appelez les secours (Samu-15 ou pompiers-18).

Pour une plaie du cuir chevelu...

✓ Les plaies consécutives à un choc ou à une chute sur la tête doivent toujours faire l'objet d'une consultation médicale (reportez-vous à la page 167).

Comprendre

Plaies et écorchures n'ont, la plupart du temps, aucune conséquence, mais le risque infectieux existe, en particulier de tétanos.

En principe, tous les enfants sont vaccinés, mais si le vôtre ne l'est pas, signalez-le au médecin sans perdre de temps. N'oubliez pas les dates de rappel !

Réagir

Les écorchures superficielles

- Commencez par calmer l'enfant. Expliquez-lui que les produits que vous allez utiliser pour nettoyer la plaie ne « piquent » pas.
- Lavez la plaie, d'abord à l'eau, puis avec de l'eau savonneuse simple.
- Séchez la plaie avec une compresse propre.
- Désinfectez-la avec un antiseptique non alcoolisé (reportez-vous au chapitre sur l'***armoire à pharmacie***, page 138).
- Vérifiez que la plaie est propre et ne contient aucun corps étranger (terre, écharde ou autre).
- Si la plaie est étendue, posez une compresse sèche fixée sur les bords par des morceaux de sparadrap. Les pansements prêts à l'emploi feront l'affaire pour les petites plaies.

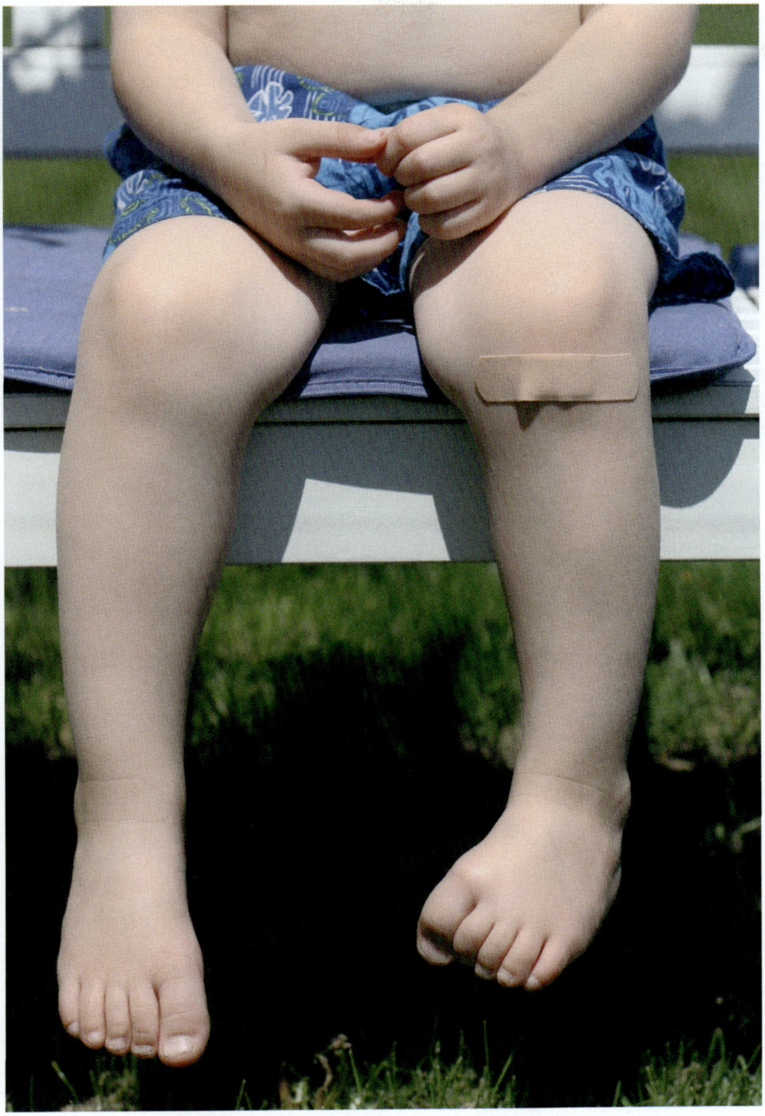

Soins à donner pendant les jours qui suivront :

- Nettoyez la plaie pendant quarante-huit heures avec un antiseptique et protégez la blessure.
- Lorsque les croûtes sont sèches, empêchez l'enfant de se gratter et laissez la plaie à l'air libre.
- Si la plaie devient, dans les jours qui suivent, rouge, chaude ou douloureuse, consultez un médecin.

Les plaies des membres et des articulations

Souvent profondes, ces plaies nécessitent toujours un examen médical et un traitement adapté. Les plaies des tendons, quand elles ne sont pas traitées ou quand elles sont mal suivies, peuvent laisser des séquelles.

Que faire ?

- Nettoyez et protégez la blessure.
- Rendez-vous avec l'enfant aux urgences de l'hôpital le plus proche.

Les plaies du visage

- Désinfectez et protégez la plaie.
- Emmenez systématiquement l'enfant aux urgences (la blessure peut nécessiter la pose de points de suture, de Stéristrips® ou de colle chirurgicale).

Le traitement doit toujours être administré rapidement après l'accident, pour éviter les infections. Passé un certain délai, il est trop tard pour ces traitements. De surcroît, la cicatrisation spontanée de la blessure peut laisser une cicatrice très disgracieuse.

Les plaies oculaires

Les plaies oculaires se manifestent par une rougeur brutale, un larmoiement, une douleur, un œdème et l'impossibilité d'ouvrir l'œil.

Que faire ?

Si la plaie est due à une projection chimique :

- Maintenez l'œil de l'enfant paupières écartées et rincez-le avec un filet d'eau continu (pendant quinze à vingt minutes ou jusqu'à disparition de la douleur).
- Appliquez sur l'œil une compresse de gaze ou de tissu, et fixez-la, sans comprimer, à l'aide d'un bandage. Si possible, faites de même avec l'autre œil (afin d'éviter la mobilisation de l'œil blessé, par suite des mouvements de l'œil resté valide).
- Conduisez au plus vite l'enfant chez un ophtalmologiste ou appelez les secours (Samu-15 ou pompiers-18). Il s'agit d'une urgence !

En cas d'égratignure, coupure ou incrustation d'objet dans l'œil :

- Surtout, **NE TENTEZ PAS D'ENLEVER** l'objet incrusté dans l'œil.
- Couvrez l'œil de compresses stériles, sans comprimer (si possible, faites de même pour l'autre œil).
- Consultez un ophtalmologiste en urgence ou appelez les secours (Samu-15 ou pompiers-18).

A NOTER

Ne serrez pas trop le pansement !

Si votre pansement fait le tour du bras ou de la jambe, ne le serrez surtout pas trop, afin de ne pas entraver la circulation sanguine.

Les plaies du cuir chevelu

Le cuir chevelu contient de nombreux vaisseaux sanguins et saigne donc énormément, même en cas de petite plaie superficielle.

- Nettoyez bien la blessure, puis couvrez-la de compresses. Sachez que la pose de sutures est parfois nécessaire.

Les plaies consécutives à un choc ou à une chute sur la tête doivent toujours faire l'objet d'une consultation médicale (reportez-vous à la page 167).

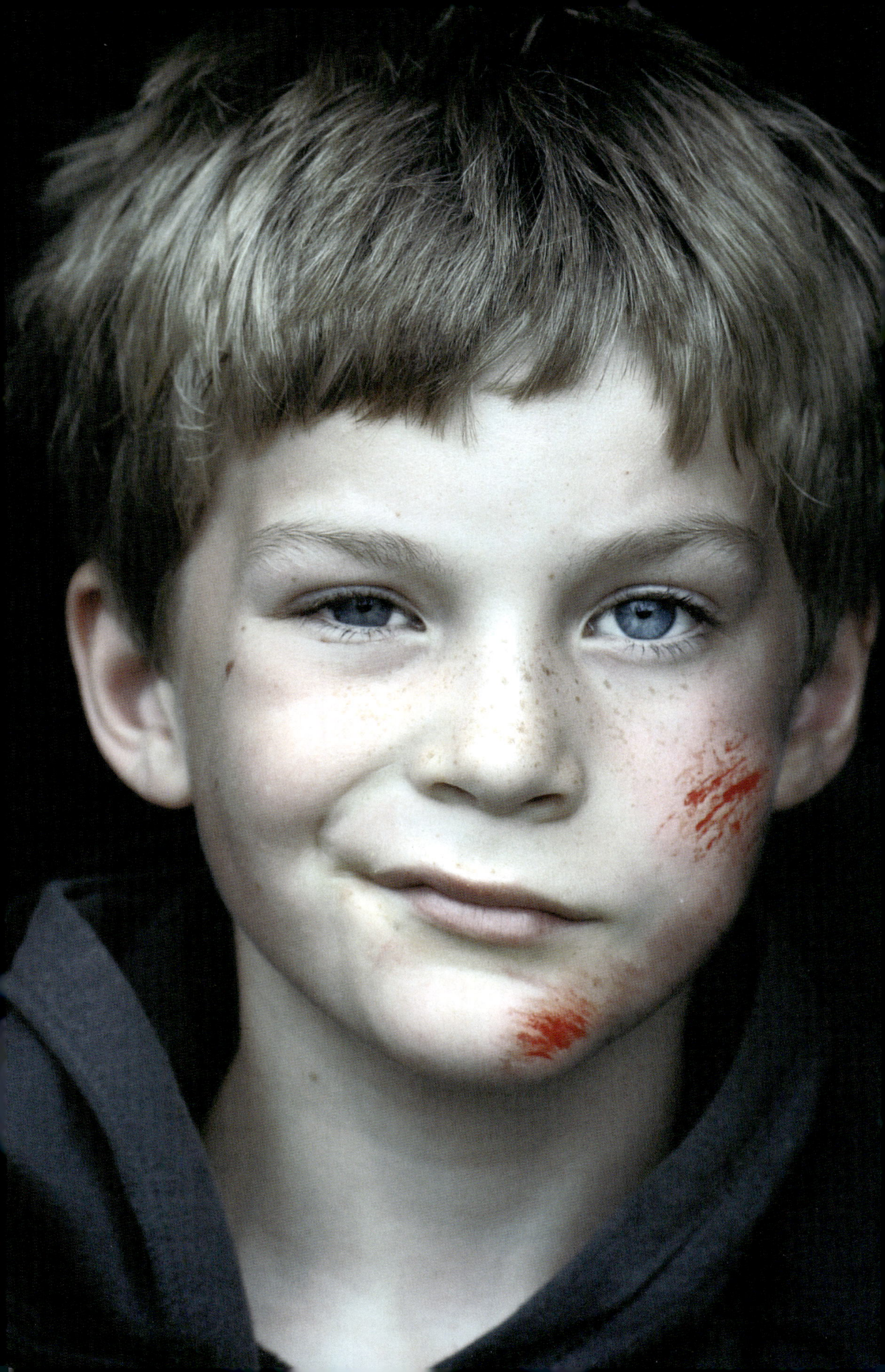

Que faire en cas de saignement extériorisé

L'essentiel tout de suite...

En cas de saignement extériorisé sans gravité, procédez comme suit :

Pour un saignement du nez...

- ✓ Placez la tête de l'enfant en avant. Demandez-lui de se moucher vigoureusement puis de comprimer ses deux narines entre le pouce et l'index pendant dix minutes sans relâcher.
- ✓ Si nécessaire, réalisez ensuite un tampon bien dense avec de la gaze ou une compresse. Introduisez-le dans la narine, en le laissant dépasser du nez.
- ✓ Laissez-le, si possible, pendant deux ou trois heures, puis retirez-le doucement.

Pour un saignement des gencives, de la langue ou des lèvres...

- ✓ Tamponnez avec une compresse ou un gant propre la zone qui saigne.
- ✓ Examinez la plaie. Si la lèvre ou la langue est fendue, une suture peut être nécessaire. Rendez-vous aux urgences de l'hôpital le plus proche.
- ✓ S'il s'agit d'une dent cassée, emmenez l'enfant chez un dentiste, en maintenant si possible la dent en place ou en la conservant dans du lait ou de la salive .

Pour un saignement de l'oreille...

- ✓ Consultez toujours un médecin.

Comprendre

Les petits saignements ne sont pas exceptionnels chez l'enfant. Saignements du nez, des gencives ou de la bouche, spontanés ou consécutifs à un choc, ils doivent faire l'objet de soins locaux.

Si, dans la plupart des cas, les saignements ne nécessitent pas de recourir à un médecin, les saignements de l'oreille impliquent toujours de prendre un avis médical.

Réagir

Saignements du nez (ou épistaxis)

A la suite d'un choc, mais aussi sans cause évidente, les enfants peuvent présenter des saignements du nez. Quand le saignement est accidentel, ou s'il se produit seulement de temps à autre, les soins locaux suffisent.

En revanche, si ces accidents surviennent régulièrement, prévoyez d'avoir dans votre armoire à pharmacie une pommade ou des gazes imprégnées d'hémostatique (produit qui coagule le sang), comme du Coalgan® par exemple.

Enfin, en cas de saignements fréquents, répétitifs, la consultation d'un ORL s'impose, afin d'en trouver la cause. Il s'agit le plus souvent d'une fragilité d'une petite zone dans la partie interne de la narine. Elle se traite par cautérisation.

Que faire ?

- Placez la tête de l'enfant en avant et non en arrière. Demandez-lui de se moucher vigoureusement puis de comprimer ses deux narines entre le pouce et l'index pendant dix minutes sans relâcher.
- Si le saignement persiste, à défaut de Coalgan®, roulez de la gaze ou une compresse pour réaliser un tampon bien dense, épais mais pas trop long. Introduisez-le dans la narine, en le laissant bien dépasser du nez (afin de le ressortir aisément).
- Laissez-le, si possible, pendant deux ou trois heures, puis retirez-le doucement.

ATTENTION ! Ne donnez jamais d'aspirine. Il fluidifie le sang et aggraverait l'hémorragie.

Saignements des gencives, de la langue ou des lèvres

Ils peuvent être consécutifs à une chute, à une morsure, à des gerçures de la lèvre ou être liés à une gingivite (gencive irritée).

Les saignements des gencives sont souvent sans gravité, mais il faut toujours s'assurer qu'aucune dent ne s'est cassée ou ne s'est enfoncée dans la gencive. Les dents cassées peuvent être avalées. Par ailleurs, les parties restant dans la bouche sont souvent pointues et peuvent entraîner des blessures. Emmenez l'enfant voir son dentiste.

Que faire ?

- Tamponnez avec une compresse ou un gant propre la zone qui saigne.
- Examinez la plaie. Si la lèvre ou la langue est fendue, une suture peut être nécessaire. Appuyez sur la blessure avec une compresse et rendez-vous aux urgences de l'hôpital le plus proche.
- Si la dent est encore en place, la laisser. Sinon, conservez-la dans du lait ou de la salive.

Saignements de l'oreille

La cause d'un saignement de l'oreille est presque toujours traumatique (introduction d'un objet dans l'oreille ou choc crânien violent avec fracture).

Que faire ?

- Dans tous les cas, consultez immédiatement un médecin.

NUMÉROS D'URGENCE

En Europe

Un numéro d'urgence unique : le 112.

En France

Pompiers : 18.
SAMU : 15.
Police et gendarmerie : 17.
Centre antipoison : voir page 223.
www.centres-antipoison.net

En Belgique

Pompiers : 100.
Police et gendarmerie : 101.
Centre antipoison : 070 245 245.

En Suisse

Pompiers : 118.
Police : 117.
Secours routier : 140.
Secours médicaux : 144.
Centre antipoison : 145.

Au Luxembourg

Secours médicaux : 112.
Police et gendarmerie : 113.

Au Canada

Numéro d'urgence unique : 911.

BIBLIOGRAPHIE

Le bébé secoué, Pr Dominique Rénier, éd. Karthala.

L'Enfant cassé, Catherine Bonnet, éd. Albin Michel.

Les Enfants du secret, Catherine Bonnet, éd. Odile Jacob.

La Mort subite du nourrisson, Pr Michel Dehan (avec R. Gilly), éd. Doin.

Je l'aime, je sais le protéger, Dr Jean Lavaud, avec le Comité national de l'Enfance. Ce livre a reçu le Caducée d'Or au 3ème Festival international du film et du livre médical de Paris en 1987.

Les Accidents domestiques, Dr Jean Lavaud, éd. Maloine, 1985.

La Sécurité de vos enfants, Dr Jean Lavaud, éd. Hachette, 1987.

Les Accidents du quotidien, Dr Jean Lavaud, éd. Adeic. Fen, 1992.

Allô Docteur, Dr Jean Lavaud, éd. Copyright – France Loisirs, 1995.

Le Guide du sauveteur, Dr Pascal Cassan, Croix-Rouge Française, 2007.

Guide des premiers secours à la maison, Dr Pascal Cassan, Caroline Cross, éd. Eyrolles, 2005.

Le Larousse des parents – Vous et votre enfant, Dr Jean Lavaud, éd. Larousse, 2002.

Les Traumatismes graves, Pr Pierre Carli, Laurent Beydon et Bruno Riou, éd. Arnette, 2001.

L'Arrêt circulatoire, Pr Pierre Carli et Pierre-Yves Gueugniaud, éd. Masson, 1998.

Les Soins infirmiers en situation d'urgence, Pr Pierre Carli et Michel Besnier, éd. Lamarre, 1999.

Mieux vivre avec l'asthme, Pr Pierre Duroux, Pr Michel de Boucaud, Marie-Dominique Le Borgne, éd. Odile Jacob.

INDEX

« J'ai acheté ce guide sur les conse

Tout d'abord, je suis maman de deux enfants (2 ans et 4 ans) j'ai acheté ce guide sur les conseils de ma sage-femme à l'époque où j'attendais mon premier enfant.

Quand elle me l'a présenté, je n'ai pas hésité une seconde et j'en ai même profité pour en prendre un second à l'assistante maternelle qui allait garder mon fils.

Il est très bien fait, complet, bien illustré et surtout je trouve qu'on devrait tous avoir un guide comme celui-ci.

J'ai pu m'y référer, par chance, pour des petits bobos uniquement mais il n'empêche, que même si cela ne fait pas tout, ce guide permet aussi à mon sens d'agir avec un maximum de bon sens dans des moments où le stress peut prendre le dessus.

Je me suis également servie de ce guide professionnellement *puisque je dirige une structure d'animation jeunesse et d'éducation populaire. C'est à la fois une bonne base pour rappeler les gestes simples aux animateurs qui encadrent des jeunes lors de séjours ou d'activités et de mon point de vue, ce type de manuel rentre pleinement dans une logique d'éducation populaire et de prévention !*

e ma sage-femme… »

Cela rappelle juste qu'en tant que citoyen plus ou moins jeune, ***il est bon de connaître certains gestes ou soins qui peuvent protéger, soigner voire dans des cas extrêmes sauver une vie.***

Cela permet aussi d'anticiper davantage tous les accidents domestiques qui peuvent survenir chez les enfants car être parent ne se décrète pas mais s'apprend et connaître les dangers fait parti de cet apprentissage.

Voilà en bref, ce guide joue un rôle préventif et si l'accident arrive, cela permet d'agir au mieux.

La dernière chose qui me semble importante est que ce guide, tout en étant complet, est fait de telle sorte qu'il est ***un outil accessible à tous****.*

Bravo et merci pour ce guide, les outils et actions que vous mettez en place et à quand les cours de secourisme à l'école, au collège, au lycée... ?? Je sais bien que c'est une question qui devrait être étudiée sérieusement au niveau des pouvoirs publics.

(S.C)

« Maëlle, 15 mois, sauvée à l'aide du Guide »

Comment réagir en cas d'étouffement

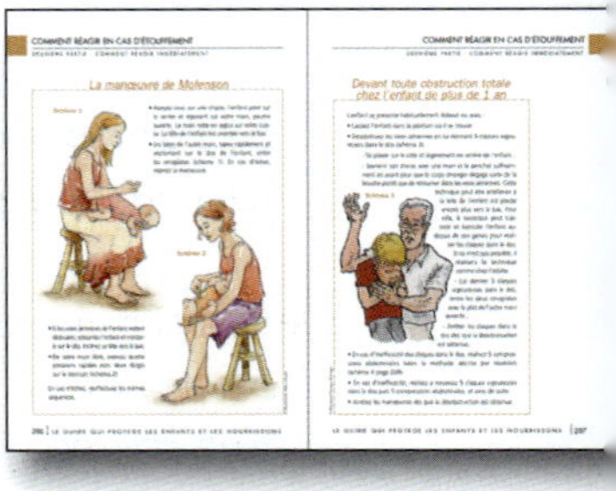

C'est à chaud que j'écris aujourd'hui. A chaud, oui car ça c'est passé ce midi. Le train train quotidien. A 11h30 je vais à l'école chercher Maxime, puis c'est la course pour préparer le repas, mettre la table. Tout ça avec Max qui fait le cirque, Maëlle qui ne fait pas mieux et le chat qui miaule dans mes pattes parce qu'il veut son biberon (...).

Comme d'habitude on passe à table, et depuis quelque temps Maëlle veut prendre ses repas comme nous et en même temps (bah oui elle grandit !) donc ce midi au menu : "Ebly et viande (jambon pour elle)... elle se régale tout va bien... et tout à coup, je la vois, un truc qui n'est pas passé dans le bon trou comme on dit !

No panique, j'assure (enfin j'essaie surtout de rester calme) et je lui tapote dans le dos. Oui seulement ça ne passe pas ! Je la vois virer au violet, les larmes aux yeux et on voit que ça ne va pas du tout : MA FILLE S'ETOUFFE ! Et je suis toute seule ! Et là panique, je n'arrive pas à la sortir de sa chaise, la tablette avec ses multiples sécurités, puis le harnais toujours bien fixé...

Quand enfin je la sors, je lui tape fermement entre les 2 omoplates, le menton relevé, 2 ou 3 tapes ont suffi à lui faire éjecter le fautif : des grains de blé ! Bon ça aurait pu arriver avec n'importe quel aliment !

Je voulais juste informer que ça arrive très vite et que ça aurait pu très mal tourner. Je me suis souvenue des gestes à faire que j'avais appris en bouquinant le livre offert par notre mutuelle lors de la naissance de Maëlle.

***Il est super, c'est même celui qui est vendu par la Croix-Rouge. Toutes les mamans devraient connaître les gestes de 1ers secours...** et je me pose sérieusement la question de faire la formation !*

(S.L, Epinay-sur-Orge)

« Chaque Maman devrait le posséder et le placer dans sa pharmacie »

Tout d'abord, je tiens à féliciter les auteurs de ce livre et du DVD. C'est très bien fait, très clair, très didactique.

Je suis sage femme à la retraite, j'ai eu 5 enfants. Il m'arrive assez souvent de donner des conseils pour la naissance à des jeunes personnes de mon entourage, aussi je leur fais connaître ce livre, après leur avoir expliqué ce qu'il contenait.

Je l'ai offert à mes enfants.

Récemment ma fille, qui a une petite fille de 6 mois a eu recours au livre pour un problème. Une de mes belles filles également pour un problème de laryngite.

Je pense que ce livre et le DVD sont très utiles et que chaque Maman devrait le posséder et le placer dans sa pharmacie.

Pour le faire connaître, il faudrait le présenter dans les revues, telles que Parents, etc, laisser des petites affiches dans les maternités, et pourquoi pas le proposer en cadeau naissance.

En tout cas, en ce qui me concerne je vais y penser, pour les prochaines naissances. Je vous assure de toute ma sympathie.

(J.S, Agay)

« Il me semble important d'avoir lu, au moins une fois, les conduites à tenir en cas de problème… »

Je vous ai commandé votre livre car je suis une jeune maman d'une petite fille de huit mois aujourd'hui.

Il me semble important d'avoir lu, au moins une fois, les conduites à tenir en cas de problème avec un nourrisson ou un enfant, les délais d'intervention étant souvent cruciaux.

(…)

Heureusement, je n'ai pas encore dû appliquer les conseils qui s'y trouvent et j'espère ne jamais avoir à le faire !

Par ailleurs, je suis orthophoniste, et lorsque j'estimerai avoir pris suffisamment d'informations dans votre ouvrage, ***je compte le laisser dans ma salle d'attente pour que les mamans le consultent.***

Pour le reste, je me suis rendue compte que malheureusement, c'est lorsqu'un accident arrive que les gens prennent conscience de ce qui leur a manqué.

A mon tour de vous remercier pour l'information et la prévention que vous nous apportez. Cordialement.

(M-L.P, Marcq-en-Baroeul)

« Nous le recommandons vivement à tout parent ou toute personne en charge d'un enfant »

J'ai acheté le Pack Sécurité suite à la naissance de ma fille : quand celle-ci a commencé à ramper puis à marcher, nous avons senti le besoin, mon mari et moi-même, de la protéger de tout éventuel accident domestique.

***Nous avons beaucoup apprécié le guide « Je protège mon enfant » mais surtout le DVD qui est très simple à comprendre.** Nous le regardons régulièrement au fur et à mesure que notre fille grandit puisque les gestes à adopter évoluent en fonction de l'âge de l'enfant.*

Nous avons également offert le Pack Sécurité à notre nounou qui en est ravie** et les grands-parents ont également regardé le DVD. Bref, tout cela a grandement contribué à rassurer les jeunes parents un peu inquiets que nous sommes et **nous le recommandons vivement à tout parent ou toute personne en charge d'un enfant.

Un accident est si vite arrivé, mieux vaut avoir anticipé les réactions adéquates ! Bonne continuation !

(S.C, Neuilly-sur-Seine)

Direction artistique : Karim Ghernaya

Mise en page et illustrations : Marie Araujo et Jacques Bellenger

Coordination : Jean Simon

Et un grand merci pour leur aide particulièrement efficace à…

Sylvie Léon

Gilles Guyenet

Ariane Wurtz

Franck Etienne

Paulette et Jean Zurawski

Josette Pradalier

Sarah Mennecier

Edouard Simon

Marie-Estelle Chevallier

ISBN : 978-3-9524023-2-0